KB043197

아시아를 잇는
대중문화

문
화 현 장 총 서

아시아를 잇는 대중문화

일본, 그 초국가적 욕망

이와부치 고이치 지음 | 히라타 유키에 · 전오경 옮김

도서출판
또 하나의 문화

TRANSNATIONAL JAPAN

by Koichi Iwabuchi

ⓒ 2001 by Koichi Iwabuchi

Originally published in Japanese in 2001 by Iwanami Shoten, Publishers, Tokyo.

This Korean language edition published in 2004

by Alternative Culture Publishing Co. Seoul

by arrangement with the author c/o Iwanami Shoten, Publishers, Tokyo.

국립중앙도서관 출판시도서목록(CIP)

아시아를 잇는 대중문화 : 일본, 그 초국가적 욕망 / 이와부
치 고이치 지음 ; 히라타 유키에 ; 전오경 [공]옮김.-- 서울
: 또 하나의 문화, 2004
    p. ;   cm. -- (문화현장총서)

원서명: トランスナショナル·ジャパン
이와부치 고이치의 한자명은 '岩渕功一'임
참고문헌과 색인수록
ISBN 89-85635-59-X 03330 : ₩12000

331.5-KDC4
306.4-DDC21   CIP2003001769

차례

일러두기

1. 이 책에 사용된 맞춤법과 외래어 표기는 1989년 3월 1일부터 시행된 「한글 맞춤법 규정」에 따랐다.
2. 인명, 서명, 영화명, 드라마명, TV프로그램명의 원어 표기는 본문에서는 하지 않았으며 「찾아보기」에 병기했다.
3. 본문과 주에 나타나는 모든 서명은 『 』로 표시했고, 논문이나 단행본의 소제목, 영화명, 게임명, TV프로그램 제목은 「 」로 표시했다.
4. 각주는 본문의 이해를 돕기 위해 덧붙인 옮긴이주이며, 미주는 원서의 주다.

한국어판 서문

한국에서 이 책이 번역 출간된 것은 내게 아주 큰 영광입니다. 2001년 2월에 출판된 이 책의 일본어판 『트랜스내셔널 재팬』(トランスナショナル・ジャパン, 岩波書店, 2001)은 1999년 호주 웨스턴 시드니 대학에 제출한 박사 논문에 바탕을 두고 있습니다. 2002년 11월에 일본어판을 재구성한 영어판이 출간되었습니다(*Recentering Globalization: Popular Culture and Japanese Transnationalism*, Duke University Press, 2002). 그리고 일본어판이 이제 한국어로 번역되었습니다.

번역이란 행위에는 기술적 차원을 넘어서는 의미 변용이 있게 마련입니다. '원문'을 넘어서서, 언어와 맥락이 바뀌면서 많은 것을 잃기도 하고 얻기도 합니다. 내가 일본어로 이 책을 썼을 때도 영어권 독자를 생각하고 쓴 내용을 일본어권 독자들이 이해하기 쉽도록 논의의 구성을 더러 가다듬고 덧붙였습니다. 나는 영어로 된 개념이나 이론을 일본어로 다시 사고해야 했습니다. 그 작업을 하면서 많은 것을 다시 생각하며 깨닫게 되었습니다. 원고를 완성하고 출판한 뒤에야 새로 보이기 시작하는 것도 적지 않습니다. 일본어판을 낸 후에 미처 말하지 못한 것이나 다르게 표현해야 마땅한 내용이 떠오르기도 했습니다. 그 점들은 영어판을 출간할 때 반영되었고, 또 영어권 독자를 염두에 두고 내용과 장 구성을 수정해 달라는 편집자의 요구가 있어 결국 내 글은 다시 변용되었습니다.

여러 언어로 출판하는 과정에서 저자는 자신의 지적 작업에 새로운 책임감

9

을 느낍니다. 특히 번역 작업을 동일 인물이 할 경우에는 이 책임감이 더욱 강하게 다가옵니다. 나는 일본어로 책을 출판할 때 느낀 불편함을 아직도 생생하게 기억하고 있습니다. 일본 독자들이 처음으로 내 말을 듣게 된다는 것과 내 생각이 평가된다는 것에 대한 기대, 불안, 공포감이 뒤섞여 묘한 느낌이 들었습니다. 모국어로 쓴다는 사실 때문에 영어로 논문을 썼을 때보다 내용의 깊이가 없거나 불충분하지는 않을까 신경이 쓰였습니다. 내가 일본에서 대학을 나왔으면서 제대로 공부를 해본 적이 없다는 것도 일본의 지적 현장에 들어가는 데 불편함을 느낀 요인이었을 것입니다. 또한 일본에서는 다양한 '아시아' 연구가 이루어지고 있다는 점에서 이 책이 어떻게 평가될지 불안하기도 했습니다. 일본에서 진행되는 '아시아' 연구의 초점이 일본 내 경제 격차, 일본의 아시아 지역 경제 착취 구조, 미해결인 종군 위안부나 전쟁 피해자의 보상 문제 등에 집중되어 있음을 의식하면서 대중문화를 소재로 '아시아'를 고찰한 이 책이 '성찰'을 제대로 하고 있지 않다는 비판을 받지나 않을까 하는 쓸데없는 걱정이 마음 한구석에 있었을지 모릅니다. 물론 영어로 쓸 때에도 평가에 대한 불안감을 느낄 수 있고, 논의 내용이나 방법론을 정당화하는 것이 더 필요할 수 있습니다. 그러나 나는 일본어로 다시 쓰는 작업을 하면서 다른 형태의 지적 책임을 감수하는 각오로 임했습니다.

일본어로 된 이 책이 한국어로 번역되어 또다시 새로운 생명을 부여받았습니다. 영어판이 아닌 일본어판이 번역되는 것은 일본어권과 한국어권 사이의 지적 대화를 갖기 위해서도 바람직하다고 생각하지만, 이 책의 출판이 한국 독자들에게 어떻게 받아들여질지 상상하기 어렵습니다. 내가 한국어로 번역된 문장을 전혀 이해하지 못하기 때문에 마음이 가볍기도 합니다. 하지만 한국어판이 출판되는 데에도 영어판이나 일본어판과는 또 다른 불편함과 지적 책임을 느낍니다.

그것은 이 책의 연구 대상에 한국이 거의 포함되어 있지 않다는 데서 연유합니다. 내가 조사를 한 1995-1998년에는 한국에 일본 대중문화가 개방되어 있지 않았으며 시간적·경제적 제약도 있어, 조사 현장을 대만, 홍콩, 싱가포르, 일본에 한정했습니다. 그 이후, 단계적인 개방 정책에 따라 일본 영화와 대중음악이 한국에 유입되고 영화·드라마 등 다양한 장르의 대중문화가 한국과 공동으로 제작되는 일이 대폭 늘어났으며, 2002 월드컵이 공동 개최된 덕분에 이전에는 없던 규모의 다양한 문화 교류가 확대되고 '한류'라 불리는 한국 드라마나 대중음악이 높은 인기를 얻고 있음을 생각할 때, 이 책에서 별다른 새로움을 느끼지 못하는 독자도 있으리라고 봅니다. 동아시아 지역에서 미디어 문화와 대중문화의 교류는 한국이나 중국이 포함되면서 더욱 다양한 방향으로 아주 활발하게 이루어지고 있습니다. 더욱이 이를 분석할 때에도 이 책에서 제기한 아시아 지역의 문화 왕래를 전지구화의 탈중심화와 재중심화의 역학 속에서 고찰할 필요성이 더욱 커지고 있다고 생각됩니다. 이에 대해 새로운 연구들이 진행되었고, 실제 나도 이미 몇 프로젝트에 참여해 논문을 발표했습니다. 대중문화가 아시아 지역들을 다층적으로 연결하면서 불균형을 이루기도 하고 대화를 촉구할 수도 있는 두 가능성을 동시에 열었다는 것도 밝혀지고 있습니다. 또 초국가transnational를 국가national의 틀 속에 흡수하려는 세력도 결코 줄어들지 않고 있습니다. 일본에서는 아시아 나라들과의 문화 교류의 촉진이나 일본 문화력의 성장 등 대중문화에 대한 기대가 과도하리만치 높아지고 있고, 국경을 뛰어넘는 문화·자본·사람의 흐름을 국민 국가의 틀 속에서 이해하고 '국익'으로 환원하려는 움직임이 점점 활발해지고 있습니다.

변화의 속도가 매우 빠른 대중문화를 분석 대상으로 한 이상, 그 고찰이 눈 깜짝할 사이에 '역사적'인 것으로 보이는 것은 각오해야 합니다. 그렇긴 하지만 1990년대 일본에 나타난 대중문화를 통한 '아시아'와의 새로운 연대 방법과, 거기에 투사된 역사적으로 구축되어온 '아시아'를 향한 욕망의 표면화와 변화를 검증한 이 책은 2003년 현재의 일본과 동아시아 상황을 고려해 볼 때 여전히 의의가 있다고 생각합니다. 그렇기 때문에 일본어판을 그대로 번역하기로 결정했습니다. 이런 복잡한 역학이 과연 한국의 '한류'에 서 어떤 식으로 엿보이게 될지 잘 모르겠지만, 이 책이 제시한 시점이 그 비교 고찰에 도움이 되었으면 합니다.

또 하나의 불편함은 '일본인' 연구자인 나의 발화 위치에 관한 것입니다. 그것은 예상치 않게도 연세대학교 대학원에서 이루어진 세미나에서 대학원 생들이 환기시켜 주었습니다. 나는 이 책에서 전개한 제국주의, 식민주의 역사에 깊이 새겨져 있는 일본의 '아시아'에 대한 욕망의 출현과 흔들림이라 는 분석을 그 폭력의 기억이 가장 깊이 남아 있는 한국에서는 호의적으로 받아들일 것이라 생각했습니다. 그러나 예상과 달리 대학원생들은 오히려 이 책이 너무나 일본 비판에 집착하고 있지는 않은가 하고 지적했습니다. 나는 저자로서 이 책의 의도를 다시 명확히 하고 싶습니다. 서론과 결론에서 명확히 논하고 있듯이 이 책의 의도는 일본의 오리엔탈리즘적 아시아 인식이 대중문화의 왕래가 활발해지면서 재출현한 것만을 검증하고 비판하려는 것이 아닙니다. 오히려 이 책의 목적은 그런 '아시아관'이 일본에서 여전히 지배적 힘을 가지면서도, 무엇이 어떻게 현실과 어긋나고 있는지를 대중문 화의 생산과 소비의 현장을 통해 고찰하려는 것입니다. 이 면을 잘 드러냈는 가는 저자의 역량에 달려 있는 것이지만 이 책의 주제라는 것만은 이해해 주셨으면 합니다.

그러나 내가 더욱 주목한 것은 강도 높은 일본 비판이 '일본'이라는 틀을 벗어나지 못하는 국가주의 태도의 소산으로 보일 수 있다는 것보다는 일본인 연구자에 의한 일본 때리기가 한국의 국수주의자들에 의해 교묘하 게 이용될 위험성이 있다는 지적이었습니다. 호주에서도 일본의 국가주의

12

를 비판하는 논문을 쓰면 그것이 일부 아시아 나라들의 경제 성장을 안 좋게 생각하는 사람들이나 호주의 다문화주의를 환영하지 않는 사람들, 특히 '서양'과 동질화하려는 목적 아래 아시아계 이민이 많아지는 것을 탐탁치 않게 생각하는 사람들에게 일본인을 위한 일본 비판이 환영받는 딜레마를 몇 번 경험했습니다. 그러나 나는 한국에서도 같은 종류의 위험이 있다는 것을 알아차리지 못했습니다. 그것은 내 마음 어딘가에 일본 비판을 하고 있으면 한국에서는 안전하다는 계산이 있었음이 드러난 사건이었습니다. 나는 일본 식민주의를 비판하면서도 이 발상 자체가 그것에 의해 강하게 규정되고 안주하는 '국가적'인 것이라는 사실과 직면하게 된 것입니다.

이 비판을 들으면서 이제껏 의식하지 못했던, 이 책의 바탕이 된 연구가 호주에서 이루어졌다는 것의 의미, 다시 말해서 '호주산'made in Australia이라는 점이 나의 발화 위치에 어떤 식으로 새겨져 있는지를 다시 생각해 보게 되었습니다. 아직 명확하게 정리되지는 않지만 호주를 거점으로 삼아 '일본'과의 거리를 유지하면서 '일본'과 '아시아'의 관계를 생각할 수 있었던 것은 사실입니다. 일본 사회에서 이 연구를 했더라면 그 내용이나 분석하는 자세가 달랐을 것입니다. 밖에서 바라봄으로써 안에 있을 때 보이지 않던 부분이 보이게 되는 것은 흔히 있는 일입니다. 이제까지 당연하다고 생각한 것에 대한 이질감과 거리감이 생기기 때문입니다. 이 점은 특히 다문화주의를 내세우는 호주에서 소수자로 살면서 이제까지 자명했던 '일본인'이라는 것의 의미가 내 속에서 붕괴되고 크게 변화한 것과 관련이 깊습니다. 멜버른에서 1989년부터 2년 동안 살면서 태어나서 처음으로 자신을 '아시아인'으로 인식한 것을 아직도 선명하게 기억하고 있습니다. 물론 호주 주류 사회 백인들의 시선에 의해 나라는 주체가 규정되었기 때문이지만, 그때 나는 일본이 아시아를 멸시하고 있다는 비판을 해놓고서

'일본'과 '아시아'를 이분법적으로 보고 있는 내 자신을 깨닫게 된 것입니다. 이는 내가 처음으로 중국계, 한국계, 인도네시아계 등 다른 아시아계 거주자들에 대해 연대감 비슷한 것을 느낀 순간이기도 했습니다. 이런 느낌은 아시아 지역에서 대중문화를 조사할 때 좀 흥분된 마음으로, 홍콩이나 대만 등에서 일어나는 일이나 그 외 아시아 지역 내에서 일어나고 있는 다양한 연결을 남의 이야기가 아닌 자신에게도 직접 관련 있는 '내 것'으로 받아들일 수 있게 된 것과 맥을 같이합니다.

이것은 내가 '국가'를 넘어 이른바 아시안 코스모폴리탄이 되었다는 것이 아닙니다. 이런 발상에는 국경을 넘나들면서 연구를 할 수 있을 정도의 경제적·물질적 자원을 향유하는 내 입장이 경제 격차가 심한 이 세계에서 극히 특권적인 부류에 속한다는 사실을 덮어 버릴 위험이 있습니다. 또한 일본, 대만, 홍콩, 싱가포르 등의 대중문화에 의한 연결을 조사하고 분석하면서 '일본인'으로 살아온 나와 피조사자·조사 현장의 관계가 일본 제국주의 역사라든지 거기서 비롯된 '일본'과 '아시아'의 관계에 의해 얼마나 강하게 규정되고 있는지 통감했고, 다시 한번 신중하게 생각해야 함을 절감했습니다. 1990년대 들어 '아시아'를 향해 고조된 일본의 욕망을 내 모습에 비추어 비판적으로 파악하려는 의식은 호주에 거주하면서 한층 더 민감해졌습니다. 특히 1990년대 호주에서도 어떻게 아시아의 일원이 될 것인가와 같은 논의가 일기 시작했고, 내 의식은 거기서 많은 영향을 받았습니다. 나는 일본이나 호주나 '아시아'에서 스스로를 우월한 위치에 두고 다른 아시아 나라들과의 거리를 재면서 경제적으로 무시할 수 없게 된 '아시아'와 역사적·문화적인 맥락이 서로 크게 다름에도 문화적으로 동일시하고 싶은 욕망을 가졌습니다. 그러면서도 그것이 실현할 수 없는 욕망임을 알고 있었습니다. 내가 조사를 하면서 즐겁게 느낀 '아시아와의 연대감' 또한 '아시아'를 교만하게 욕망한 역사를 지닌 일본 사회에서 인생의 대부분을 '일본인'으로

14

살아온 것과 무관하지 않습니다. 한국 독자들이 이 책을 너무나 일본 비판적이라고 느낀다면 내 발화 위치가 이미 늘 역사 속에 있으며 역사에서 벗어나지 못하고 있음을 독자들이 피부로 느꼈기 때문일 것입니다. 그리고 실은 내가 비판하는 '일본'은 내 자신이기도 합니다.

언어의 문제에 그치지 않는, 이런 문화와 앎의 번역 또는 탈영역화에 관한 몇 가지 중요한 점을 생각하게 된 것만으로도 한국어판 출간에서 느낀 불편함은 제게 충분히 의미가 있습니다. 다른 언어권 독자에 대한 새로운 지적 책임감과 다른 사회적 맥락에서 오는 비판을 받아들일 각오를 가슴에 새기면서 새로운 반응에 전전긍긍하기도 하겠지만 기대감 속에 독자들의 반응을 기다리려 합니다. 그리고 이 책이 한국어판 독자들의 비판적 사고를 자극할 수 있었으면 합니다. 특히 이 책이 지금까지 비교적 경시되어 온 전지구화 흐름 속에 대중문화 연구의 중요성을 재평가하는 데 조금이라도 이바지할 수 있고, 국가의 틀을 넘는 새로운 공동 연구로 이어졌으면 합니다.

마지막으로 이 책의 번역 출판에 최선을 다해 주신 연세대학교의 조한혜정 교수, 김현미 교수, 번역을 맡아준 전오경 씨, 히라타 유키에 씨, 연세대학교 대학원 「한국의 문화 연구」 세미나 참가자 일동, 그리고 도서출판 또 하나의 문화의 유승희 사장께 깊은 감사를 드립니다.

미카타에서
이와부치 고이치

서론

1990년대

전지구화 흐름과 일본의 아시아 회귀

1990년대에 들어서면서 동아시아와 동남아시아(이하 '아시아'로 줄임) 지역에서 일본 대중문화의 인기가 해마다 높아지고 있다.

"아시아에서 지금 일본이 뜨고 있다"
"일본 문화를 동경하는 젊은이 급증"

이런 기사를 봐도 그리 놀라지 않을 정도로 일본 대중문화가 아시아 시장에서 누리는 인기는 일본 매스컴에 자주 보도되었다(『닛케이 비즈니스』 2001년 1월 15일호, 『뉴스위크 일본판』 1999년 11월 17일호, 『산케이신문』 1999년 6월 23일). 21세기를 맞이해서도 그 열기는 여전히 식을 줄 모르고 있다. 나도 1993년에 『닛케이 엔터테인먼트』 특집을 읽은 것이 계기가 되어 이 연구를 시작했다. 그 기사는 일본 대중문화가 국제적으로 특히 아시아 시장에서 수용되고 있고, 일본 미디어 산업이 아시아 진출을 눈앞에 두고 있다는 내용이었다. 뜻밖이었다. 제국주의·식민주의 역사를 갖고 있는 일본이 여전히 아시아 지역을 경제적으로 착취하고 있으면서 아시아 지역에 일본 대중문화를 수출한다는 것은 너무나 도발적이며, 아시아 다른 나라들의 반발을 불러일으키리라고 생각했기 때문이다. 오히려 일본이 혐오의 대상이며 그 문화적 영향력은 보잘것없다는 논의가 더 들어맞는 것 같았다. 다시 말해 나 역시 일본은 얼굴 없는 경제 대국으로 돈과 기술은 있어도 문화적으로는 세계, 특히 아시아 지역에서 환영받지 못하리라는 통상적 이미지를 은연중에 받아들이고 있었던 것이다.

일본 문화에 관해 내가 갖고 있는 이런 인식들은 일본을 '준準 제3세계 국가'로 규정하는 논의와 그 기본 전제를 같이한다. 오에 겐자부로는 이렇게 말했다.

혼다 자동차 회사가 위대하다는 건 누구나 알고 있다. 하지만 문제는 세계가 일본 문화를 거의 모른다는 현실이다(Bartu, 1992: 189).

오에는 일본 경제력과 문화력의 격차를 문제시했다. 아무리 일본 경제력이 막강하다 해도 문화적으로나 심리적으로 여전히 서구에 깊이 종속되어 있는 것이 현실이다. 그는 일본 경제력과 문화력 격차를, 제1세계와 제3세계를 동시에 갖고 있는 '모호한 일본'의 국가 정체성으로 설명한다(大江, 1995). 이와 비슷한 견해는 에드워드 사이드의 『문화와 제국주의』(Said, 1994)에서도 찾아볼 수 있다. 서구 제국주의에서 문화의 역할을 명확하게 지적하고 있는 이 책에서 사이드는 "일본의 막강한 경제력이 오히려 일본의 현대 문화 시스템을 불모로 만들어 버린다"는 미요시 마사오(Miyoshi, 1991)의 논리를 언급하면서 이렇게 말한다.

미요시의 분석은 막대한 금융 자원을 획득하면서 등장한 일본의 새로운 문화적 문제점, 즉·혁신성이 뛰어나고 세계를 지배하는 경제 분야에 비해 서구에 종속된 빈곤한 문화 상황이 절대적 불균형을 이루고 있음을 보여 준다(Said, 1994).

사이드도 일본을 비서구의 일그러진 근대를 대표하는 '이상한 징후'로 보는 것이다.

물론 서구 문화가 패권을 장악하고 있는 상황에서 형성된 일본 근대에 관한 견해는 설득력이 있으며 부정하기 힘들기도 하다. 그러나 제국주의와 문화를 논의하면서 독자적인 제국주의자인 일본의 면모가 그다지 드러나지 않는다는 사실에는 주의를 기울일 필요가 있다. 일본을 서구 문화에 지배된 비서구 국가나 준 제3세계로 취급해 버리면, 과거에 유일한 비서구 제국주의자이자 식민 국가였을 뿐만 아니라 지금도 경제적으로나 문화적으로 아시아에서 적지 않은 영향력을 행사하고 있는 일본 근대 경험의 특이한 '이중성' 가운데 한 측면이 서구의 문화적 패권에 의해 숨겨져 버리고 말기 때문이다. 일본 대중문화가 아시아 시장에 진출한다는 소식을 들으면서 뜻밖이라고 여긴 내 반응 역시 적어도 아시아 지역에서는 일본이 문화적으로 영향을 미치고 있다는 사실을 나 스스로도 파악하지 못했음을 드러낸 것이다.

1990년대에 들어 일본 문화 시스템을 둘러싼 상황은 크게 바뀌었다. 최근 아시아를 중심으로 일본 대중문화 수출이 급격하게 늘면서 일본이 세계에서 문화적 영향력을 행사하지 못하고 있다는 내 생각은 뒤집혔고, 역사적으로 만들어진 일본의 문화 권력 관계의 '이중성'을 다시금 진지하게 받아들이게 되었다. 이 책에서는 이런 문제의식을 가지고 아시아에서 새로 부각되는 일본 미디어와 대중문화 방면의 문화 권력과, 일본과 아시아 각국의 불균형 관계를 1990년대 역사적 변화의 주요 맥락인 미디어의 전지구화와 일본에서 불거진 아시아 회귀 조류에 초점을 두어 살피려 한다.

홍콩의 범아시아 위성 방송인 스타TV의 탄생, 그리고 세계 미디어 왕이라고 불리는 루퍼드 머독의 뉴스코퍼레이션이 스타TV를 인수한 사건처럼, 1990년대 들어 국경을 넘는 광활한 지역으로 전파를 동시에 전송하고 전지구적 규모의 시장 통합을 지향하는 거대 미디어 기업이 출현했다.

또한 1990년대 아시아 각국의 눈부신 경제 성장에 힘입어 급속하게 확대된 아시아 시장은 노다지로 인식되었고, 노다지를 캐려는 글로벌 미디어 기업들을 매료시켰다. 미국 상품이 중심이 된 세계의 미디어 콘텐츠가 한꺼번에 아시아 시장으로 유입되면서 각국 정부가 국경을 기준으로 미디어의 흐름을 통제한다는 발상은 무너져 버렸다. 일본 시장 역시 미디어의 전지구화에서 자유롭지 않았다(水越, 1998; 1999 참조). 1990년대 초 스타TV 전파를 일본 내에서 수신할 수 있게 된 것을 계기로 일본 정부는 1994년 방송법을 개정했고 그때까지 금지되었던 월경 방송의 송수신을 허락했다. 1996년 머독이 전격적으로 TV아사히의 주식을 사들여 일본 시장에 진출하게 되면서 미디어의 전지구화에 대한 충격은 더욱 증폭되었다. 이런 일련의 움직임은 새로운 '흑선'*또는 '개국'**에 비유되었고, 일본 미디어 시장이 서구의 지배를 받지는 않을까 하는 과민 반응에 가까운 우려 속에 방어적이고 비관적인 논의도 있었다(古木 & 樋口, 1996; 龍, 1996; 岡村, 1996). 그러나 미디어의 전지구화는 일본 시장을 국제화하고 해외 미디어 상품을 일본 시장 안으로 숱하게 끌어들이는 한편, 일본의 문화 상품을 해외 시장으로 진출할 수 있게 했다. 1990년대 들어 급속도로 확대되는 아시아 시장에 일본 미디어 산업이 뛰어들면서, 그때까지 내향적이던 일본 문화 시스템도 다시 밖으로, 특히 아시아 쪽으로 관심을 돌리기 시작했다.

아시아에서 미디어 시장이 급속하게 발전하면서 일본의 문화적 이중성이 표면화된 때는 일본에서 '아시아로 돌아가자'는 논의가 있던 1990년대다. 일본이 아시아 나라들의 경제 성장에 자극받아 아시아 회귀를 주장하게

---

* 黑船. 일본 개항을 의미한다. 1853년 미국 페리 제독의 지휘 아래 흑선이 일본 시모다에 정박하고 개국을 요구한 사건이 발생했다.

** 1858년 일본 도쿠가와 정부는 미국과 일미 수호 조약을 체결하며 개항했다.

된 것은 사실이다. 그리고 그 영향은 문화적인 영역에도 미쳐 일본은 전후 오랫동안 철회했던 아시아 정체성을 다시금 주장하기 시작했다.[1] 냉전 이후 세계 질서가 재편성되고 아시아 지역의 경제 발전이나 문화의 전지구화 역학이 서로 얽혀 있는 흐름 속에서 일본은 국가 정체성을 재구축할 필요를 느꼈고 일본 주도로 '아시아'를 연결하자는 확장적 국가주의를 다시 내세웠다.

이 책에서는 1990년대 일본의 전지구화 역학과, 아시아로 돌아가자는 국가주의적 충동이 어떤 식으로 복잡다단하게 뒤얽혀 있는지를 살펴볼 것이다. 그리고 국경을 넘나드는 미디어 문화와 대중문화의 흐름 속에서 일본의 지식인·문화 산업·소비자가 어쩔 수 없이 대면할 수밖에 없게 된 '아시아'라는 지극히 포괄적이고 모호한 상상적 공간이 어떠한 실재성을 지니고 있는지를, '아시아'를 둘러싼 언설 그리고 아시아 지역 내 문화 산업의 시장 전략, 미디어 소비 등의 분석을 통해 밝히려고 한다.

일본—아시아—서구

일본 문화가 아시아에 미친 영향력이 지금까지 논의되지 않은 것은 우연이 아니다. 그것은 제2차 대전 이후 일본의 문화적 지향이 바뀐 것과 밀접한 관련이 있다. 결론부터 말하자면 일본이 대외적으로 문화적 영향력이 없다는 이미지는 전후 일본의 배타적이면서도 독특한 국가 정체성을 구축하려는 강력한 힘과 깊이 관련되어 있다.

미국이나 프랑스와는 달리 일본은 자국 문화를 세계에 보급하려 하지 않는다는 지적을 더러 받았다. 하네르츠는 이와 관련해 이런 말을 했다.

누구나 일본인이 될 수 있다는 생각이 일본인들에게는 이상하게 느껴질 수도 있다. 일본 문화는 그것을 확산시키기보다는 절대적인 독특함을 보여 주기 위해서 조직된 전시회 등 국제 교류의 장에서 진열된다(Hannerz, 1989: 67-68).

일본 문화의 독특함이나 일본인의 동질성은 일본인론이라 불리는 언설에서 본질론적으로 논의되어 왔고(Mouer & Sugimoto, 1986; Dale, 1986; ベフ, 1987; Yoshino, 1992; 河村, 1982), 또 일본 정부가 세계 공식 무대에 소개하려 했던 것은 현재 일본의 문화 상황과는 단절된 '전통 문화'였다는 것도 부정할 수 없다. 이렇게 배타적이고 특수하며 동질적인 '일본' 이미지는 '서구' 오리엔탈리즘이 규정한 것이지만, 일본도 그 이미지에 맞게 자신을 드러내 왔다는 것을 이미 많은 연구자가 지적했다. 이 셀프 오리엔탈리즘 self-orientalism으로 불리는 언설 전략은 서구 오리엔탈리즘 언설을 교묘하게 이용하여 일본의 국가 정체성을 본질적으로 말하고 또 만들려고 한다. 여기서는 실질성이 결여된 '일본'과 '서구'라는 문화적 상상체의 양자 대립이 확고해진다. 그런 까닭에 일본은 셀프 오리엔탈리즘을 가지고 서구 오리엔탈리즘에 대항하기는커녕, 그 구도 속에 깊이 편입해 왔으며 양자는 깊은 공모 관계에 있다고 할 수 있다(Sakai, 1988; Ivy, 1995; Iwabuchi, 1994; Kondo, 1997).

그러나 이는 일본의 국가 정체성 구축과 '아시아'가 전혀 무관했다는 것을 의미하지는 않는다. 스스로를 오로지 서구와 대비하려는 일본의 국가 정체성 언설이 아무리 강력하더라도, 근대 일본의 국가 정체성은 늘 불균형적인 삼자 관계(즉 일본-아시아-서구) 속에서 만들어져 왔음을 잊어서는 안 될 것이다. 다시 말해서 일본의 셀프 오리엔탈리즘과 서구 오리엔탈리즘의 공모는 일본과 서구 사이의 문화 권력 관계의 불균형만을 강조함으로써 일본과 '아시아' 사이의 관계를 모호하게 만들었다고 할 수 있다. 그런 의미에서 일본 국가 정체성에 관한 하네르츠의 관찰이 시사하는 또 다른 중요한 점은 패전을 계기로 일본 문화의 방향이 급속히 내향적으로 전환되었 다는 역사적 단절이다.

'일본은 아시아가 아니다' 하는 말이 당연시되듯이, 일본에서 '아시아'는 일본과는 단절된 한 이미지로 뭉뚱그려 이해되고 있다. 일본이 아시아라고 불리는 지역에 위치하고 있는 것은 틀림없는 사실이지만 일본이 '아시아'라 는 문화적 상상체 바깥에 존재한다는 것도 자명하다. 그러나 이런 모순된 인식이 당연시되고 있는 것 자체가 아시아가 일본의 국가 정체성 구축에 깊이 관여해 왔음을 역설적으로 보여 주는 것이다. 간단히 말해 '서구'가 일본이 본받아야 할 근대적 타자였다면 '아시아'는 일본이 덮어 버려야 할 과거, 일본의 근대화와 문명화의 정도를 알려주는 음화陰画로 인식되어 온 것이다(Tanaka, 1993; 姜, 1996). 다케우치 요시미(竹内, 1993: 96-100, 278-285) 는 제2차 대전 이전에 일본에는 아시아에 접근하는 방법으로 크게 탈아脫亞 와 흥아興亞 두 가지가 있었다고 말했다. 다케우치에 의하면 서구 제국주의에 대항하기 위해 아시아 다른 나라들과의 연대를 주장하는 흥아는 궁극적으로 일본이 제국주의적 아시아 지배를 지향하는 과정에서 탈아에 흡수되고 그 형태만 남았다. 다시 말해 문화적 상상체인 '일본'과 '아시아'가 명확히 단절되고 주종 관계로 남은 것은 일본이 제국주의화된 과정과 밀접하다. 이렇게 본다면 '탈아입구'라는 후쿠자와 유키치*의 유명한 말은 일본이 실제로 '아시아'라는 실체를 가진 지역에서 탈출하려 한 시도라고는 볼 수 없다. 그것은 일본이 서구 제국주의가 지배하는 세계 질서를 받아들이면 서 서구 못지않은 강국 또는 문명국의 국가 정체성을 만들기 위해 일본-아시

---

* 1885년 3월 16일 후쿠자와 유키치가 『시사신보』에 게재한 사설을 '탈아론'이라고 한다. 전근 대적인 아시아적 가치를 과감히 버리고 서구 근대 문물을 적극적으로 받아들임으로써 서구의 도전에 대항하자는 것을 주요 골자로 하는데 일반적으로 이 주장을 '탈아입구'脫亞入歐라고 한다.

아-서구라는 삼자의 상상체를 본질론적으로 만들어 가는 가운데 '아시아'에 대한 이른바 오리엔탈 오리엔탈리즘을 발전시킨 과정으로 볼 수 있다(川村, 1993; Robertson, J., 1998a: 97-101).

그러나 일본의 '아시아' 언설에는 일본과 다른 아시아 지역을 '서구'와의 관계에서 명확하게 분리하지 못한다는 딜레마가 항상 따라다녔다. 다나카 (Tanaka, 1993: 3)가 20세기 초 일본의 오리엔탈 오리엔탈리즘에 관해 논한 것처럼, 일본의 아시아 언설은 서구에서 부여한 동양이라는 객관적인 범주에서 벗어나면서 동시에 동양이라는 정체성을 유지한 채 근대적 주체가 되어야 한다는 매우 어려운 문제를 내포하고 있었다. 한편, 오카쿠라 덴신의 '아시아는 하나'*로 대표되듯이 근대 일본에서는 일본을 포함한 아시아의 동질성이 문화 본질적으로 언급되어 왔다. 이런 언설 모두가 일본을 아시아의 맹주로 본 것은 아니었다. 그러나 일본 제국주의 침략과 함께 확장적 국가주의로 흡수되면서, 일본과 다른 아시아 나라들 사이의 '공통성과 이질성' 문제는 오로지 '닮았지만 더 우수하다'거나 '아시아에 속하나 아시아를 뛰어넘는다'는 식으로 해석되었다. 이른바 '아시아에 속하나 아시아를 뛰어넘는다'는 일본의 아시아 인식은 1930년대 이후 더욱 선명해진다. 지리적·인종적·문화적으로 인접해 있는 아시아를 침략하여 식민지로 만든 유일한 비서구 제국주의 국가인 일본은 '대동아 공영권'이라는 범아시아주의를 내세워 문화적·인종적 유사성에 근거한 연대의 당위성을 주장하면서 그 야심을 정당화하려고 했다. 나아가 그러한 아시아 인식은 이 책에서 밝히고 있듯이 일본 대중문화의 아시아 지역 침투를 둘러싼 언설이나 일본

---

* 오카쿠라 덴신의 저서 『동양의 사상』 첫머리에 나오는 말이다. 그는 서구의 식민지가 되어 가는 아시아에 대해 용기를 불러일으킨다는 의미에서 이 말을 했지만 후에 이는 일본의 제국주의적 언설에 이용된다.

24

문화 산업의 아시아 시장 전략 등으로 면면히 이어져 왔다.

패전과 그에 따른 미국의 일본 점령으로 일본은 외부(특히 아시아 지역)에 표방하는 방향을 전환해야 했다. 미국의 냉전 정책은 일본의 전후 체제를 강력하게 지배하면서 '일본의 아시아' 대신에 '미국의 일본'(Harootunian, 1993)이 일본의 자화상 형성과 국가 정체성 구축에 중심 역할을 하게 되었다. '미국의 일본'이 전후 일본의 자화상을 강력하게 규정하면서 일본과 다른 아시아 나라들과의 관계는 단절되었다. 글럭(Gluck, 1993)의 지적처럼, 일본은 미국의 지배를 받으면서 형성된 '전후'戰後 의식에 사로잡혀 버린 것이다. 일본의 침략 행위의 대상이 된 전쟁 희생자들에 대한 공식 사죄와 보상이 여전히 해결되지 않는 것에서도 드러나듯이, 일본은 스스로를 단지 희생자로 보고 전쟁 이전과 역사적 단절을 강조하면서 일본의 제국주의적 침략과 폭력 행위의 여파에 진지하게 대면하는 것을 회피해 왔다. 전쟁 직후 일본의 아시아 외교는, 미국의 보호 아래 주요 침략지였던 동아시아 지역을 피해 동남아시아 중심으로 전개되었고 과거 일본 제국주의 지배를 연상시키는 문화적 측면보다는 경제에 초점을 맞추었다. 동남아시아에서 일본의 전쟁 보상 문제는 일본이 진지하게 사죄를 표명하는 기회가 아닌 경제 협력이라는 미명 아래 일본이 아시아 지역에 새로운 경제 기반을 구축하려는 계획의 첫 단계로 교묘하게 이용되었다(石田, 1995). 일본이 아시아의 맹주라는 발상은 문화적 측면에서는 철저하게 억눌러졌지만, 그것은 이후의 '안항 경제 발전론'*에서 보이듯 경제 분야에서는 계속 남아 있었다.

일본이 제국주의 역사를 망각하고, 아시아 타자들을 제국 신민으로 동화

---

* 안항雁行 경제 발전론은 기러기가 떼지어 날아가듯 선두에 일본이 그 다음에 NIES, ASEAN 등의 나라가 또 중국이나 베트남, 미얀마 등이 뒤를 따르며, 앞에 가는 나라가 발전함으로써 후진국의 발전을 촉진시키고 아시아 전체가 한 덩어리를 이루어 한층 높이 날아오른다는 공상적인 비전을 뜻한다.

하려던 사실을 무화하려 들면서 전후 일본 문화의 방향은 일본 내부로 향하게 되었다. 예를 들어 일본화는 전쟁 전에는 '화혼양재'*처럼 서구 문화와 문명의 흡수나 토착화와 함께 문화적 타자를 제국 신민에 동화시키는 황민화를 의미했다(Robertson, J., 1998a: 89-138).2) 그러나 2장에서 살펴볼 것처럼 전후에는 '일본화'가 오로지 미국의 자본주의 소비문화의 일본적 토착화만을 의미하게 되었다. 그리고 일본 경제력이 높아지면서 그것이 의미하는 바는 '모방'이라는 종속적 지위를 나타내는 것에서부터 '길들이기'domesticate, '차용'appropriate 등 서구 문화를 적극적이고 창조적인 방식으로 혼합하는 일본의 능력을 강조하는 것으로 변화되었다(Tobin, 1992a). 그때 일본의 문화력은 오직 서구 문화 지배에 대한 내국적이고 내향적인 교섭 능력이었다.

일본이 다른 아시아 나라들과 관계를 맺을 때 문화적 측면을 다시 고려하게 된 이유는 1974년 자카르타, 방콕 등지에서 일어난 다나카 전 수상에 대한 시위 같은, 동남아시아 각지에서 일본의 경제 착취에 대한 항의 시위가 전개되었기 때문이다. 일본 정부는 이른바 후쿠다주의**로 불리는 일본과 동남아시아의 문화 교류를 추진하기 시작했다. 그러나 일본과 다른 아시아 나라들과의 문화 교류는 일본의 전쟁 책임을 명확히 하고 나서 양국간 민간 교류를 촉진하는 것이 아니라 어디까지나 아시아 지역에서 일본 기업들의 경제 활동을 원활하게 하여 국익을 보호하기 위한 방책이었다. 또 전후 일본에서는 아시아 지역의 문화 및 여행 등에 대한 관심이 민간 차원에서

---

* 和魂洋才. 메이지 유신 때 근대화의 표어 중 하나로 등장. 기술 문명은 서양의 것으로 하되 정신과 혼은 일본의 것을 숭상한다는 뜻.

** 福田ドクトリン. 후쿠다 전 수상이 1977년 ASEAN 국가 순방할 때 필리핀 마닐라에서 발표한 것이다. 후쿠다 수상은 일본이 평화를 유지하고 군사대국이 되지 않을 것이며 일본은 동남아시아 나라들과 다양한 분야에서 상호 신뢰 관계를 만들고 싶다고 연설했다. 또 그 관계는 일 대 일의 '대등한 협력자'로 ASEAN 국가들의 노력에 적극적으로 응원할 것이라는 결의를 표명했다.

산발적으로 높아진 시기가 있었지만(『아크로스』 1994년 11월호), 일본과 다른 아시아 나라들 사이의 문화적 거리는 경제 격차에 비례할 만큼 여전히 먼 것으로 인식되었다(村井, 1990). '아시아'를 뭔가 결여되고 가난하고 일본과 관련이 별로 없는 후진국들로 간주하면서 전후 일본의 셀프 오리엔탈리즘과 서구 오리엔탈리즘의 공모 관계를 은연중에 지원하고 있었다.

전지구화 흐름 속에서 근대 아시아로 돌아가다

일본이 '아시아' 정체성을 다시 강조하기 시작한 시기는 아시아 지역이 급속한 경제 성장으로 주목을 끌게 된 1990년대부터였다. 일본의 '전후' 시대가 끝나간다고 한 글럭(Gluck, 1997)의 관찰처럼, 1990년대는 일본이 국내외로 획기적인 변화를 겪은 시기였다. 아시아 경제력의 놀라운 발전은 냉전 구조의 종언이라는 지정학적인 대전환 속에서 일어났다. 미국을 필두로 한 서구 열강들은 냉전 시대의 적을 잃었고 아시아 경제 성장은 서구의 세계 지배력을 상대적으로 약화시켰다. 이런 상황에서 헌팅턴(Huntington, 1993) 같은 미국 보수파 지식인은 21세기 세계 분쟁이 문화와 문명 간의 차이에서 기인할 것이라고 경종을 울렸다. 또 마하티르나 리콴유 같은 동남아시아의 정치 지도자들은 아시아적 가치관이야말로 아시아 경제 성장과 근대화를 뒷받침해준 것이라며, 아직도 서구 문화 가치에 바탕을 둔 근대의 보편성을 의심치 않고 있는 서구 선진국들의 오만함을 비판하기 시작했다(Zakaira, 1994; Mahathir & Ishihara, 1995). 유럽 연합EU이나 북미 자유 무역 협정NAFTA 등의 배타적인 지역 경제권이 출현한 이 시기에는 아시아 지역에서도 지역주의regionalism의 필요성이 제기되었는데, 미국, 호주 등을 포함한 아시아-태평양 경제 협력 기구APEC와 서구를 배제한 동아시아 경제 협의체EAEC 사이에서 논쟁이 야기되었다. 일본은 결과적으로 미국을 좇아 아펙 추진에 참여했지만, 이른바 거품 경제 붕괴 이후 장기간 경기 침체를 맞은 일본의 처지에서는 경제력을 갖춘 아시아 나라들이 이미 착취의 대상이 아니었다. 어떻게 하면 일본이 아시아의 일원이 될 것인가, 어떻게 해서 아시아로 돌아갈 수 있을까 하는 것이 긴급한 과제가 된 것이다.

1990년대 일본에 새로 대두한 아시아주의 언설에는 전전의 범아시아주의의 그림자가 여전히 남아 있다. 후지제록스 회장인 고바야시 요타로가 "고르바초프는 러시아가 돌아갈 곳이 유럽이라고 말했는데, 일본의 고향이 미국도 유럽도 아닌 아시아라는 것은 두말할 필요도 없다"고 했듯이 '아시아 회귀'의 경제적 동기는 인종적이고 문화적인 유대감을 불러일으키면서 정당화되었다. 또 반서구 의식은 다시 아시아의 공통성을 불러온 계기가 되었고 신아시아주의도 배타적이고 본질론적으로 일본과 아시아의 연대를 호소하게 되었다(小倉, 1993). 이시하라 신타로는 말레이시아 마하티르 수상과의 공저 『노! 하고 말할 수 있는 아시아』(マハティール & 石原, 1994; Mahathir & Ishihara, 1995)에서 일본은 역사상 단 한번도 단일 민족인 적이 없었고 아시아의 많은 인종이 섞여 있기 때문에, 일본은 아시아와 자연스럽게 연결되어 있다고 말했다. 오구마 에이지(小熊, 1995)가 지적하는 것처럼 이런 논평은 일본이 단일 민족이라는 이유로 우수성을 강조했던 지금까지의 지론을 쉽게 바꾼 것이고, 이 보수 정치가의 모순된 말은 전전의 범아시아주의와 대동아 공영권을 방불케 한다.

이런 '아시아 시대' 속에서 일본이 귀에 익은 범아시아주의 언설에 자신을 꿰어 맞추려는 시도는, 일본이 추구하는 아시아 회귀의 목적이 다른 아시아 나라들과의 대화를 추진하는 것이 아니라 여전히 자기 도취적인 국가 정체성을 모색하는 데 있었다는 것을 의미한다(Hein & Hammond, 1995). 일본의 우위성과 특수성을 동시에 불러일으키기 위해 서로 다른 상상체의 삼자 관계, 즉 아시아-일본-서구라는 틀이 여전히 일본의 아시아 회귀 언설의 바탕이 된 것이다. 그러나 일본이 1990년대에 접한 '아시아'는 더 이상 전통적이고 미발달한 후진국이라는 이미지와 일치하지 않았다. 다른 아시아 사회도 자신감을 가지고 '아시아다움'을 주장하게 되면서, 일본은 지금까지 언설에서 만들어져 온 '낙후된 아시아'라는 전체화된 이미지와 급속한 경제 발전으로 근대화된 개별 아시아 나라들의 현실 사이의 격차를 진지하게 바라볼 수밖에 없게 되었다(山室, 1998; 佐藤光, 1998).

여기서 강조해야 할 것은 1990년대에 아시아라는 문화적 지리가 어떤 실질성을 갖기 시작했다면 그것은 고유한 아시아적 가치관에 의해서가 아니라 오히려 전지구적으로 퍼져 가는 자본주의 구조가 아시아 지역에 확실하게 뿌리내렸기 때문이라는 점이다. 딜릭은 이와 관련해서 다음과 같이 말했다.

> 동아시아의 유교적 가치 부활이라는 견해가 설득력이 있다면 그것은 서구에 뿌리를 둔 가치관에 대치될 수 있는 것을 제공했기 때문이 아니라 아시아 지역의 토착 문화가 자본주의와 조화를 잘 이룬다는 것을 밝혀 주었기 때문이다(Dirlik, 1994: 51-52).

아무리 아시아적 가치관이 경제 성장의 비결로 언급되었다 하더라도 아시아 자본주의의 대두는 서구에 기원을 둔 자본주의 근대의 전지구적 확산이며, 서구-아시아(그리고 일본)라는 경계선 긋기 작업이 무의미해졌기에 가능했던 것이다.

이렇게 볼 때 아시아적 가치를 내세우는 언설이나 일본의 아시아로 돌아가자는 시도는 전지구화가 가속화되는 자본주의 체제 맥락에서 고찰할 필요가 있다(Harvey, D., 1989). 스튜어트 홀(Hall, 1995: 190)의 간결하고 명확한 정의

에 따르면,

전지구화는 분리되어 있던 지구 상의 여러 영역이 한 상상의 '공간' 속에서 교차하는 과정이다. 서구가 지배하는 시간대, 시간틀에서 각 사회의 역사가 삽입되어 공간과 거리의 명확한 구분이 다양한 연결고리(여행, 무역, 정복, 식민 지배, 시장, 자본/노동, 상품, 이익의 유통)로 이어진 결과, '내부'와 '외부'를 명확히 구별하는 것이 점차 불가능해졌다.

전지구화가 진행되면서 국가를 기준으로 문화의 경계선을 명확히 구분하는 것을 당연시해 온 기존의 생각은 설득력을 잃고 있다(Appadurai, 1990; Hannerz, 1996).

홀이 강조하는 것처럼 전지구화는 결코 최근에 시작된 현상이 아니라 오랜 서구 제국주의 역사 속에서 추진되어 왔다. 서구의 지배를 받았던 세계의 근대사에서 전지구화 과정은 불균형적이고 불공평하게 진행되어 온 것이다. 그러나 그렇다고 해서 전지구화라는 역사적 과정이 단순히 세계의 서구화를 초래하고 있지는 않다. 세계 구성에 미친 전지구화의 영향은 복잡다단하며 모순적이다. 막강한 서구의 문화·정치·경제·군사적인 패권은 오늘날의 세계 체제를 형성했고, 서구 자본주의 사회(특히 미국)에서 형성된 근대성은 세계 여러 지역에서 그 위세를 떨치고 있다(Wallerstein, 1991). 서구 근대성이 전지구적으로 확산되면서 비서구 세계에 폭력적 형태의 특정한 근대를 강요해온 것은 부정할 수 없다. 그러나 비서구에 강요된 근대 경험은 다양한 형태의 토착화된 근대성을 낳았고 서구의 경험만으로 근대 형태를 논하는 것이 무익하다는 것을 명확하게 보여 준다(Ang & Stratton, 1996). 현재도 서구 근대는 세계 곳곳에 침투하고 있다. 이는 여러 지역에서 불균형적인 문화 접촉을 초래하여, 세계의 모든 문화가 '우리'와 같으면서도 '우리'와 다른 상황을 낳았다. 이렇듯 '익숙한 차이'와 '기이한 동질성'이 전지구적 문화의 만남이라는 불균형한 역학 속에서 예측하기 어려운 형태로 여러 겹으로 갈라져 있으면서도 서로 이어져 있는 것이다(Ang & Stratton, 1996: 22-24).

이 책은 우선 일본이, 한층 더 뚜렷하게 진행되고 있는 전지구화의 역동적인 맥락 속에서 고도의 산업화와 근대화를 이미 이루었거나 이루려는 '아시아의 이웃'들을 어떻게 만났는지 살펴보려 한다. 앞에서도 말했듯이 일본 제국주의 역사에서 '아시아'와 관계를 단절하려는 강력한 힘이 작용해 왔다 하더라도 전후 일본에서 다른 아시아 나라들과 (일방적인) 문화 왕래가 단절된 적은 없었다. 많은 일본 지식인들은 패전과 미국 지배에 가려진 일본의 제국주의나 식민주의 역사를 계속해서 비판하고, 아시아 나라들과의 연대를 호소하면서 활동해 왔다. 그리고 일본의 다양한 문화 상품, 전자 제품, 자본이 아시아 지역에 유입되고, 또 아시아 지역은 일본인들의 관광지로 상품화되기도 했다. 그러나 1990년대가 그 이전과 크게 다른 점은 아시아 지역에 많은 근대 도시 공간이 생겨났다는 것이다. 다른 아시아 나라들이 고도 경제 성장을 달성하고 자본주의 근대의 문법을 철저하게 받아들이면서 토착화된 다양한 근대성이 생겨나고 있다. 이 책에서는 이런 새로운 흐름 속에서 일본과 '아시아'의 새로운 만남들을 TV프로그램, 대중음악 등 상업 대중문화에 초점을 맞추어 다방면으로 고찰할 것이다. 이런 문화 상품은 미국의 문화적 창조력과 상상력에 많은 영향을 받으면서 각 사회·문화 상황에서 '독자적'인 문화 형태를 창조했다. 이를 검토함으로써 현재 아시아의 다양한 근대 형태와 이들 사이에 뒤섞여 있는 동질성과 이질성을 밝힐 수 있기 때문이다.

미디어의 전지구화로 동아시아 지역의 미디어 문화와 대중문화의 흐름이 활발해졌는데 이 흐름을 초국가적transnational 왕래라고 부를 수 있다. 하네르츠(Hannerz, 1996: 6)의 의견대로 초국가적이라는 말은 세계의 구석구석을 뒤덮는 것을 뜻하는 '전지구적'global보다 과장되지 않고 현실적인 의미를 지닌다. 그리고 '국제적'international이 국민 국가라는 단위를 전제로 하는 경향이 있는 데 반해 '초국가적'은 국가의 규제나 구속력을 쉽사리 뛰어넘는 자본이나 기업의 거시적인 움직임뿐만 아니라 이민이나 여행에 의한 인간 이동의 가속화라든지 미디어 커뮤니케이션 기술의 발달로 통제하기 어려운 사람·상품·정보·이미지의 미시적인 연계까지 염두에 두고, 국가의 틀에서 는 파악하기 어려운 국경을 넘는 문화의 새로운 흐름·관계·상상력이 계속 만들어지고 있음을 강조하는 말이다(Appadurai, 1996). 이 책의 주제와 관련하 여 미디어 문화와 대중문화를 이야기할 때,3) '국제'라는 말은 국가간 우호 관계를 키우기 위한 '국제 문화 교류'라든가 국가 시장 또는 기업간 합법적 상업 교역인 '무역'으로 국경을 넘는 흐름을 규정한다. 그러나 실제로 많은 다국적 자본 간의 연계로 인해 문화의 국경이나 국적은 무시되고 미디어 상품의 해적판이 횡행하면서 국제 외교와 시장의 법칙은 무시된다. 나아가 대중문화는 생산과 소비 공간 사이에서 끊임없이 혼종·차용되면서, 이제는 기원이나 소유자를 특정 국가에서 찾으려는 행위 자체가 무의미해지고 있다. 물론 국가의 규제력은 여전히 강력하나, 전지구화가 촉진하고 있는 복잡한 문화 흐름이란 국경에 연연하지 않은 채 뒤섞이는 막힘없고 획일적이 지 않은 다양한 '왕래'다.

미디어와 대중문화의 이런 초국가적인 왕래 때문에 1990년대 일본이 '아시아'에 접근하거나 관계를 맺는 방식에는 모순적인 영향력과 상상력이 개입되어 왔다. 한편으로는 일본의 문화 권력, 즉 문화 영역에서 일본과 다른 아시아 나라들 간에 불균형 역학이 두드러졌다. 일본 문화 유입이 일방적으로 많다는 점에서 알 수 있듯이 일본과 다른 아시아 지역 간의 미디어와 대중문화 왕래는 분명히 불균형을 이루고 있다. 일본 문화 시스템이 서구 문화 패권 아래에 속하면서도, 일본의 미디어 상품은 바로 그 서구 문화를 수용하여 새로운 문화를 재편성하면서 다른 아시아 지역에 국경을 뛰어넘는 침투력을 갖게 되었다. 일본 제국주의 역사가 만들어 온 아시아 관계와 아시아 인식은 대중문화를 통해서 일본이 다른 아시아 사회와 만나는 지점에 강한 통제력으로 작용한다. 일본과 다른 아시아 지역 간에 문화 왕래가 불공평하게 이루어지면서 일본은 아시아 침략사를 정당화하고, 일본이 문화적으로 우위에 있다는 관점을 강요하며, '아시아' 를 경멸하는 태도를 보인다. 그리하여 초국가적 왕래의 복잡성은 무시되고 일본 국민 국가의 틀 속에서 '일본을 동경하는 아시아'라는 도식에 스스로 도취되어 버린다. 다시 말해서 '초국가'가 '국가'를 새롭게 만드는 것이다.

한편, 전지구화 역학은 일본과 다른 아시아 나라들 사이에 새로운 관계가 생길 가능성을 열어 준다. 일본은 서구 못지않은 고도의 산업화를 이룬 유일한 비서구 국가로 '로컬'과 '글로벌'(서구) 문화를 교묘하게 섞어 온 경험자의 독특한 지위를 누려 왔다. 그러나 이것이 더는 일본이 독점할 경험이 아니며 도시를 중심으로 한 여러 아시아 지역에서 흔한 경험이 되고 있다. 일본과 다른 아시아 사람들은 상대적인 신체적·문화적 동질성 외에도 서구 중심의 전지구적 자본주의 근대와 접촉했다는 공통점이 있기 때문에 서로 연대할 가능성이 있다. 이것은 아시아 지역에서 다른 방식의 근대 체제의 발견을 촉구하고 '낙후된 아시아'라는 인식을 뒤흔들어, 일본 근대의 형태를 비판적으로 다시 검토할 계기가 될 수 있다. 그러나 그 이면에 전지구화는 아시아 지역 안에서 가진 자와 가지지 못한 자 사이의 격차를 확대시키면서 '낙후된 아시아'를 재생산하고 있기도 하다.

다시 말해서 아시아 지역에서 일어나는 초국가적인 대중문화 왕래는 역사적으로 만들어져 온 일본과 '아시아'의 관계, 문화적 근접성과 발전적 시간 차이의 인식 그리고 서구 문화와의 절충 과정이 서로 뒤섞이면서 새롭게 유기적으로 결합되는 장으로 간주된다. 아시아 지역에서 일본의 문화 권력이 어떤 형태를 지니는지를 검토하면서, 일본과 '아시아'의 연계가 오리엔탈리즘에 바탕을 둔 일본식 관념에서 표명되는 것과 달리 역사가 만든 불균형 상태에서 얼마나 다양하고 모순되고 이중적인 의미를 띠게 되는지를 그려 내는 것이 이 책의 목적이다.

이 책의 구성

마지막으로 이 책의 구성을 간단히 소개하겠다. 먼저 1장에서는 일본의 초국가적인 문화 권력을 전지구화라는 이론적 틀 안에서 검토한다. 전지구화 과정에서 미국의 절대 권력이 분산되면서 오히려 일본 문화의 비중과 영향력은 늘어났다. 이런 일본 문화 권력의 대두를 복잡한 탈중심화를 일으키는 전지구화 과정 속에서 파악해 보려고 한다.

2장부터는 세 가지 주제를 다룰 것이다. 하나는 일본의 문화 수출과 영향력 증대에 따른 일본 내 국가주의적 언설이고, 다음은 일본 미디어 산업의 아시아 시장 전략인 '지역화'localization, 마지막으로 동아시아 지역 간의 대중문화 소비에 관한 것이다.

2, 3장에서는 국가주의 관점에서 일본 문화가 국경을 넘어 확산되는 것을 논하는 초국가주의transnationalism 언설을 검토할 것이다. 2장에서는 일본의 이문화異文化 수용 능력을 본질적으로 규정하는 혼종주의에 관한 언설이 미국 지배하의 전후 일본에서 일본 사회 내부를 설명하는 틀로 논의되어 온 것에 반해, 1990년대 들어 전지구화 이론이나 문명론의 대두 속에서 다시 바깥을 향하고 있음을 지적한다. 이런 경향은 특히 아시아의 경제 성장과 아시아로 돌아가자는 일본의 분위기 속에서 명확해졌고, 아시아 지역 지도자로서 일본의 지위는 이문화 수용 능력의 관점에서 다양하게

논의되었다. 그리고 이것을 뒷받침해줄 만한 좋은 예로 아시아 지역에서 일본 대중문화의 확산이 언급되었다. 3장에서는 1990년대 들어 일본의 대외적 영향력에 관한 언설의 주된 대상이 기술 분야에서 점차 애니메이션이나 TV프로그램 등 소프트웨어의 힘으로 변화되는 과정에서 생겨난, 내가 연성 국가주의soft nationalism라 이름 붙인 자화자찬 격 언설을 더 자세하게 살펴볼 것이다. 이런 언설들은 어떤 일본 문화 상품이 어디에서 수용되고 있는지를 밝히면서(글로벌=서구에서는 애니메이션, 아시아에서는 TV프로그램), 과거 미국 문화의 패권만큼 확산된 일본 문화의 힘을 논한다든지 아시아 지역에서 일본의 국가 이미지를 높이는 문화 외교 촉진에 기대를 거는 등, 다채로운 논조를 띤다. 그러나 결국 이런 모든 언설들은 일본의 미디어 문화와 대중문화 수출을 오로지 '국익'의 관점에서만 생각하기 때문에, 탈중심화된 초국가적인 문화 왕래가 얼마나 복잡하고 모순이 많은지에 주의를 기울이지 못하고 있다.

4, 5, 6장에서는 아시아 지역의 미디어 문화와 대중문화 왕래에 관한 실증적 고찰을 다룰 것이다. 현장 조사는 1994년 10월, 1997년 1-2월, 1998년 3-4월 도쿄에서, 1996년 1월과 12월 싱가포르에서, 1996년 쿠알라룸프르에서, 1996년 12월-1997년 1월과 5월, 1998년 6월 타이페이에서, 1997년 2-3월 홍콩에서 실시했다. 각 도시에서는 백 명이 넘는 TV·음악·출판·광고 산업의 현장에서 일하는 사람들을 인터뷰하면서 아시아 지역에서 소비되는 일본 TV드라마·대중음악과, 일본에서 소비되는 일본 외 아시아 지역 대중문화의 시장별 마케팅 전략·유통·수용에 관한 자료를 수집했다. 싱가포르와 쿠알라룸프르에서는 TV프로그램인 「아시아 버거스!」의 제작 과정을 참여 관찰했다. 또 타이페이와 도쿄에서는 일본과 홍콩의 미디어를 호의적으로 보는 사람들과 인터뷰를 했다. 타이페이에서는 일본 TV드라마와 대중음악 수용에 관해 시청자 20명에게, 도쿄에서는 홍콩을 중심으로

한 영화나 음악의 매력에 관해 시청자 24명에게 이야기를 들었다. 4장에서
는 먼저 1990년대 초 일본 미디어 산업, 특히 음악 산업이 취한 아시아
시장 진출 전략을 분석할 것이다. 다양한 문화·언어·민족·종교·인종을
가진 아시아 시장에서 많은 글로벌 미디어 기업들이 어떻게 상품을 현지화
할 것인지 경쟁하는 가운데, 일본 음악 산업은 범아시아의 팝 스타를 일본
주도로 발굴하고 키우기 위해 최대 시장인 중국을 중심으로 아시아 지역에
서 오디션을 실시했다. 이 전략은 아시아의 현재를 일본의 과거로 거둬들인
다는 점에서 역사적으로 형성된 '아시아에 속하나 아시아를 뛰어넘는다'는
일본의 아시아 인식을 반영하고 있다. 그러나 실제로는 일본 음악 산업의
현지화 전략은 그 한계를 드러낸다. 대신에 홍콩과 대만을 중심으로 한
동아시아 지역에서 일본의 대중음악과 TV프로그램이 이전보다 더욱 확산
되어 실시간으로 소비되고 있다는 점이 밝혀졌다. 이 동향은 마케팅 전략에
서 동아시아의 미디어 산업과 시장이 더욱 밀접한 상호 관련을 맺게 된
것을 보여 준다. 일본 대중문화가 아시아 시장에서 확산된 것은 홍콩이나
대만의 미디어 산업이라는 원동력이 있었기 때문이다. 다시 말해 일본
문화 상품의 지역화는 일본이 아시아 지역에서 직접 스타를 발굴하는 방식
에서 동아시아 현지 산업들이 '일본'을 파는 식의 시장 전략으로 변한
것이다.

시장 전략이 미디어 상품의 유통에 큰 역할을 하는 것은 부정할 수
없지만, 5장에서는 대만의 일본 TV드라마 수용에 관한 사례 조사를 통해
다른 아시아 지역의 소비자가 일본 미디어 텍스트에 어떤 매력을 느끼고
있는지를 분석하려 한다. 현지 조사에서 많은 대만 시청자들은 일본 TV드라
마에 빠져드는 것은 양국이 문화적으로 가깝기 때문이라고 했다. 5장에서는
대만 시청자들이 말해준 문화적 근접성cultural proximity이란 인식을 본질적
으로 보기보다는 역사적·정치적·경제적인 다양한 역학이 교차하는 흐름

속에서 어떤 특정한 미디어 텍스트의 소비를 통해 유기적으로 결합되는 역동적 과정으로 분석할 것이다. 경제적 차이의 소멸, 고도의 도시화와 초국적 미디어 정보나 이미지의 동시적 유통이라는 요인은 대만 시청자들에게 일본과 같은 시간대에서 살아간다는 느낌(Fabian 1983)을 들게 했고, 바로 그것이 문화적으로 가깝다는 인식을 갖게 하는 것이다. 다시 말해서 문화적 근접성은 '동시성' 측면에서도 생각해 볼 필요가 있다.

6장에서는 5장과 반대되는 흐름, 즉 일본에서 행해지는 '아시아 소비'를 분석하면서 동아시아 지역간 문화 왕래 경험의 불균형을 밝혀낼 것이다. 일본 TV드라마를 본 대만 시청자들은 동시대성·동시간성을 강조한 데 비해 1990년대 중반에서 후반까지 일본에서 아시아 문화 소비의 키워드는 바로 '향수'였다. 그것은 '힘이 넘치는' 다른 아시아 사회에서 일본이 과거에 지녔던 사회적 활력과 미래에 대한 희망을 찾아내려는 것이고, 다른 아시아 사회를 이상화하면서도 일본과 같은 시간에 살고 있음은 부정하는 것이라고 볼 수 있다. 그러나 일본의 홍콩 대중문화 팬에 대한 사례 조사에서는 그 힘과 활력이 일본의 '과거'가 아닌 일본의 근대 시스템과 견줄 만하다는 점을 보여 주고 있다. 그 조사에서 홍콩 대중문화 팬들은 일본이 우위에 있다거나 앞서 있다는 것을 부정하고, 같은 시간대의 아시아의 다른 지역들의 근대적인 면모를 보면서 자신의 일상과 사회를 변혁하는 계기로 만들려 한다는 것을 엿볼 수 있었다.

각 장에서 다룬 아시아의 대중문화 왕래에 관한 분석은 일본과 다른 아시아 나라들에 토착화된 근대의 다면적이고 다층적인 관계를 보여 준다. 이를 통해 일본이 그린 '아시아'라는 상상 지도가 초국가적 자력磁力에 이끌려 국가라는 틀 밖으로 끌어내졌을 때 얼마나 모순투성이에 왜곡덩어리인지가 밝혀질 것이다.

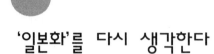

'일본화'를 다시 생각한다

전지구화와 지역화의 충돌

일본이 경제 대국인 것은 누구나 인정하는 사실이다. 1970년대에 서구 학자가 고도의 경제 성장을 이룬 일본을 본받으라며 '재팬, 넘버원'이라고 말한 것도 그리 오래전 일이 아니다(Dore, 1973; Vogel, 1979). 그리고 산업 구조의 중심이 대량 생산 방식에서 다품종 소량 생산으로 옮아가면서 유연한 생산 방식인 포스트포디즘의 모범 사례로 토요타이즘이 거론되기도 했다 (Dohse et al., 1985; Lash & Urry, 1994: ch.3; Waters, 1995: 82-85). 일본 경제가 성장하면서 일본식 경영이나 노사 관계, 조직 문화가 해외로 수출되거나 전이된다는 관점에서 일본의 대외적 영향력을 '일본화'라는 말로 표현하기 도 했다(Oliver & Wilkinson, 1992; Bratton, 1992; Elger & Smith, 1994; Thome & McAuley, 1992).

그러나 일본 경제가 세계에 압도적인 영향력을 끼친 데 비하면 일본 문화의 영향력은 아주 보잘것없는 것으로 여겨졌다. TV·영화·음악 등 일본 미디어 산업은 해외 시장에서 영향을 미치지 못하며, 성숙도 면에서도 미국은 물론 인도나 홍콩에 비해서도 모자라다고 평가되었다. 그러나 1980 년대 말부터 1990년대 초, 해외 시장에서 일본 미디어 산업의 수출량과 비중이 대폭 늘어나면서 일본 문화 상품들은 국내외의 주목을 받기 시작했다. 같은 시기에 소니와 마츠시타가 할리우드의 영화 제작사를 사들였고, 애니메이션 「아키라」(1988)가 서구에서 높은 평가를 받았다. 또한 1990년대에 들어서면서 1980년대부터 조금씩 인기를 모아온 애니메이션이나 만화의 뒤를 이어 일본의 TV드라마나 대중음악이 아시아 지역 젊은이들 사이에서 활발하게 소비되었다. 일본 대중문화가 해외 시장에 퍼지면서 일본에서만이 아니라 영어권에서도 많은 잡지, 학술지, 저서들이 이에 주목하기 시작했다 (『Mediamatic』 5권 4호, 1991년, Wark, 1991; 1994; Morley & Robins, 1995; Schodt, 1983; 1996; Levi, 1996; 五十嵐, 1998; 白幡, 1996).

이런 일련의 변화를 어떻게 받아들이면 좋을까? 이 변화가 일본 문화력이 이제 경제력과 견줄 만한 것이 되었음을 나타내는 것일까? 그렇다면 일본 문화의 힘이란 대체 어떤 것인가? 그것은 미국의 문화 패권과 같은 것인가 아니면 완전히 다른 것인가? 이 장에서는 이런 문제들을 중심으로 일본의 미디어와 대중문화가 해외 시장에서 영향력을 넓히고 있는 현상을 문화의 전지구화 흐름 속에서 살펴볼 것이다. 일본 문화 수출의 증대는 초국가적인 문화 왕래와 문화 패권 분석의 이론적 패러다임이 문화 제국주의에서 전지구화로 전환되는 맥락에서 다시 파악되어야 한다.

일본 문화의 색채를 띠지 않는 상품

애니메이션이나 게임 소프트웨어 등의 일본 문화 상품은 1980년대 후반이 되어서야 활발하게 세계 시장에 수출되었지만 비디오 기기·워크맨·가라오케·디지털 카메라·비디오 등 일본이 만든 소비자용 매체 기술은 오래전부터 전세계에 수출되어 소비되어 왔다. 압도적인 세계 시장 점유율을 자랑하는, 이런 일본 제품들이 안겨준 문화적 영향력은 헤아릴 수 없다. 조디 버랜드(Berland, 1992)는 일본 제품을 '문화 기술'cultural technologies이라고 말했는데 이런 문화 기술은 새로운 미디어 텍스트나 소비 공간, 소비자들을 서로 연결해 주었다고 한다. 새로운 소비자용 매체 기술의 탄생은 소비자의 수요와 욕구를 탐욕스레 조작하려는 시장 논리에 이끌려 그에 맞는 텍스트와 소비 방법에 관한 새로운 가능성을 끌어냈고, 끊임없이 커뮤니케이션 공간을 자본화해 나갔다. 예를 들어 비디오 기기는 미디어 텍스트를 소비하는 시공간을 확장하고 이동하면서 다양한 정보와 이미지가 국경을 넘어 유통되는 것을 촉진했다. 초기에 미국 영화사들은 자사의 영화가 불법 복제되어 돌아다닐 것을 염려하여 일본 비디오 기기의 판매를 크게 반대했다(Lardner, 1987). 그러나 대여나 수출을 통해 그러한 상품들이 전세계에 더욱 확산되면서 새로운 시장이 개척되었다(O'Regan, 1992; Gomery, 1988). 그 결과 주로 개발도상국 시청자들은 원래의 국내 미디어 상품만으로는 만족할 수 없게 되었고, 여러 나라의 정부들은 해외 미디어로부터 '자국' 시청자들을 되찾기 위해서 국내 미디어 산업의 시장화와 민영화를 추진해야만 했다(Ganley & Ganley, 1987; Boyd et al., 1989; O'Regan, 1991).

소비자 측에 눈을 돌리면, 일본의 소비자용 매체 기술 제품은 레이몬드 윌리엄스(Williams, 1990: 26)가 말한 '이동 가능한 사적 영역의 확보'mobile privatization를 진행시켜 왔다고 할 수 있다. 새로운 커뮤니케이션 기술 상품이 탄생하면서 공공 공간이 개인 소비의 장과 다양한 형태로 뒤섞이고 이동성이 확대되면서 오히려 사적 영역이 더욱 폐쇄적으로 변하는, 모순되는 경향이 동시에 나타났다. 예를 들어 라디오·TV·비디오 등은 가정으로 대표되는 사적 공간에 있으면서도 우리를 외부와 연결시키면서 전세계에서 일어나고 있는 일들을 체험할 수 있게 도왔다. 그리고 워크맨이나 가라오케(최근에는 휴대 전화)는 반대로 사회적인 공공 공간 안에 사적인 커뮤니케이션의 장을 새롭게 만들어 냈다. 어쨌든 고가와 데츠오(Kogawa, 1984; 1988)가 지적한 것처럼 여기서 흥미로운 점은 왜 그러한 '개인주의적' 미디어를

'집단주의적'이라고 불리는 일본 기업이 발달시켰는가 하는 것이다. 고가와는 일본의 사회관계와 공동체 의식이 점차 전자 커뮤니케이션 기술을 매개로 형성되고 있다는 것 자체가 집단주의 기반의 약화를 보여 준다고 지적하면서 새로운 커뮤니케이션 기술은 개인을 사회 통제에서 해방하는 한편, 사회 규제를 더욱 교묘하게 하는 두 가지 가능성을 지닌다고 논했다. 챔버스(Chambers, 1990: 2)도 워크맨이 '자주성과 자폐성' 사이를 오가는 양면적인 문화 활동을 하게 만든다고 한다. 워크맨은 개별적으로 파편화된 자유만을 허용하는 사회 규제로부터 도피하려는 측면을 지니면서 동시에 온 국민을 공동체로 묶는 대서사에 대항하여 그것을 부수는 사적인 소서사를 늘려 나가는 역할도 하고 있다(Chow, 1993)[1]

이런 실제적인 영향력에 비해 일본의 소비자용 매체 기술은 전지구적으로 확산되었지만 일본의 문화적 비중과 연결된 적은 별로 없었다. 이것은 어떤 나라나 지역의 '문화' 이미지와 관련되어 일컫는, 상품의 상징적인 이미지가 그 기능이나 영향력과는 다른 차원에서 작용하는 것을 보여 준다. 호스킨스와 마이러스(Hoskins & Mirus, 1988)는 미국 영화와 TV프로그램이 세계 시장을 지배하는 데 비해 일본의 문화적 영향력은 세계에 미치지 못한다고 하면서 그 이유를 TV프로그램 등의 미디어 텍스트가 다른 문화에서 유통될 때 생기는 '문화 할인율'cultural discount이라는 개념으로 설명한다. 어떤 문화에 깊게 뿌리내린 프로그램은 비슷한 형태의 문화를 가진 지역에서는 적극적으로 수용되지만, 그 외 지역에서는 시청자가 다른 문화의 스타일·가치·신념·제도·행동 양식 등을 낯설게 느끼기 때문에 오히려 매력을 잃는다는 것이다. 이에 따르면 미국 문화가 세계에서 차지해 버린 보편성과 서구 문화가 현대 세계에서 지니는 역사적인 힘, 그리고 영어가 널리 퍼져 있는 상황은 할리우드 상품의 '문화 할인율'을 낮게 하지만, 문화적 특수성을 내세우고 일본어가 유통되지 않는 일본의 경우는 다른 문화권에서 수용하기 어렵다는 것이다.2) 더욱이 일본이 소비자용 매체 기술 제품을 세계로 수출할 수 있었던 것은 그것들이 어느 나라에서 만들어졌는지가 소비 방법이나 소비에서 얻는 만족도와 관계없는 '문화 중립적인' 상품이었기 때문이라는 것이다.

호스킨스와 마이러스의 논의는 일본의 문화 수출에 관해 유용한 관점을 제시하기는 하지만 '문화적 중립성'이라는 개념은 별로 적절하지 않다고 생각된다. 문화 상품이 일상생활에 미치는 영향을 생각하면 어떤 상품도 문화적으로 '중립적'일 수 없고, 소비자가 인식하지 못하지만 거기에는 생산국의 문화 시스템의 흔적이 새겨져 있기 때문이다. 오히려 나는 세계의 미디어 문화 시장에서 유통되는 일본의 주요 문화 상품을 '특정 문화의 색채를 띠지 않는다'文化的 無臭性는 말로 표현하고 싶다.3) '특정 문화의 색채를 띠지 않는다'고 할 때 내가 강조하고 싶은 것은 어떤 상품에 '일본적인 것'이 실제로 담겨 있는가 없는가 하는 것이 아니라, 특정 생산국의 대부분 정형화된 문화적 특징과 생활양식의 이미지가 그 문화 상품과 상징을 소비할 때 긍정적으로 연결될 수 있는가 하는 것이다. 그것은 때로는 사무라이나 게이샤 등의 이국 정서와 연결되지만 여기서 문제 삼으려는 것은 근대적이고 선진적인 나라와 문화의 이미지다. '문화의 색채'가 특정 상품에 매력을 불러일으킨다는 것은 단순히 어떤 상품을 '일본이 만들었다'는 것을 소비자가 아는 것만으로는 충분하지 않으며 '일본이 만들었기' 때문에 고성능이 기대된다는 식의, 기능이나 품질에 관련된 것하고도 다르다. '맥도날드'가 미국 소비문화의 대명사가 된 것은 철저한 합리화와 표준화로 새로운 식문화인 패스트푸드를 세계에 널리 알렸기 때문이다(Ritzer, 1993). 그리고 햄버거를 먹으면서 '미국'이라는 강대하고 문화적으로 매력 있는 나라의 이미지를 소비하고, 그 이미지에 자기를 일체화하는 쾌락과도 깊이 연관되어 있다. 미국의 대중문화와 소비문화가 세계에 퍼진 데는 물질적으로 여유로운

'미국적 생활양식'이라는 이미지가 일본을 포함한 세계 소비자를 매혹시킨 점이 배경으로 작용했다(Featherstone, 1995; Frith, 1982: 46). 일본에 맥도날드 체인점이 처음 생겼을 때 광고 문구 중 하나가 "햄버거를 계속 먹으면 당신도 금발이 된다!"(Creighton, 1992)였던 것은 이 점을 명확하게 보여 준다. 먹는 것의 합리화와 표준화라는, 세계에 미친 막대한 영향은 학계나 저널리즘의 중요한 '분석' 대상이긴 하지만 소비 단계에서 그 영향은 '미국'이라는 국민 문화의 이미지와 직접 연결되지는 않는다. 다시 말해서 문화 상품에 '특정 문화의 색채'를 부여하는 것은 결코 상품 자체의 기능성이나 문화적 영향력이 아니라 소비의 장에서 보이는 '생산국 또는 제조국' 이미지와 그것을 둘러싼 언설이다.

어떤 나라나 지역에서 특정 외국 문화의 비중과 영향력은 수용국의 국가 정체성과 문화 정체성, 국익에 위협을 주는 것이거나 반대로 동경의 대상으로 해석되고 언설화되어 왔다. 문화 상품을 수출하는 측과 수입하는 측 사이에 권력의 불균형은 '특정 문화의 색채'를 통해 인식되기도 하고 문제시되기도 하였다. 우세한 어떤 문화가 다른 문화를 지배한다는 논의를 지속하게 한 것은 '미국화' 또는 '문화 제국주의'라는 개념이다. 사이드(Said, 1994: 387)가 말한 것처럼 이제까지 인류 역사에서 오늘날의 미국만큼 다른 문화에 막강한 영향을 끼친 나라는 없었다. 미국의 문화 패권은 정치·경제·군사에 걸친 전지구적 권력의 중요한 구성 요소로 작용해 왔다. 널리 알려진 것처럼 미국 정부는 냉전 시대에 공산 국가와의 이데올로기 투쟁에서 이기기 위해 미국 사회의 근대성·민주주의·유복함의 이미지를 알리려 했고 미디어나 소비문화의 수출을 미국화의 중요 방책으로 생각했다. 미국의 보수 정치학자 조셉 나이(Nye, 1990: 18)는 미국이 세계 패권을 쥐기 위해서 이런 상징 자원을 통해, 이른바 소프트웨어의 힘으로 타자를 제어하는 것이 중요하다고 주장한다. "미국 문화가 매력적으로 비친다면 다른 나라 국민들은 스스로 더욱 미국에 복종한다"고 생각한 것이다.

나이는 미국에 비해 일본이 경제 분야에 제한된 영향력만을 갖고 있으며 일본 상품이 아무리 전세계에 퍼졌다 해도 그 매력은 특정의 문화 가치관을 제시하는 것과는 대체로 무관하다고 말한다.[4] 일본이 세계를 향해 수출하고 있는 주요 문화 상품은 '3C'(소비자 기술 제품 consumer technologies, 만화 comics/cartoons, 컴퓨터/비디오 게임 computer/video games)로 표현할 수 있는데, 이런 일본 문화 상품은 세계 시장에 진출할 때 미국 문화만큼 그 영향력을 일본 문화의 이미지와 밀접하게 연결하지 못한다. 앞서 말했듯이 음악을 듣는 법과 도시 공간의 실상을 바꾼 워크맨을 소니라는 일본 기업이 만들었다는 것은 잘 알려져 있다. 최근 영국 방송통신대학교의 문화학 교재에서는 대표적 글로벌 문화 상품의 예로 워크맨을 들면서 워크맨이 가져온 다층적이고 다면적인 문화적 영향을 분석하고 있다(du Gay et al., 1997). 이 교재에서는 '일본다움'이 결코 본질적인 것이 아니라 언설에 의해서 만들어졌다는 점에 유의하면서, 워크맨이 오디오 기기의 '소형화'와 '휴대화'라는 일본의 이미지를 다시 연상시켰다고 논하고 있다. 그러나 그러한 '일본다움'에 대한 인식은 분석에서는 중요하지만, 소비자가 워크맨을 소비하면서 '일본'이라는 나라와 문화의 이미지를 긍정적으로 연상한다거나 자신과 동일시하는 경우는 거의 없을 것이다.

또 '특정 문화의 색채를 띠지 않는다'는 것은 생산국에 사는 사람들의 인종적·신체적인 특징과도 관계된다. 일본의 3C 상품은 그런 특징이 아예 없거나 옅어지고 있기 때문에 생산국인 '일본'의 이미지가 소비자에게 강하게 의식되지 않는다는 공통점이 있다. 애니메이션이나 게임 소프트웨어는 곧잘 '무국적'이라 불리면서 특정국의 문화적 맥락과 인종적 특징이 결여되어 있다고 여겨진다. 세계적으로 이름 높은 애니메이션 감독인 오시이 마모루는 일본의 애니메이터는 매력적인 캐릭터를 그리려 할 때 의식적으로든 무의식적으로든 '현실적'인 일본인의 모습을 피해 왔다고 지적하면서, 자신의 경우는 대부분 백인을 캐릭터의 모델로 삼았다고 한다(押井 외, 1996).

이와 같이 현대적인 생활양식이 스며 있는 생산국의 이미지가 늘 따라다니는 미국 상품과는 달리, '워크맨'이 고품질의 세련된 일본 상품이라는 것은 누구에게나 알려져 있고 '일본 애니메이션'을 즐기는 해외 시청자가 그것이 일본에서 만들어진 것을 잘 알고 있다고 해도 페더스톤(Fetherstone, 1995: 9)이 말했듯 여기에서 '일본의 이미지나 특색'이 그 상품 가치로 부각되지는 않는다. 그리고 4장에서 논하겠지만 더욱 중요한 것은 세계 시장을 노리는 일본 미디어 산업이 스스로 이를 충분히 의식하여 '일본색' 지우기를 해외 진출 전략으로 고려했다는 것이다.

일본화?

그런데 세계 시장에서 일본 문화의 색채를 띠지 않는 상품들은 그 영향력을 무시하지 못할 정도로 수출량이 늘어났다. 1989년에 소니가 컬럼비아 영화사를 인수하고 1990년에는 마츠시타가 MCA의 할리우드 스튜디오를 인수한 것은 일본이 세계 문화 시장에 미친 영향력을 상징적으로 보여준다. 비디오·가라오케·워크맨 등 소비자용 매체에 관한 일본 기술력의 압도적 우위는 미국의 콘텐츠 제작 능력과 대조를 이루어 왔지만, 이 일련의 인수로 인해 일본은 하드웨어(기술), 미국은 소프트웨어(문화)라는 종래의 명백한 역할 분담이 깨지고 말았다. 이에 대해 미국 미디어는 일본이 미국의 혼을 돈으로 샀다며 과도할 정도의 예민한 반응을 보였다. 한 예로 영화 「블랙 레인」에서 주인공 마이클 더글러스가 다카쿠라 켄에게 일본의 대기업 자본에 의한 미국 침략을 힐책하는 장면이 있다. 다카쿠라 켄은 이에 대해 "음악이나 영화 제작은 미국의 장기지만 우리 일본은 그 대신 기계를 만든다"고 대답했다. 이런 발언은 물론 미국 제작자의 생각을 반영한 것으로 여기에는 할리우드 스스로의 지배적 이미지, 즉 자신들이 생산하는 소프트 콘텐츠에 대한 과신과 기술밖에 만들 줄 모르는 일본에 대한 경멸이 노골적으로 드러나 있다. 그러나 역으로 생각해 보면 이것이 다시금 강조된 것 자체가 이미 현실과 다르다는 것을 증명한다고 할 수 있다.

그 후 마츠시타는 할리우드에서 철수했고, 소니도 적자를 내는 등 전지구적인 소프트웨어 사업을 전개하는 데 어려움이 있었다(Negus, 1997). (다만 소니 산하의 컬럼비아는 1997년 할리우드의 흥행 수입 기록을 다시 세워 일본식 경영이 할리우드와 양립함을 보였다). 그러나 일본이 수출하는 애니메이션이나 컴퓨터 게임이 전세계에 널리 침투하는 등 일본 문화의 색채를 띠지 않는 상품들은 '미디어는 미국제'(Tunstall, 1977)라고 했던 시대의 종언을 고하고 있다. 「포켓몬스터」, 「세일러문」, 「드래곤볼」은 아시아뿐만 아니라 서구 어린이에게도 많은 인기를 끌고 있고, 「아키라」가 서구에서 대성공한 후 소위 '재패니메이션'(일본 Japan과 애니메이션 Animation의 조어)은 세계 시장에서 일정 수준의 평가를 받았다. 「공각기동대」는 미국에서 비디오 판매 1위를 차지했고(『빌보드』, 1996년 8월 24일호) 1996년 일본 애니메이션과 만화의 대미 수출액은 7,500만 달러를 넘었다(『산케이신문』, 1996년 12월 14일). 더욱이 비디오 게임 시장을 일본의 업계 삼인방인 닌텐도, 세가, 소니가 거의 독점하였다. 기술과 미디어 텍스트가 점차 깊게 관여하면서 「포켓몬스터」, 「슈퍼마리오」, 「소닉」이 대히트하는 등 소프트웨어 분야에서도 일본 상품들이 높은 인기를 누리고 있다. 한 조사에 의하면 미국 어린이들 사이에서 미키마우스보다 마리오가 인지도가 더 높다.

그러나 이런 상황을 두고 일본이 세계적으로 '일급' 문화적 지위를 갖게 되었다고 보는 것에 대해서는 부정적인 견해가 많다. 세계 각지에서 일본의 미디어 상품과 문화 상품이 일상생활에 지대한 영향을 끼치고 있는 것을

중시하여 일본이 세계를 '식민지화'하고 있다고 주장할 때에도 '일본 문화'가 그것에 미치는 영향력을 발견하기는 어렵다. 그러므로 그 '식민지화'에는 '은밀한'이라는 형용사가 붙는다(ボッシュ, 1997). 일본이 수출하는 워크맨·가라오케·애니메이션이 세계에 아무리 널리 퍼졌다고 해도 일본의 문화 이미지나 생활양식과는 직접 연결되지 않기 때문에 그것을 '일본화'라고 부르는 것 역시 망설여진다(가라오케에 관해서는 Mitsui & Hosokawa, 1998). 이와 같은 논의는 아시아 지역으로 문화를 수출하는 데에도 적용된다. 예를 들어 위(Wee, 1997)는 일본 상품은 싱가포르에서 경제적으로 큰 영향력을 지니고 있지만 '일본적' 색채가 없어 '일본화'로 볼 수 없다고 말한다. 일본 문화 상품들은 패션, TV프로그램, 대중음악 등 여러 영역에 걸쳐 있지만 그저 미국 문화를 모방하고 배열한 소비용 상품으로 간주될 뿐, 그것들에서 특별히 '일본적'인 영향력을 발견하지는 못할 것이다(五十嵐, 1998).

물론 '일본화'를 '미국화'와 똑같이 취급하면서 일본의 문화 패권을 세계에 드러내려는 논의는 본질을 놓치고 있다고 할 수 있다. '일본화'라는 말이 주는 어색함이나 이질감으로 인해 일본의 문화적 영향력을 부정적으로 바라보는 것이 아니라 그 감정들을 통해 종래의 미국화 개념으로 대표되는 문화적 패권의 양태를 다시 생각해 볼 수 있지는 않을까? 다시 말해 세계 시장에서 일본의 문화 수출량이 늘어난 것과 일본 미디어 산업이 대두한 것을 초국가적인 문화 왕래에서 권력의 불균형 양상에 변화가 생기는 조짐으로 읽을 수 있다. 일본의 문화 수출이 최근 10여 년 사이에 눈에 띄게 증가한 것은 단순히 우연이라고 할 수만은 없다. 이 시기는 이른바 문화의 전지구화가 진행되고 다양한 측면에서 가속화된 시기다. 거대 다국적 기업에 의한 전지구적 규모의 시장과 자본의 통합, 세계 여러 지역을 순식간에 묶어 내는 커뮤니케이션 기술의 비약적 진보, 비서구 지역의 두터운 중산층의 탄생, 이민·관광·여행에 의한 국경을 넘나드는 이동의 증가, 이 와중에 초국가적인 문화 왕래는 더욱 복잡하고 모순적이며 예측하기 어려워져 지금까지의 중심-주변이라는 단순한 도식으로는 설명할 수 없게 되었다 (Appa- durai, 1990). 초국가적인 일본 문화력도 이런 이론적 패러다임 전환의 맥락에서 검토할 필요가 있다.

전지구화 속의 탈중심화 역학

최근 10년 동안에 일어난 초국적인 문화 왕래에 관한 큰 이론적 전환은 종래의 미국화와 문화 제국주의 언설의 타당성이 의문시되고, 대신에 전지구화 관점이 대두되었다는 것이다. 문화 제국주의 언설은 어떤 특정한 중심에서 다른 주변을 향한 일방적인 문화 지배를 강조하지만(Schiller, 1969; 1976; 1991; Mattelert et al., 1984; Hamelink, 1983) 1980년대부터 그 실증적인 논거에 대해 특히 의문이 제기되었다. 톰린슨(Tomlinson, 1991)이 논한 대로 문화 제국주의 언설은 정치·경제적 관점을 너무 중시한 나머지, 사람들이 의미 구축 단계에서 '문화 지배'를 받는다는 경험을 실증적으로 보지 않고 논의를 진행해 나갔다(Kuisel, 1993). 다시 말해서 문화 제국주의 언설에서처럼 어떤 나라나 지역의 미디어 시장이 미국 대중문화의 세력권에 있다 해도, 이것이 곧 미국 문화에 의한 지배라는 도식을 소비 행위에 그대로 끼워 맞출 수 없다는 것이 분명해졌다. 예를 들어 실제로 많은 해외 시장에서 가장 인기가 있는 것 대부분은 여전히 그 지역에서 제작한 미디어 상품이다. 수용자 연구에서 밝혀진 것에 따르면, 비서구의 시청자들은 미국의 미디어 텍스트를 받아들일 때 지배 문화 이데올로기에 수동적으로 '세뇌'를 당하는 것이 아니라 자신이 서 있는 자리에서 그것을 다양하게 창조적으로 해석하고 유용流用하고 저항한다는 것이다(Ang, 1985; Miller, 1992). 미국의 대중문화가 세계 곳곳에 산재해 있다 해도 그것을 단순히 절대적인 영향력이나 지배력의 행사와 연결할 수는 없다.

그러나 이런 논의가 미국을 중심으로 한 문화적인 권력 관계의 불균형을 부정하는 것은 아니다. 오히려 생산·상징·소비가 복잡하게 뒤섞인 장에서 세계의 문화적인 권력 구조가 어떻게 형성되고 작용하는지를 세밀하게 살펴보아야 한다. 전지구화의 관점은 근대화를 근본적으로 세계 자원 배분의 불균형을 조장하는 과정으로 보면서, 기존의 문화 제국주의론보다 더 복잡하고 깊이 있는 방식으로 초국가적인 문화 왕래에 나타나는 권력 관계를 이해하려 한다. 특히 전지구화론에서 강조되는 것은 문화적인 권력 구조가 유동적으로 변하여 탈중심화하면서도 불균형이 재편되고 있는 점이다 (Appadurai, 1990; Ang & Stratton, 1996).

예를 들어 탈중심화의 역학은 일본을 비롯한 비서구 다국적 기업들이 새로운 세계화의 주자로 떠오르면서 미국의 문화 패권이 상대적으로 저하되고 있는 상황에서 찾아볼 수 있다. 다국적 기업 자본이 국경을 넘는 제휴와 협력을 하면서 미디어 산업과 시장의 전지구화를 촉진한 결과, 초국가적 문화 네트워크는 이제껏 독점적이던 막강한 미국의 일국 지배 구조를 점차 분산시키고 있다(Morley & Robins, 1995: ch.8; Barker, 1997; Tomlinson, 1997). 일본 기업의 할리우드 진출이나 애니메이션과 게임 소프트웨어가 세계적으로 퍼진 것은 미국의 직접적인 문화 패권을 저하시킨 한편, 미디어의 전지구화라는 큰 틀에서는 그것을 강화하고 있다고도 할 수 있다. 경제적이고 문화적인 전지구화가 진행되면서 국가는 자유화 또는 규제화의 주체로서 문화 상품의 유통을 관리하려 했다. 미국 미디어가 자국 내로 '침입'하는 것을 막기 위해 세계 무역 기구WTO 교섭에서는 수출국인 미국 정부와 수입국인 유럽 각국이 미디어 상품 시장의 개방과 규제를 둘러싸고 격렬히 싸웠고, 아시아 여러 나라가 위성 방송 시청을 통제하는 정책을 취한 것 등이 그 예다. 그러나 문화 왕래에서 권력은 점차 국가에서 전지구적 자본이나 서구를 비롯한 선진국의 다국적 기업과 미디어 산업으로 옮겨가고 있다. 소니의 할리우드 진출 같이 비서구 기업이 등장하여 서구와 비서구 미디어 산업 사이에서 세계적인 협력과 통합을 추진함으로써 이 변화는 가속화된다. 이로 인해 다양한 미디어 상품을 극소수의 다국적 기업이 생산하고 배급하는 '포괄적인 문화 패키지화'total cultural package(Schiller, 1991)가 진행되고 있다. 소니뿐 아니라 요즘 일본 상사나 TV와 영화 산업들이 할리우드에 투자하는 목적은 영화 제작에서 일본의 영향력을 늘리고 일본 문화를 세계에 침투시키는 데 있지 않고, 거대한 자본 투자를 통해 더 뛰어난 미국 영화를 손에 넣어 전세계에 배급하여 더 많은 이익을 얻는 데 있다(Herman & McChesney, 1998). 즉 일본 기업들은 미국의 혼을 죽이기는커녕 자신들의 하드웨어와 더불어 미국의 혼이 더욱 널리 퍼지도록 하면서 전세계 다국적 기업에 의해 진행되고 있는 '미국화'에 적극 가담하고 있다. 앞서 언급한 영화 「블랙 레인」의 한 장면은 거대 다국적 기업의 시대에 소프트웨어와 하드웨어의 명확한 구분이 사라져 가고 있는데도 전지구화를 기존의 미국화의 틀 속에 가두려 했기 때문에 이 점을 간과했다고 볼 수 있다.

그리고 일본 애니메이션의 해외 진출을 추진한 것도 미디어의 전지구화가 시장 통합과 국경을 넘는 미디어 산업의 제휴를 재촉한 결과다. 세계global, 구역regional, 국가national, 지역local이라는 다양한 단계의 시장으로 동시에 진출하기 위해서는 파트너를 찾아내어 제휴하거나 흡수·합병하는 것이 요구된다. 그러므로 국제적인 유통 경로를 확보하지 못하고 있는 일본 애니메이션 산업계가 세계에 진출하기 위해서는 미국을 비롯한 서구의 배급력이 중요하다. 1995년 「공각기동대」가 일본, 영국, 미국에서 동시 개봉되었을 때 영미 자본의 만화 엔터테인먼트 기업이 큰 역할을 했고, 같은 해 디즈니가 미야자키 하야오의 애니메이션 작품을 전세계에 배급하기로 결정한 것도 소위 '일본화'가 미국화의 힘을 빌려 전지구적으로 확산되었음을 상징적으로 보여 준다. 전지구적으로 문화 왕래가 진행되고 미디어가 급증하는 가운데 서구뿐만 아니라 전세계에 흩어져 있는 매력적인 문화 상품이 속속 발굴되고 있다. 선진국의 미디어 산업이 전세계 문화의 상품 가치를 찾아내려고 애쓰는 가운데 일본 애니메이션은 서구에서 그 가능성을 인정받은 것이다. 소니의 할리우드 인수가 미국 일류의 콘텐츠 제작력을 획득하고자 했다면, 일본 애니메이션의 세계 진출은 미국의 지배를 받고 있는 배급 네트워크에 비서구의 문화 콘텐츠가 편입된 것을 의미한다.

이와 같이 막강한 지배력을 가진 미국을 중심으로 한 전지구적 문화 상품의 생산 및 유통 구조에, 일본을 비롯한 비서구 다국적 기업이 편입되면서 세계 시장에서 서로의 문화 상품을 제공하는 방식은 더 빠르고 효과적으로 변하고 있다. 영국의 여성 팝 그룹인 스파이스 걸스나 일본의 「다마고치」, 「포켓몬스터」가 매우 빠르게 세계에 소개되어 유통된 것(그러나 대부분이 눈 깜짝할 사이에 사라졌다)은 정보 미디어 산업과 상품 시장이 세계 규모로 통합되고 동시화하고 있는 좋은 예다. 즉 실제로는 세계의 권력 균형이 근본적으로 변화된 것이 아니라 불균형적이고 불평등한 전지구화 과정이 더 확립되고 있는 것이다.

미국의 전지구적 문화 패권의 변용

전지구화의 탈중심화 역학이 미국의 문화 패권을 상대적으로 저하하는 동시에 더욱 굳히고 있다는 모순은 그 질적 변용에서도 드러난다. 1977년 『미디어는 미국제』를 쓴 턴스톨(Tunstall, 1977)은 그로부터 약 20년 후 "미국은 여전히 유일한 미디어 슈퍼 파워이지만 그 힘은 상대적으로 서서히 약해지고 있다"는 견해를 제시했다(Tunstall, 1995: 16). 그는 미국 TV프로그램보다 현지 제작 프로그램이 일반적으로 선호되는 사실에 대해 이렇게 말한다. 즉 미국이 만든 TV프로그램 형식이 세계 각지에서 '지역화'된 결과, 많은 독자적인 현지 프로그램이 제작되어 미국 프로그램을 능가하고 있다는 것이다. 그러나 세계에서 미국 TV프로그램의 인기가 낮아지고 있다 해도 미국의 많은 미디어 형식이 세계 각지에서 '지역화'되면서 미국의 문화 패권은 더욱 깊숙이 전지구적으로 퍼져 나간다고도 볼 수 있다(Morley & Robins, 1995: 223-224). 이 점을 TV프로그램 형식만이 아니라 미국 문화가 소비문화를 세계적으로 보급해 온 것과 관련해 본다면 벨과 벨(Bell & Bell, 1995: 131)이 말한 것처럼 '미국'이란 사회 문화적 근대화 과정 그 자체를 상징하게 되었다. 요시미 순야(吉見, 1997)가 도쿄 디즈니랜드를 논한 것처럼 미국의 소비 자본주의 문화는 상징에서 보이지 않는 시스템으로 변용되었던 것이다. 보드리야르(Baudrillard, 1988: 76)는 1980년대 말 미국은 근대성 원형이요, 유럽은 그 '더빙판 또는 자막판'에 지나지 않는다고 선언했다.

미국은 전세계 모두가 참고로 삼는 권력 궤도의 이상에 올랐다. 물론 경쟁·패권·제국주의 관점에서 미국 권력은 추락하고 있지만 '전형'이란 의미에서는 이전보다도 더 확실해졌다고 할 수 있다.

보드리야르(Baudrillard, 1988: 115)는 "모든 사물이 관성적으로 발전을 거듭하여 직접적 원인은 잊혀져도 그 효과는 강하게 남는다"는 새로운 단계에 미국 문화 패권이 도달했다고 한다.

그러나 미국의 문화 권력이 정점에 달했다고 볼 것인지 아니면 붕괴로 볼 것인지에 대해서는 의견이 분분하다. 스마트(Smart, 1993)는 유럽과 미국의 비교만으로는 서구 근대 모델의 보편성에 의문이 제기되는 점을 놓치기 쉽다고 하면서 보드리야르를 비판했다. 그는 미국이 누구도 대항할 수 없을 것 같은 절대적인 근대 모델의 지위를 이미 상실했다는 현실 변화에 보드리야르가 의식적이든 아니든 눈을 돌리지 않고 있다면서, 포스트모던 시대의 새로운 모델로서 일본의 가능성을 언급한다. 그러나 미국 문화 패권의 변화가 보여 주는 중요한 점은 문화적 중심이 이동한다는 발상의 전제가 되는, 특정 나라나 문화를 전지구적인 문화 왕래의 중심으로 삼는 견해 자체를 뒤집을 필요가 있다는 것이다. 근대화론이 한창일 때 비서구 사회의 근대화는 서구 모델로 수렴되는지, 다른 길을 가는지, 서구 사회가 일본과 같은 비서구 근대화 모델로 역수렴되는지 논의가 분분했다(Dore, 1973; Mouer & Sugimoto, 1986). 그러나 20세기 말에는 다른 사회가 본보기로 삼고 따라할 만한 절대적인 사회 모델이 존재한다고 단언할 수 없게 되었다 (Scott, 1997).

스파크(Spark, 1996: 96-97)는 이 점에 관해 영국의 맥락에서 "미국이라는 절대적 중심은 어딘가에 사라져 버린 것이 아니라 그 자체가 전지구적 자본주의 체제에 편입되었다"고 말한다.

미국화는 현대 소비 자본주의를 나타내는 것으로 보아도 좋을 것이다. '미국적' 이라는 말은 그 모델 최초의 것이며 주요한 특징을 보여 준다. 이런 의미에서 미국은 다른 문화를 지배하려고 하지 않는다. 그것은 근대화의 전지구화 과정 가운데 하나에 불과하고, 또 영국의 경험에서 보듯 미국의 일방적인 과정이 아니라 상호적인 과정이기도 하다.

스크레어(Sklair, 1995: 153)는 이 점을 더 발전시켜 미국화와 미디어 및 문화 제국주의를 동일시하는 견해를 비판한다.

미국의 영향이 사라지면 미디어 및 문화 제국주의도 사라진다는 논의가 있지만 그런 논의는 순전히 개념 정의에만 적용된다. 미국화는 오히려 전지구적 자본주의와 문화 이데올로기인 소비주의 진행 과정에서 나타나는 지배 형태의 하나로 보아야 한다.

스크레어의 논의는 그 범위를 끊임없이 넓히려는 자본의 논리가 전지구화를 진행시키는 근본적인 힘임을 제시하며, 이에 이의를 제기하는 사람은 많지 않을 것이다(Tomlinson, 1997: 139-140). 그러나 그의 논의는 초국적인 문화 왕래를 자본의 논리로만 일반화·추상화하고 있기 때문에 지역에서 일어나는 일들이 지니는 모순과 양면성을 완전히 파악하지 못하고 있다. 홀(Hall, 1991)의 논의는 이 점에서 전지구화 과정이 가져오는 탈중심화를 더욱 명료하게 드러내고 있다. 홀은 세계에 만연하는 '전지구적 대중문화'가 미국 문화 지배 아래 만들어지고 있다고 하면서도 그것은 전세계의 문화 차이를 파괴하지 않고 오히려 존중하면서 '독특한 형태'로 동질화를 꾀한다고 한다. "전지구적 대중문화는 문화 차이의 인식을 전제로 하여 기본적으로 미국의 세계관에 따라 형성되고 있는 모든 것을 덮는 듯한 큰 틀 안에서 그것들을 흡수하려 한다." 결국 자본은 차이를 없애는 것이 아니라 그것을 통해 작용하고 있고, 다국적 기업은 문화적 다양성과 차이를 교묘하게 자기 것으로 받아들여 자본화를 꾀하고 있는 것이다(Hall, 1991: 28).

구조화되는 문화 차이

홀의 논의가 시사하는 것은 전지구화 과정으로 인해 드러나는 탈중심화의 또 다른 측면이다. 앞에서 말한 대로 다국적 기업에 의한 대규모의 자본 집중은 세계 시장에서 동일 상품의 유통을 가속화하고 있다. 그러나 전지구화는 단순히 동일 상품, 가치관, 이미지를 서구 중심으로부터 전파하여 세계의 균일화를 촉구할 뿐만 아니라 여러 차이와 다양성을 새롭게 만들고 있다(Robins, 1997). 이는 우리의 분석 시점을 지역이라는 장에서 펼쳐지는 초국가적인 문화 왕래와 만나는 과정으로 향하게 한다. 프랫(Pratt, 1992)의 '문화 횡단'transculturation 개념은 이 점에서 시사하는 바가 크다. 어떤 지역에서 펼쳐지는 이문화異文化와의 불평등한 만남에서 "피지배자들은 지배 문화에서 오는 것을 스스로 통제하지 못한다. 그러나 무엇을 흡수하고, 무엇을 위해 사용할 것인지는 결정할 수 있다." 프랫의 논의는 '만남의 장'contact zone이라는 식민지 지배 아래 이문화 상호 작용에 관한 것이지만 홀(Hall, 1995)이 지적한 것처럼 그것은 비서구가 지배적인 서구 문화와 만나면서 독자적인 근대성을 만들어온 방식을 이해하는 데 도움이 된다. 그것은 세계가 서구 지배 아래 동질화되고 있다는 논의와는 달리, 지역에서 의미가 창조적으로 사용되고 소비된다는 이문화와의 상호 작용 과정과 여기서 항상 새로운 것이 탄생되는 점을 중시한다(Hannerz, 1992; Lull, 1995; Ang, 1996).

서구 중심의 근대 자본주의의 전지구적 확산은 많은 비서구 지역이 제국주의와 식민주의라는 폭력 속에서 그리고 구조적으로 극히 불균형한 문화 왕래 속에서 근대 경험을 하게 했다. 그러나 비서구에서 강제된 근대 경험이야말로 지역이라는 장에서 다양한 형태의 토착화된 근대를 낳고 문화의 다양화와 새로운 차이를 만들고 있다. 그러나 문화 차이가 만들어지는 과정 또한 구조적 규제에서 자유로운 것은 아니다. 오히려 세계를 동질화하려는 전지구화의 힘은 예측 불가능한 '문화 차이의 조직 시스템'을 계속 만들어 내고 있다(Hannerz, 1992). 몰리와 로빈스(Morley & Robins, 1995)는 '글로벌-로컬 연결'이라는 말로 글로벌과 로컬의 복잡한 문화적인 연결과 상관성을 언급하고, 전지구화는 (재)지역화의 새로운 역학과 깊은 관계가 있다고 주장했다. 그리고 로버트슨(Robertson, 1992; 1995)도 자신의 주장이 단순한 기능주의적 모델과 동일시되지 않도록 주의하면서 전지구화란 전지구적 차원에서 상호 연결이 많이 조직화되어 새로운 '특수성'이 제도화되는 과정이라고 정의했다.

여기에서 중요한 것은 문화 제국주의 언설과 같이 '로컬'은 '글로벌'과 명확히 분리되며 글로벌에 대항하는 것으로 이상화된다거나 본질적으로 정의되지는 않는다는 점이다. '로컬'이라는 개념을 두고 문화적으로 주변에 있는 사람들이 자유롭고 창조적인 실천을 하고 있다고 무조건 받아들일 수는 없다. 로컬에서 이루어지는 문화 실천은 어디까지나 전지구화의 동질화 역학에 의해 구성되어 추진되고 있다. 이는 로컬과 글로벌의 문화 접촉에 의해 특수주의나 지역주의가 새로 창조된 한편, 다양성과 차이의 주장 그 자체를 가능하게 하는 공통 모델이 전세계에 퍼져 있음을 보여 준다. 피에터스(Pieterse, 1995)는 '이문화 혼종화'hybridization의 견해가 우리들의 문화 개념을 특정 지역에 뿌리내린 정적인 것에서 초지역적인 유동적 운동으로 전환한다고 논하면서, 전지구화를 '전지구적 혼합물'global mélange을 끊임없이 만들어 내는 혼성화 과정으로 정의했다. 그는 이문화 혼종화를 다양한 형식의 조직과 기관이 나타남에 따라 수많은 혼종 형태가 촉진된다는 구조적인 측면과, 그러한 혼종 형태가 새로운 초지역적인 문화 표현을 생성한다는 문화적 측면으로 나누었다. 그러나 그에 의하면 양 측면에서 끊임없이 만들어지는 이문화 혼종화는 초문화적인 것들을 집약하고 있음을 의미한다. 다시 말해서 이문화 혼종화가 진행된다는 것 자체는 차이가 상대적임을 나타내고 나아가 그 차이는 유사성에 기인한다는 것이다. 모리스-스즈키(Morris-Suzuki, 1998b: 164)는 일본의 문화적 특수성을 전지구화의 틀 속에서 같은 방식으로 논하고 있는데, 전지구화는 지역간의 차이를 조정하는 일련의 공통된 틀과 규칙을 규격화한다고 하면서 그 구조화를 추진할 것을 강조한다.

윌크(Wilk, 1995)가 말하는 것처럼 전지구적 문화 체계는 전지구적으로 퍼져 있는 공통의 모델을 통해 그 패권을 보여 준다. 그것은 동시에 세계 각지에서 다양한 문화적 차이와 문화 근대성을 만들어 가는 과정이기도 하다. 다시 말해서 전지구화의 영향력은 지역이라는 만남의 장에서만 발휘되는 것이며 지역의 문화적 창조력도 전지구화의 맥락 없이는 생각할 수 없게 되었다. 전지구화 속에서 문화적 패권과 불균형적인 권력 관계가 어떻게 나타나는지 고찰하기 위해서는 글로벌-로컬, 동질화-혼종화, 동질성-다양성이라는 갖가지 상반되는 역학이 서로 복잡하게 뒤얽혀 있는 과정을 분석하는 것이 필요하다.

전지구적 눈으로 본 일본의 문화적 영향력

전지구화가 탈중심화를 가져오는 탓에 우리는 전지구적으로 퍼지는 일본 문화의 힘을 기존의 미국화와는 다른 관점에서 파악할 수 있다. 다시 말하면 전지구적인 힘이 탈중심화했다고 해서 중심이 완전히 사라진 것은 아니다. 세계의 문화 왕래를 관리하는 '모델'의 공급은 여전히 서구가 독점하고 있고, 문화 상품이나 이미지 생산자도 일본을 비롯한 극소수 선진국의 다국적 기업에 한정되어 있으며 그것들을 향유할 수 없는 경제 상황에 있는 사람들도 여전히 많다는 사실도 잊어서는 안 된다. 그러나 전지구화가 재촉하는 문화 패권의 재배치는 불평등한 문화 배분과 문화 왕래의 흔적을 명확하게 하는 것이 점점 어려워지고 이미지나 상품의 원래 소유자를 찾아낸다는 것이 별 의미가 없게 된 상황에서 일어나고 있다. 앙(Ang, 1996: 13)은 포스트모던 시대에 일어나고 있는 TV시청의 중요한 변화를 언급하면서 시청자의 능동성은 단순히 이론적으로 맞닥뜨릴 문제에 그치지 않으며 현실 생활에서 다양한 미디어 텍스트로부터 능동적으로 의미를 창출하는 미디어 환경이 되고 있음을 지적했다. 또한 문화 이미지나 상품들이 전지구적으로 순식간에 퍼지는 가운데 로컬이라는 장에서는 글로벌과의 만남을 토착화하여 독자적인 차이를 만들어 나갈 것이 항상 요구되고 있다. 밀러(Miller, 1992: 181)가 트리니다드토바고에서 미국 드라마를 수용하면서 새로운 '로컬' 문화가 만들어지는 과정을 분석한 것처럼, 로컬 문화의 진정성과 독특함은 결코 주어진 것이 아니라 지역에서 이루어지는 상호 작용의 결과로 보아야 한다.

이런 가운데 비서구 근대성이 서구 근대성에서 나왔다는 역사적 사실이 망각되지는 않더라도 '우리들'의 근대성이 어딘가에 이미 있던 것을 차용하고 있다는 자격지심(Chatterjee, 1986; Chakrabarty, 1992)은 적어도 도시의 미디어 생산자와 소비자 사이에서 희미해지고 있다고 할 수 있지 않을까? 그 대신 '우리들'의 근대성은 지금 어딘가에서도 일어나고 있다. 물론 미국을 중심으로 한 서구의 문화 지배는 여전히 막강하다. 그렇지만 서구의 문화 제국주의와 문화 지배에 대한 비난을 따돌리고 서구 문화의 우수성에 대한 칭찬과 동경을 전혀 다르게 보는 전지구적 시선은, 이제까지 비서구 근대성을 구체적이고도 언설적으로 구축하는 데 큰 영향을 미친 서구의 시선을 대체하고 있다. 래쉬와 어리(Lash & Urry, 1994: 29)의 말을 빌리면 중심에서 생겨난 불평등하고 일방적인 문화 왕래는 "이미 존재하며 널리 퍼져 있지만 찬성하거나 저항하는 판단의 대상은 되지 않는다." 그리고 이 변화는 현실 세계를 반영하면서 우리들의 해석틀을 재검토할 것을 촉구하고 있다. 결코 비서구 사회 전체에 일반화할 수는 없지만 초국가적 문화 소비를 단지 어떤 특정한 나라 문화·생활양식·사고방식에 대한 동경 또는 저항을 만들어 내는 것으로 보는 '미국화'의 시대는 종언을 고하고 있다.

일본의 문화 수출 증대가 전지구화를 분석하는 데 새로운 시점을 제시할 수 있다면, 서구의 시선이 탈중심화된 전지구적 시선으로 전환되면서 다양한 형태의 토착화된 근대성이 생성되고 있다는 맥락에서일 것이다. 역설적이지만 전지구적으로 전개되는 일본 문화의 힘이 가시화된 것은 상징적인 문화 권력이 더 이상 특정 문화의 중심에 속하지 않고 지역화 과정에 깊숙이 흡수된 것과 관련이 있다. '이문화'에서 온 상품이나 이미지가 다양하게 차용되고 혼종화되고 토착화되면서, 일본 상품뿐만 아니라 국경을 넘어 유통되는 이미지나 상품은 그 기원이 지역 소비에 따른 문화 변용에 흡수되었다는 점에서 문화적 색채가 사라지는 경향을 보이고 있다. 맥도날드는 여전히 전지구적으로 퍼진 미국 자본주의 소비문화의 상징이며, 이슬람 원리주의자 같은 반미 세력의 공격 대상이 되고 있다(Barber, 1996). 그러나 어느 정도 근대화를 거친 동아시아 지역의 젊은이들에게는 특별히 미국을 상징하지 않으면서도 로컬 문화의 일부로 소비되고 있다(Watson, 1997).

한편, 일본이 서구 문화를 수용한 경험은 토착 근대성이 다양한 형태로 많아지면서 다른 비서구 나라들에게 모델이 되고 있다. 모방은 이류의 경박함이 아니라 창조성과 독자성을 가진 문화 생산으로 연결되어(Taussig, 1993), 차용물을 토착화하는 일본의 문화 경험은 재평가된다. 예를 들어 턴스톨(Tunstall, 1995)은 미국의 패권이 상대적으로 감소되고 있다면서 미국에 기원을 둔 문화의 '일본식' 토착화와 지역화를 중국이나 인도 같은 신흥국이 따르게 될 비서구국 TV산업의 발전 유형으로 꼽고 있다. 더욱이 4장에서 상세히 다루겠지만 지역에서 형성된 토착화 경험은 소니 등 일본 다국적 기업의 전지구적 마케팅 전략에 의식적으로 흡수되고(Aksoy & Robins, 1992; du Gay et al., 1997; Barnet & Cavanagh, 1994), 일본의 이문화 토착화 능력은 전지구화 이론 안에서 재평가받게 되었다. 또 미디어의 소프트웨어와 하드웨어를 융합하면서 세계의 다양한 지역에 맞는 현지화 상품 서비스를 목적으로 하는 '소니이즘'이 주목을 끌었다(Wark, 1991).

그리고 페더스톤이 말한 것처럼 후자의 전지구적 마케팅 전략은 일본화에 새로운 의미를 부여했다.

일본화란 말이 지니는 의미는 토착화, 전지구주의라는 개념을 바탕으로 한 시장 전략에 관한 것이다. 즉 통일된 상품이나 이미지를 강요하는 것이 아니라 현지 시장의 수요에 맞게 (상품이나 이미지를) 제공하려는 것이다. 이 전략은 지역주의라는 슬로건을 내세우는 전세계 다국적 기업 사이에서 일반화된 전략이기도 하다(Featherstone, 1995: 9).

일본화를 단순하게 글로벌리즘으로 연결하려는 이런 논의는 설득력이 없을 뿐만 아니라 일본의 국가주의적인 언설과 공모할 위험이 있다. 그러나 일본에서 생겨난 전지구적 지역화global localization 또는 글로컬라이제이션 glocalization 전략이 1990년대 다국적 기업의 모토가 된 것은 명백하다 (Robertson, R., 1995). 이는 각지에서 이루어지는 상호 작용과 전지구적인 구조와 자본의 지배를 동시에 동원한 것이며 특정국이나 특정 문화의 이데올로기적·상징적인 지배에 의한 것이라기보다는 다국적 기업이 지역색이라는 보호색을 이용하여 이윤을 얻으려 하고 있음을 보여 준다.

아시아에서 재배치되는 문화 불균형

그러나 국경을 넘는 대중문화 왕래에서 보이는 일본 문화력도 아시아라는 특정 지역에서 가장 크게 영향을 미친다는 것을 잊어서는 안 된다. 소니가 세계적 차원에서 기업 활동을 벌이고 있어도 소니뮤직 등 일본 미디어 산업의 전지구적 지역화 전략은 아시아 지역에 국한되어 있다. 더군다나 대중음악이나 애니메이션을 비롯한 TV프로그램의 수출도 역시 아시아를 노린 것이 압도적으로 많다(五十嵐, 1998). 1990년대 들어 일본 대중문화가 아시아 시장으로 수출된 양이 크게 늘었다. 예를 들어 일본의 TV프로그램 수출량은 1980년대 4,585시간에서 1992년에는 22,324시간으로 비약적으로 늘어났지만(川竹&原, 1994), 1997년판 『통신백서』(郵政省, 1997)에 의하면 1995년의 TV프로그램 수출량의 반 정도가 아시아 지역에 집중되어 있다. 이런 현상은 일본식 토착 근대성이 다국적 기업의 지역화 전략 모델로 인식될 뿐만 아니라 그 근대성을 가진 일본의 대중문화 자체도 아시아 시장에서는 특정 색채를 띠고 있으며 상징적 매력이 있다는 것을 보여준다.5)

일본의 대중문화가 주로 아시아 지역에서 소비되는 것은 전지구화 논의에 관한 중요한 경고를 하나 떠올리게 한다. 그 경고는 글로벌과 로컬이라는 두 개의 상대적 개념을 현실과 대조하지 않고 추상적으로 사용하여 세계 각지에서 초국가적인 문화 왕래가 미치는 막강한 영향력을 지나치게 과장할 위험이 있다는 것이다(Chua, 1998; Ferguson, 1992). 그런 논의는 전지구화로 다양한 왕래가 이루어지는 공간이 항상 역사적·문화적으로 지배되고 있다는 것을 간과해 버리고 만다(Ang & Stratton, 1996: 28). 전지구화 과정이 혼돈적이고 탈중심적이며 기존의 중심—주변 모델로는 설명할 수 없더라도 (Appadurai, 1990; Lash & Urry, 1994) 앙과 스트랙턴이 말한 것처럼 그런 복잡한 문화 왕래의 모습은 제국주의·식민주의의 오랜 역사 속에서 자라난 기존의 지정학적 권력 관계에 뿌리를 두고 있다. 문화 제국주의 언설이 그 설득력을 잃고, 전후 50년의 세월이 흘러 과거의 식민지인 한국과 대만이 일본의 대중문화 수입에 관용적이 되고 규제를 완화했다고 해도, 일본의 과거 침략 행위가 잊혀졌다거나 역사적으로 만들어진 문화적 권력 관계가 이제 더는 문제시되지 않음을 의미하지는 않는다. 아시아 지역 내의 문화 왕래에 초점을 둠으로써 복잡하고 중층적으로 뒤얽힌 전지구화 과정에서 일본이 어떤 방식으로 아시아라는 특정 지역에 문화 권력을 새롭게 정착해 가고 있는지를 이해해야 한다.

일본의 문화 수출이 아시아 지역에 집중되고 있는 것은 전지구화가 탈중심화되어 가는 과정의 또 다른 측면을 드러내고 있다. 미국의 문화 패권이 상대적으로 낮아지면서 아시아뿐만 아니라 비서구 지역 내 미디어 문화 왕래가 활발해지고 일본, 브라질, 이집트 등 새로운 지역 센터가 생겨났다 (Straubhaar, 1991; Sinclair et al., 1996a; Lii, 1998). 그러나 앞에서 말한 것처럼 비서구와 서구 사이의 문화 왕래는 여전히 불균형적이기 때문에 이런 지역 센터의 탄생은 서구에 지배된 권력 기하학power geometry (Massey, 1991)을 근본적으로 변화시킨 것은 아니라고 할 수 있다. 그런데도 지역 내 문화 왕래의 분석은 비서구의 토착 근대성이 문화적·지리적으로 가까운 나라들에 대해 과시하는 '지역성'이라는 매력을 분석하는 데 우리의 관심을 기울이게 하고, 전지구화를 미국화와 동일시하는 듯한 단순한 언설과는 다른 더 깊이 있는 견해를 제시해 준다.

'지역성'에 관해 내가 특히 관심을 두는 부분은 불균형적인 권력 관계가 문화 거리의 시공간 인식에 얼마나 깊이 작용하고 있나 하는 점이다. 일본 TV프로그램이 일부 애니메이션이나「오싱」등을 제외하고 거의 대부분 동아시아 지역에서만 소비되고 있는 것은 동아시아 시장에서 일본 TV프로그램의 '지역성'을 증명하는 것처럼 보인다. 그러나 주의해야 할 것은 다른 동아시아 시청자나 소비자가 일본의 미디어 텍스트를 소비할 때 느끼는 '문화적 근접성'이라는 표현의 모호함이다. 미디어 산업에서 어떤 미디어 상품이 특정 지역 내 많은 시청자를 매료시킨 이유를 한마디로 설명해 버리는 '지역성'이라든지 '문화적 근접성'이라는 편리한 말을 생각할 때 우리는 그 말이 초국적 문화 수용에서 무엇을 의미하며 그 말을 시청자와 소비자가 어떻게 경험하고 있는지를 깊이 고찰해야 한다. 일본의 문화 권력은 서구 문화 패권의 아류로 간주되기도 하고 '문화적 근접성'이란 말이 갖고 있는 분명한 시공간적 근거리 속에 그 실체를 감추기도 하기 때문이다. 이 점에 대해서도 비서구 지역 내 미디어 문화 왕래 연구를 통해 이제까지 탈중심화된 전지구적 문화 권력에 대한 연구의 관점을 발전시킬 수 있다.

지역성과 문화의 거리감은 결코 원래 있었던 것이 아니다. 동아시아 내 공간적 가까움이 서구 근대와의 시간적 가까움의 서열로 쉽게 환치된다는 것은 일본의 제국주의·식민주의 역사 경험이 잘 말해 주고 있다. 자신의 '독자적'인 근대를 만들고 말할 때 항상 서구의 강력한 지배를 받았다는 역사 경험은 비서구 국가들의 공통점이다. 그럼에도 불구하고 서구 근대의 토착화·차용 과정의 차이는 오로지 일본과 다른 동아시아 나라 사이의 동시간성(Fabian, 1983)을 부정하는 발전적 시간차로 해석되어 여기에서 문화적·민족적 우열이 논의되었다. 2, 3, 4장에서 살펴보겠지만 그 경향은 여전히 일본의 문화 수출에 관한 언설이나 일본 미디어 산업의 아시아 시장 전략에서 드러난다.

오늘날 아시아 시장에서 일본 대중문화가 전례 없이 퍼져 있는 것은 많은 지역이 근대화를 어느 정도 달성했고 서구 근대 토착화의 시간차가 소멸되면서 아시아 지역에서 서구보다는 문화적으로 가깝다는 인식이 점차 드러나고 있음을 나타낸다. 다시 말해서 서구에서 시작된 전지구적 자본주의를 근거로 한 근대가 확산됨에 따라 아시아 지역 내 문화적 거리감이 줄어들고, 일본 미디어 상품은 더 친근한 근대의 모습으로 다가서며 긍정적으로 소비되는 것이 아닐까? 그리고 진정 그 친근함이야말로 미국 대중문화와는 다른 형태로 드러난 초국가적인 일본의 문화력을 보여 주는 것이다. 5, 6장에서 자세히 살펴보겠지만 일본과 다른 동아시아 나라 사이의 '친근한' 문화 왕래에서 보이는 불균형은 양적인 면에서만 나타나는 것이 아니다.

이 불균형은 미디어 상품이 소비되면서 이웃 나라의 근대성이 어떤 발전 단계 테두리에서 인식되고 있는가 하는 점에서도 찾을 수 있다.

근대화와 근대성에 관한 이론틀인 서구 중심주의는 오늘날 비판을 받고 있다. 서구 경험을 보편적인 것으로 간주하여 이를 토대로 하는 발전적 시간 축의 관점에서 근대화 정도를 가늠하고, 이질적인 근대를 경험한 비서구의 공간적 차원의 고찰은 무시해 온 사실이 뒤늦게나마 신중하게 논의되기 시작했다. 일본을 비롯한 많은 비서구 국가들이 어느 정도의 근대화를 달성한 현 시점에서는 서구의 근대화 경험에 완전하게 흡수할 수 없는 비서구의 경험을 진지하게 받아들여 다양한 근대화와 근대성을 분석해야 할 필요성이 분명해졌다(Featherstone et al., 1995).

그러나 서구의 문화 지배에 의한 세계 동질화론이 부정되면서도 문화 혼종화 과정에 대한 구체적인 분석은 여전히 서구 대 비서구의 틀을 넘지 못하고, 서구 중심주의에서 벗어나지 못하고 있는 것이 현실이다. 예를 들어 미디어 문화의 전지구화 연구에서는 서구(미국)의 막강한 지배력과 영향력을 전제로, 미디어 문화에 비서구가 어떻게 반응하고 모방하여 자신의 것으로 만드는가를 중심으로 논의가 전개되었다. 그중에는 글로벌-로컬의 역학을 양자 대립 도식에 맞추기보다 비서구 지역이 글로벌과 나누는 대화로 상정한 뛰어난 연구도 나오고 있다. 이는 미국 미디어 및 대중문화 소비를 지역 문화로 다시 만드는 과정에서 글로벌과 대화가 이루어진다는 견해다(Miller, 1992; 1995). 그러나 그 연구들에서도 한결같이 글로벌을 서구와 동일시하면서 로컬은 비서구와 동일시하고, 글로벌-로컬의 역동적인 상호 작용을 어떻게 비서구(로컬)가 서구(글로벌)에 반응했는지 하는 도식으로 취급하는 경향이 있다(Ong, 1996).

예를 들어 일본 소니가 할리우드에 진출한 것이나 브라질 드라마 텔레노벨라가 세계로 수출된 사례에서처럼 신흥 비서구권 미디어 산업의 대두가 연구자의 주목을 끈다 해도, 그런 신흥 세력은 서구 문화의 지배 구조와 그에 얽힌 서구 중심적 언설을 넘어서는 '좋은 예'로 신중하게 받아들일 필요가 있다고 지적되는 정도에 그치고(대부분 그런 신흥 세력이 서구 문화 패권을 크게 위협하지 않기 때문이겠지만), 그것들의 문화력이 탈중심화된 초국가적 문화 흐름에서 어떻게 작용되고 있는지를 분석하지는 않는다. 이 점에서 서구 지배의 탈중심화를 논하는 전지구화론은 의도와는 달리 과거의 포스트모더니즘처럼 오로지 서구의 관점에서 서구 중심 패러다임의 비판을 취하면서 서구 중심주의를 재생산해 내는 위험을 안고 있다.

　다음 각 장에서는 일본 맥락에서 아시아의 여러 근대성을 둘러싼 불균형적이고 역동적인 문화 왕래의 양상을 분석하면서 전지구화가 가져오는 탈중심화 과정, 그리고 복잡한 초국가적 문화 권력 연구들을 새로운 시각에서 살펴보려 한다.

혼종주의

세계에서 일본이 갖는 문화/문명적 의의에 관한 언설

이 장에서는 일본의 이문화 토착 능력을 본질론적으로 주장하는 혼종주의 hybridism 언설을 통해 1990년대 일본 문화가 점차 안에서 밖으로, 특히 아시아 지역으로 다시 뻗어나가게 된 상황을 살펴보려고 한다. 이는 아시아 지역을 향한 일본 대중문화의 수출이 늘어나고 있는 것을 일본의 '아시아 회귀'라는 더 넓은 맥락에서 파악하기 위해 반드시 필요하기 때문이다.

다음에는 혼종주의를 혼종hybridity 개념과 대비해서 정의하고 근대 일본에서 이루어진 혼종주의에 관한 언설의 발전을 간략하게 살펴본 뒤 전전과 전후의 큰 차이점을 지적할 것이다. 그 차이점이란 미국의 냉전 전략 아래 전후 일본이 아시아 제국주의자 또는 식민주의자에서 경제 대국의 위치로 이동하면서 민족 동화의 견해는 사라지고 모든 관심사를 일본 내부로 강하게 돌렸다는 것이다. 그러나 1990년대에 들어 논의 대상이 일본 문화에서 일본 문명으로 옮아가고 일본의 대외 영향력은 재평가되기 시작한다. 일본은 서구 근대를 가장 정교하게 흡수한 비서구 국가이며 또 다른 아시아 나라들이 동경하고 모방해야 할 비서구 근대 모델로 인식된다. 그리고 아시아 지역에서 누리고 있는 일본 대중문화의 인기는 일본이 다른 아시아 지역들과 공통점이 있으면서도 문화적으로 앞서 있음을 나타내는 혼종주 언설에 흡수되어 버렸다.

혼종과 혼종주의

'민족 또는 국가'의 문화나 정체성은 원래 있는 것이 아니라 언설에
따라 상상되고 만들어져 왔음을 잘 알고 있을 것이다. 이런 발상은 한
나라의 문화적 전통인 국가 정체성, 국가주의의 '기원'에 관한 뛰어난 연구들
에서 숱하게 밝혀져 왔다(Hobsbawm & Langer, 1983; Anderson, 1983). 그러나
극히 인위적이고 근대적인 '민족 또는 국가'에 내포되어 있는 불안정함은
전지구화가 진행되면서 더 명확해지고 있다. 세계가 복잡하고 모순된 형태
로 서로 연결되고 관계 맺은 결과, 이제 '순수한' 국가 정체성을 당연시하는
것은 불가능해졌다(Appadurai, 1996; Hall, 1992). '혼종'이라는 개념은 서로
다른 문화가 뒤섞이면서 생기는 정체성의 이중성·경계성·중간성을 중요시
하며, 배타적 '상상의 공동체'나 문화의 순수성과 진정성을 강조하는 본질주
의나 민족 절대주의 등에 대항하는 개념으로 탈식민 담론에서 발전되어
왔다(Bhabha, 1990; 1994). 혼종 개념은 정체성이 문화 변용이나 문화 번역으
로 인해 항상 다면적으로 만들어지고 있음을 밝히면서 자신과 타자, 식민자
와 피식민자, 다문화주의multi-culturalism 개념에서 흔히 무비판적으로 상정
되는 문화적 다양성 등 국가나 문화의 경계를 선명하게 구별하려는 여러
이분법적 구도들을 넘어서는 더 복잡한 과정을 설명한다.[1]

혼종과 혼종화 개념은 언어의 혼합화creolization (Hannerz, 1991), 토착화
indigenization (Appadurai, 1996) 등과 함께 현대의 초국가적인 문화 흐름이나
문화적 전지구화를 연구할 때, 불균형적이면서도 역동적이고 창조적인
문화의 상호 연결이나 경계 침범, 이문화 차용, 이종 혼종화 과정을 밝히는
개념으로 쓰인다.[2] 미디어 이미지가 세계 각지를 순식간에 왕래하고 이민과

같은 국경을 넘는 움직임이 활발해지면서, 국민 국가라는 문화 집단의 분명한 경계선을 쉽게 드나들 수 있다는 점이 부각되고 국민 국가의 허구성이 밝혀진다. 하네르츠(Hannerz, 1996: 18)가 말하는 것처럼 문화를 선명한 틀을 가진 지역적 독립체의 집합이라고 보는 '문화 모자이크'라는 세계상은 결코 현실과 맞지 않는다(Gupta & Ferguson, 1992; Buell, 1994).

이런 식으로 혼종 이론에서는 유기적으로 통합된 집단으로서 국민 문화를 문제시해 왔지만 근대 일본의 맥락에서 문화의 혼종화는 강한 국가주의적 욕망과 함께 논의되어 왔다. 일본 문화의 '순수하지 못한 특성'이 다른 문화를 동화하고 흡수해온 근대 경험에 비추어 분명한 것임에도 그 경험은 일본의 국가 정체성을 본질론에 근거해서 형성해 왔다는 식으로 이야기되어 왔다. 프리드먼(Friedman, 1994: 209)은 혼종된 정체성을 내세우고 유지하는 것이 단순한 문화적 사실의 반영이 아니라 사회적 실천 결과라고 했는데, 근대 일본에서는 바로 문화 차용·전유·토착화 능력이라는 다른 문화를 접촉한 경험이 전략적으로 국가 정체성을 구성하는 중요한 요소가 되었다. 이 혼종주의에 관한 언설은 '유동적인 문화 본질주의'로 특징지을 수 있다. 정적인 문화 본질주의가 "다른 문화의 영향을 받아 오염될 위험을 가진, 순수하고 동질적인 내부를 가진 진정한 토착 문화"(Morley, 1996: 330)를 상정하는 것이라면, 유동적 문화 본질주의는 항상 다른 문화를 흡수하면서도 그 본질이 변치 않는 스펀지 같은 유기체로 일본을 파악한다. 요시모토(Yoshimoto, 1994: 196)는 전지구적으로 진행되는 미국화의 맥락 아래 일본의 문화 상황을 비판적으로 검토한 논문에서, 일본에서는 혼종 개념이 비판하려는 대상이 '민족 또는 국가'의 틀 속에 흡수되어 버린다고 하면서(그는 혼종주의라고 하지는 않지) 문제는 "토착 문화의 특이성에 매달리면서도 문화 기원에는 무관심한" 모순되는 듯 보이는 두 가지 일본 문화 시스템의 기본 원리가 결합된 데 있다고 한다. 이문화를 그 기원에 상관없이 열심히 받아들여 일본 토양에 맞게 변화시켜 새로운 '일본 문화'를 창조하는 이문화 접촉 방식 자체가 일본만의 독특한 것, 즉 '전통적' 문화 행위로 인식되어 버린다. 혼종 개념은 경계 침범, 문화 번역과 더불어 혼종화 행위에서 번역 불가능한 존재가 가져오는 양면성·복잡성에 관심을 기울이고 안정된 정체성의 존재 자체를 의문시했다(Bhabha, 1994). 그러나 혼종주의는 문화를 번역할 때 소화되지 않는 부분이 생기는 것을 무조건 억압하거나 잊어버림으로써 모든 것이 일본의 '문화 토양'에 흡수되고 새로운 생명을 받게 된다고 가정한다. 근대 일본의 혼종화 경험은 일본 국가 정체성을 범역사적으로 본질화하면서 '일본 문화'의 경계를 굳힌다.

이민족 동화에서 상징적 문화 혼종으로

혼종화에서 국가 정체성을 내세우려는 언설은 초국가적 문화의 만남과 이종 혼종화가 진행되는 가운데, 동질적인 국민 국가를 만들려는 근대 프로젝트의 요구에 기초했다고 할 수 있다. 그러나 근대 일본에서 다른 문화의 흡수를 늘 긍정적으로 여긴 것은 아니었다. 때로 그 언설은 부정적이고 방어적이며 자조적으로 받아들여졌다. 예를 들어 '화혼양재'라는 말처럼 메이지 유신 이후 서구화(Westney, 1987)가 선별적이면서도 급속히 진행되면서 정신적 일본화의 필요성이 주장된 것은 잘 알려져 있다. 그때 강자인 서구 문화를 수용한다는 '순수하지 못한' 측면은 일본의 '순수한' 인종적·언어적·문화적인 본질을 탐구하는 것으로 보완되고 있었다. 그러한 '순수'에 대한 욕망은 근대 일본사에서 일관성 있게 나타나며 이후 일본인론이라는 형태로 각 계층에 널리 퍼진다(南, 1994; Yoshino, 1992).

한편, 일본이 제국주의에 매진하는 가운데 다른 문화를 흡수 또는 토착화하는 능력에 관한 언설은 점차 자신감 있게 변했다. 중국, 조선과 인도 등 다른 문화를 오랫동안 토착화해온 역사가 대일본 제국을 상징하는 위대한 능력으로 간주되었다. 예를 들어 시라토리 구라키치, 고토 신페이 같은 지식인과 지도자들은 일본의 이문화 토착 능력이 서구보다 뛰어나다고 주장했고(小熊, 1995; 姜, 1996), 또 『국체의 진정한 뜻』(1937)에서는 그 능력을 가지고 이제 일본은 서구 문화를 흡수하여 새롭고 더 우수한 일본 문화를 만들어 내는 역할을 해야 한다고 역설했다. 여기에서 중요한 것은 전전의 일본이 다른 문화를 토착화하는 능력을 지녔다는 언설에는 반드시 민족 동화의 측면이 포함되었다는 것이다. 이 점은 특히 아시아 지역에서 맹주가 되고 싶어 했던 제국주의 일본의 이데올로기 가운데 일본에서 서양(서구)과 동양의 융합이 이루어진다는 생각이 어떻게 자리 매김해왔는지 고찰할 때 중요할 것이다. 오구마 에이지(小熊, 1995)가 지적한 대로 일본 민족은 고대부터 많은 민족이 혼합된 결과 형성되었다는 의견은 메이지 초기부터 있었지만, 그것은 20세기 들어 다른 아시아 지역에 대한 식민지 지배를 정당화하는 언설에 흡수되었다. 그에 의하면 오랜 역사에서 보듯, 아시아의 다른 문화나 다른 민족을 동화시키는 일본의 능력을 생각할 때 이웃 아시아 인들을 천황의 자비 아래 일본 신민으로 조화롭게 동화하는 것은 지극히 자연스러운 일이며, 그 과정에는 서구가 비서구를 식민지화할 때와 같은 인종·민족 차별이 존재하지 않는다고 했다(Peattie, 1984; Duus, 1995; Morris -Suzuki, 1998b). 물론 그러한 민족적 혼종주의 이데올로기가 가혹한 인종·민족 차별을 행한 일본 식민지 지배 현실과 동떨어져 있었다는 것은 널리 알려져 있다(駒込, 1996; Weiner, 1994).[3]

전후에도 혼종주의에 관한 언설은 계속 논의되었지만 전쟁에 패한 일본은 아시아 다른 민족을 동화해 나갈 필요가 없어졌다. 그 결과 전후에 생겨난, 일본이 다른 문화를 토착화하는 능력을 지녔다는 논의는 민족 동화의 관점보 다는 상징적인 문화 혼종 쪽으로 초점이 맞춰져 내향적인 국가주의 언설로 변화되었다. 서론에서 말했듯이 미국의 일본 점령은 일본의 제국주의나 식민지 지배의 역사를 망각케 하여, 일본에서 '전후'는 주로 패전자 또는 희생자 입장에서 논의되어 왔다. 전후의 혼종주의 언설은 일본과 서구라는 이분법적 논리로 전개되었고, 비서구 식민국이라는 일본의 양면성을 덮어두는 결과를 가져왔다. 전후 일본 언론계에서 유행한 몇 가지 '포스트' 논의(전후postwar, 포스트모던postmodern, 탈구조주의poststructualism)는 일본과 서구의 양측 대립으로 생겼으며, 상대적으로 일본이 아시아를 침략한 역사를 바로 보자는 '탈식민'적인 의견은 그리 중요시되지 않았다. 절대적 타자로서 미국의 존재가 전후 일본의 모습을 비추는 거울이 되면서, 일본은 과거에 다른 아시아 민족을 동화하려 한 사실을 은폐하고 미국과 공모하여 서로를 타자로 만들면서 인종적·민족적 단일성을 전제로 한 '일본'이라는 문화적 유기체를 새롭게 상상하고 만들어 냈다.

전후 일본의 혼종주의 언설을 처음으로 밝힌 연구는 1955년 발표된 가토 슈이치의 「잡종 문화론」(1979)이다. 가토는 논문에서 메이지 시대 이후 일본 문화에 관한 언설이 서구적 근대화를 철저히 이루자는 논의와 그 반대로 일본 전통 문화를 되살리자는 향수 어린 논의의 양극단의 '순수' 문화론으로 나뉘어 온 것을 비판했다. 그리고 일상생활에서 볼 수 있는 일본 문화가 잡종적이라는 사실을 긍정적으로 재파악하여 현실에 더 맞는 제3의 길을 찾아내려 했다. 가토의 논의는 당시의 자민족 중심주의적인 일본 문화론에 대한 비판이 될 수 있었다는 점에서 평가받을 만하다(佐藤毅, 1996: 263). 그러나 요시모토(Yoshimoto, 1994: 196)가 지적한 대로, 가토는 언뜻 보기에 대립하는 두 가지 순수 문화론이 실은 국가주의 욕망에서 비롯되었다는 점에서 일치하고 있음을 간과했다. 두 가지 순수 문화론이 국가주의라는 동전의 앞뒤였다는 것을 밝히지 않은 채 서로 대립하는 것으로 파악해 버린 것은 순수 문화론처럼 가토의 문화 개념이 본질주의적인 것을 전제로 했다는 것을 시사한다. 예를 들어 가토는 일본 문화의 잡종성을 싱가포르 등 다른 아시아 문화와 비교하면서 독특하다고 하지만, 그것은 여행에서 받은 인상에서 직감적으로 나온 것이지 정밀한 검토를 거친 것은 아니다. 그런데도 그는 문화의 잡종화를 현대 일본 문화의 독특한 기본적 요소로 간주한다. 가토는 분명히 근대 일본의 잡종 문화적 상황을 전통 복고나 서구화라는 형태로 순수화하는 것이 무익하다는 것을 간파하고 있었다. 이런 점에서 그의 논의를 국가주의적 감정을 불러일으키는 논의와 쉽게 동일시할 수는 없다. 그러나 가토의 총체적인 국민 문화 개념은 그의 의도와는 달리 일본 문화를 '순수화'하려는 언설에서 벗어나지 못했다.

일본이 다른 문화를 수용하는 과정이나 경험은 이후에도 많은 일본 연구자들의 주제가 되어 왔다(丸山眞男, 1961; 1984; 鶴見和子, 1972; 小坂井, 1996). 그들은 일본이 다른 문화를 수용하는 능력을 칭찬만 하지는 않았지만, 경제 발전이 진행되면서 이런 능력은 국가주의 관점에서 다시 긍정적으로 인식되기 시작했다. 가토의 논문이 발표된 1955년은 마침 전후 급속한 경제 성장이 시작되는 시기였고, 서구 문화의 영향을 받은 잡종성을 긍정적으로 보려는 가토의 논의는 그의 의도와는 상관없이 일본인들에게 자국 문화에 대한 자신감을 회복시켰다(南, 1994; 青木, 1990). 그리고 이런 경향은 특히 1970년대 후반 이후 현저하게 나타났다. 이는 일본이 경제 대국의 지위를 확립하고 국익을 한층 더 높이기 위해 국제화를 진행시키려는 국가주의 슬로건을 활발히 외친 시기였다(Yoshimoto, 1989; Iwabuchi, 1994). 이 시기에 일본 기업들은 국제적으로 더욱 활발하게 활동하였고 막강한 경제력을 바탕으로 일본인의 해외여행이 비약적으로 늘어났으며 세계 각지의 문화와 상품이 일본에서 전례 없는 규모로 유통되었다. 아이비(Ivy, 1995: 3)가 말했듯이 일본에서 국제화란 문화적 차이가 있는 타자를 똑바로 보는 것이 아니라 소비할 수 있는 기호記号로 변화시키는 것으로, '민족 또는 국가'에 대한 위협을 없애려는 전략이었다. 일본과 문화적 타자의 만남이 늘면서 '우리'와 '그들' 사이가 명확히 구별된 상태에서 서구 문화를 흡수하기 위해 일본이 다른 문화를 토착화하는 능력을 국가 정체성의 중요한 요소로 다시 보려는 욕망이 높아졌다. 국제화 시대에 일본이 '천부적인 모방 재능'(Buell, 1994)을 가졌다는 의견이 다양한 미디어를 통해 일본의 많은 계층에 긍정적으로 퍼지면서 (모방이) 독특한 국민성으로 간주되었다. 예를 들어 요시노 고사쿠가 일본에서 실시한 일본인론 수용에 관한 사례 조사에서는 절반의 응답자가 "다른 문화를 적극적으로 수용하고 그것을 일본 문화와 결합하여 고유한 문화를 만들어 내는 능력"을 일본의 독특함의 하나로 꼽고 있다(Yoshino, 1992: 114). 또 도쿄 디즈니랜드 시설에도 일본의 문화 차용의 오래된 역사라는 귀 익은 말이 사용되었다. 브랜넌(Brannen, 1992)이 논의했듯이 '세계관'Meet the World이라는 도쿄 디즈니랜드 시설에서는 일본이 이제껏 만난 중국, 서구 등 타자의 문화를 어떻게 교묘하게 흡수하여 독특한 문화를 만들어 왔는지 설명하고 있다. 일본이 다른 문화를 토착화하는 '전통'은 일본 번영의 비결이며 민족적 또는 국가적인 것의 진수로 간주되었다.

서구를 길들이는 일본

같은 시기에 일본의 문화 혼종화는 영어권 학계의 관심을 끌게 된다. 특히 주목을 받은 것은 일본이 다른 문화를 흡수하고 토착화하면서 '일본'이라는 문화적 경계를 교묘하게 다시 만들어 가는 과정이다. 앞서 말했듯이 여기에서 언급된 것은 오직 일본의 '서구 문화' 수용이었고 '일본'과 '서구'로 상정된 두 축 안에서 다른 문화를 토착화하는 일본의 능력이 검증되었다. 일본이 서구와 어떻게 만났는가 하는 주제는 일본이 다른 문화를 수용하면서 과연 서구를 길들였는가 아니면 서구의 식민지가 되었는가 하는 이분법적 물음을 낳았다. 근대 일본은 서구 문화의 열렬한 수용자였을지도 모르고, 다른 문화를 토착화하려는 강한 욕망이 일본 사회에 존재했다는 것도 부정할 수 없다. 그러나 이런 논의는 국제화 시대의 흐름에서 일본이 국가 정체성을 유지하고 다시 만들고자 한 것이 정교하고 유효한 책략이었다고 받아들여 일본과 서구 타자와의 경계선이 존재함을 암묵적으로 전제한다. 따라서 그 경계선은 더욱 굳어질 위험이 있으며, 투과성을 띠면서도 변하지 않는 본질을 가진 유기적 문화체 '일본'이라는 연구 대상이 '서구'와 쌍을 이루며 본질주의로 간주되어 버린다. 이런 종류의 논의는 그 의도와는 상관없이 일본의 혼종주의에 관한 언설과 서로 공모적으로 작용했다.

『리메이드 인 재팬』(1992)은 이 주제를 다룬 논문집이다. 서문에서 편집자 토빈(Tobin, 1992a: 4)은 서구의 문화적 영향력이 일본 곳곳에 산재한다는 이유로 일본을 서구화의 소극적인 희생자로 보는 것이 아니라 일본이 어떤 식으로 이국적인 것을 눈에 익은 것으로 바꾸고 해외와 국내, 현대와 전통, 서구와 일본을 창조적으로 통합하고 있는지를 규명하는 것이 책의 목적이라고 밝히고 있다. 이런 의견은 1980년대부터 활발해진 문화 제국주의 언설에 대한 비판에 대응하는 것이고, 또 요즘 인류학의 연구 주제인 서구 지배적인 전지구적 문화 왕래가 지역 차원에서 어떻게 소비되고 있는가와 맥을 같이한다(Miller, 1995; Howes, 1996). 그러나 『리메이드 인 재팬』은 이런 문화 소비 연구에서 이론적 전환과 궤를 같이한 뛰어난 논문을 싣는 한편 일본과 서구 사이의 경계선 긋기에 중점을 두고 있다. 이 책은 다양한 분야에서 이루어진 일본의 서구 문화 '길들이기' 방법을 흥미롭게 보여 주면서도 책의 대부분에서 '일본'과 '서구'의 경계 짓기를 고집한다. 그렇기 때문에 문화의 혼합화가 야기하는 일본의 사회 문화적 변화의 동적 과정이나 '국가' 영역에 더 이상 속하지 않는 일본 내의 다양한 문화 차이나 경계에는 주의를 기울이지 않고 있다. 그 결과 '일본'은 독자에게 마치 변치 않는 문화 집합체와 같은 인상을 주고 있다. 예를 들어 브랜넌(Brannen, 1992)은 디즈니랜드가 일본에 생겼을 때 시설이나 구조가 새로운 맥락에서 교묘하게 배치된 점을 지적했는데, 결론 부분에 이르러서 그의 견해는 일본과 서구 사이의 경계 짓기라는 정체성 구축의 관점으로 흡수되고 만다.

서구를 동화하는 과정과 일본식 서구 모방을 새로운 맥락 아래 두는 것은 일본 인들이 서구 이데올로기의 지배를 받게 되었다는 것을 의미하지는 않는다. 그 것을 통해 일본인들은 자신의 정체성을 서구와 구별하고 일본인의 문화적 독특 함이나 뛰어남 혹은 일본의 패권이라고 부를 수 있는 감각을 갖게 된다.

브랜넌은 이 과정을 '일본의 독특한 문화 제국주의 형태'라고 말한다. 그는 일본에서 다른 문화와의 접촉 과정이 끊임없이 일본과 타자의 구별을 강화하고 이국적인 것을 그대로 유지하는 것에 이용되고 있으며, 그것이야 말로 일본 문화의 힘이라고 해석한다. 브랜넌의 논의는 '서구화'라는 단순화 된 접촉 도식에서 벗어났다는 점에서 어느 정도 설득력을 지닌다. 그러나 요시미 슌야(吉見, 1997)가 비판한 대로 그녀의 논의 역시 일본의 문화적·역사 적 상황을 이미 주어진 변치 않는 조건으로 간주해 버리는 한계를 갖는다. 여기에서 전제하고 있는 것은 서구 문화와 만나고 접촉하는 과정에서 오로지 '서구'를 길들이면서 그 본질을 바꾸지 않고 잡종적인 '일본다움'을 계속해 서 재생산해 가는 '일본'이라는 주체다. 일본에 의한 서구 길들이기 방법이라 는 분석 틀 자체가 일본을 '일본적'인 것으로 머물게 할 위험을 갖고 있음을 진지하게 고려해야 한다.

서구 문화의 혼종화는 일본의 경제 성장과 함께 일본과 서구의 경쟁 관계라는 관점에서 취급되었다. 아이어(Iyer, 1988: 410)는 문화의 전지구화에 관한 유명한 수필집『비디오 같은 카트만두의 밤』에서 아시아 나라들이 서구 지배 문화와 창조적이면서도 모순된 접촉을 하는 과정을 그려 냈다. 그러나 그는 그런 관점과는 달리 일본을 언급하면서 "일본이 서구를 빼앗기 위해 서구를 흡수하려 한다"는 견해를 보이고 있다. 아이어는 야구를 예로 들어 로스앤젤레스 올림픽 때 일본과 미국 전에서 일본이 승리했을 때, 미국의 전 프로 야구 선수가 일본은 미국보다 더 미국다워졌다고 말한 것을 언급한다. 서구 문화를 전제로 한 문화 경쟁에서 일본이 승리함으로써 서구 문화와 이문화 혼종화가 오로지 서구가 보고 즐길 수 있는 카니발이라는 서구 중심적인 탈식민 원칙(Buell, 1994: 11)이 깨져 버린 것이다. 비서구에서 유일하게 서구 이상의 산업화를 이룬 일본이 서구를 잘 길들인 특별한 예로 간주되면서, 어떤 면에서는 서구 오리엔탈리즘을 흔든다. 그러나 그런 논의도 서구와 일본이라는 명확히 구분된 경계를 암묵적으로 전제하므로 서구와 일본 내부의 차이는 억압되고 두 문화가 본질적으로 상정되고 재생산된다.

전지구화 이론과 일본의 이문화 수용 능력

1990년대 들어 일본이 다른 문화를 수용해온 경험은 영어권의 전지구화 이론에서도 적극적으로 평가되기 시작했다. 일본의 문화 혼종화의 오랜 역사는 서구 중심주의 근대관을 흔드는 유용한 대항의 예로 주목받게 된 것이다. 전지구화 이론에서는 문화가 관계적인 것이고 늘 다른 문화와 만나고 접촉하는 가운데 형성되고 변화하는 과정에 있음을 강조하고, 한 사회가 다른 사회와는 명확히 구분된 집단이라는 기존 '사회' 개념의 타당성에 의문을 던진다. 예를 들어 페더스톤(Featherstone, 1995: ch.8)은 사회학이 사회를 통합된 총체로 간주하고 사회 내의 측면만을 중시한 나머지 국경이나 문화를 횡단하고 연결하려는 관점을 소홀하게 취급했다고 비판한다. 같은 비판이 인류학의 '문화' 개념에도 적용된다. 고유한 문화 패턴의 이론화에 매달린 나머지, 문화 간 접촉으로 일어나는 동적인 문화 변용에는 그다지 관심을 기울이지 않았다는 것이다. 그리고 페더스톤(Featherstone, 1995: 135)은 사회나 문화가 서로 복잡하게 연결되고 있음을 강조하면서, 사회학이나 인류학에서 오랫동안 당연시되어 온 사회와 문화를 통합체라고 보는 기존 패러다임의 전환을 촉구한다. 그는 그 대표적 예로 일본이 겪은 중국 이문화 접촉 및 문화 혼종의 오랜 역사를 언급한다.

그러나 여기에서도 일본의 배타적 국가 정체성이 각 사회나 문화를 선별적으로 상대화하면서 형성된 것과 일본이 '국가'를 분석 단위로 다른 문화를 수용한 경험을 논하게 되면, 역사를 뛰어넘은 '일본'이라는 문화적 유기체를 만들어 버릴 위험이 있다는 것에 주의해야 한다.4) 이 점에서 폴락의 『의미 깨뜨리기』(Pollack, 1986)에 대한 사카이 나오키의 비판이 떠오른다. 사카이(Sakai, 1988: 481)가 비판한 것처럼, 폴락은 일본이 중국이나 서구라는 타자의 문화를 통해 스스로를 규정하려던 오랜 역사를 논하면서 서구의 보편성을 일본의 특수성으로 대비시키기 위해 일본의 언어·문화·민족 등 세 가지를 같은 본질을 지닌 것으로 보고 일본은 근대 국가가 될 기회가 없었다고 주장한다. 이와 같은 비판이 페더스톤의 논의에도 적용되지 않을까? 일본이 끊임없이 다른 문화를 만나면서 혼종의 역사를 지니고 있다고 해도, 그런 과거는 근대 국가의 정체성을 만드는 과정에서 국가적 언설로 흡수되어 '토착성에 대한 고집과 기원에 대한 무관심'이 마치 일본의 독특한 전통인 것처럼 논의된 것은 아닐까?5) 외부와의 관계에 주의를 기울이지 않고 특정 국가나 특정 사회의 고유한 문화 패턴을 찾아내려는 서구 사회학이나 인류학의 관점을 비판한다 해도 그것은 '국가'라는 틀 자체를 문제시하지 않는 한 서구 중심적인 형태로 이문화 혼종화라는 일본 특유의 문화 패턴을

만들어 낼 위험을 내포하고 있다.6)

　서구 길들이기론과는 달리, 전지구화 이론에서 더 중요한 점은 다른 문화를 수용한 일본의 경험을 일본 내의 문제로 국한하지 않고 그로부터 전지구적 차원의 의미를 찾아내려는 점이다. 근대에서 포스트모던으로, 생산에서 소비로, 서로 분리된 한 집단 사회에서 전지구적 상호 연결로 이론적 패러다임이 전환되면서 일본의 경험은 다른 나라나 문화에 대한 모델로 인식된다. 보드리야르(Baudrillard, 1988: 76)는 일본에서 포스트모던 이미지를 찾아내고, 일본을 기원이나 진정성에 신경 쓰지 않고 주어진 상황을 최대한 활용하는 '무중력 상태의 인공위성'이라고 평가한다. 그리고 세계의 미래를 이끌어 갈 것은 바로 그 무중력 상태의 위성이라고 논한다. 물론 보드리야르의 과장된 논의를 일반화할 수는 없지만, 전지구화 시대의 역사적 역학이 새로이 해석되는 가운데 일본의 모방에 관한 서구의 인식이 부정적인 것에서 점차 긍정적인 것으로 변했음은 부정할 수 없다. 몰리 (Morley, 1996: 351)는 근대 초기에 서구 과학 기술의 발전은 이슬람 문명의 기술을 모방하고 개량한 것에서 시작되었다고 언급하면서 그 관계는 20세기 말 일본과 서구의 기술력 관계와 매우 비슷하다고 한다. 다시 말해서 원래 열등한 모방자가 마침내 주인을 넘어선다는 역사의 법칙이 반복되고 있다는 것이다.

　로버트슨(Robertson, R., 1992: 90)은 이 점을 더 분명히 강조하고 있다. 로버트슨은 일본이 다른 문화의 어떤 부분을 흡수하고 어떤 부분을 흡수하지 않을지 신중하게 선별해 왔다면서 이렇게 말한다.

　일본에 관한 논의 가운데 오래전부터 이어져온 것은 외부에서 자극을 받아 근대화라는 목표를 향해 내부 변혁을 해왔다는 것이다. 그러나 일본의 근대 경험을 더 적절하게 파악하기 위해서는 일본은 외부 사회에서 전지구적 규모로 선별적이고 조직적으로 아이디어를 수입할 수 있다는, 상대적으로 위대한 능력을 고찰하는 것에만 그쳐서는 안 될 것이다. 일본이 독특한 방법으로 전지구화된 사회가 되려 한 것도 고찰 대상으로 삼아야 한다는 것이 최근에 명백해졌다.

그리고 로버트슨(Robertson, R., 1992: 96)은 일본이 세계 질서의 새로운 개념화를 촉진할 뿐만 아니라 다른 문화를 수용하는 능력도 뛰어난, 본받아야 할 좋은 모델이라고 강조한다.

일본이 사회학적으로 큰 관심을 끄는 것은 독특하거나 성공한 사회이기 때문이 아니다. 그보다는 다른 사회의 지도자들이 갖는, 어떻게 하면 여러 사회의 장점을 배울 수 있을까 하는 의문에 대해 좋은 모델이 될 수 있는 현대의 사회적 기능을 갖고 있기 때문이다. 바로 이것이 일본을 스스로 주장하는 것과는 달리 전지구화된 사회라고 부르는 이유다.

전지구화 이론이 활발하게 언급되면서 일본의 문화적 혼종화는 기묘하게도 역사의 주목을 받게 된 것이다.

문화에서 문명으로

1990년대 영어권의 전지구화 이론에서 일본의 이문화 수용 능력을 주목한 것은 흥미롭게도 일본에서 혼종주의 언설이 재평가된 시기와 때를 같이한다. 단, 이전과 다른 점은 일본 혼종주의에 관한 언설이 문화론이 아니라 문명론 속에서 전개되었다는 점이다. 가토 슈이치의 「잡종 문화론」과 거의 같은 시기에 발표된 우메사오 다다오의 『문명의 생태사관』(1956)은 일본 문명론의 시초가 된 저작일 것이다. 우메사오는 기존의 서구 중심 사관을 부정하면서, 생태적 문명 진화의 관점에서 볼 때 일본은 아시아에 분류되지 않고 오히려 유럽과 같은 문명 형태를 더듬어 왔다고 주장했다. 우메사오의 이론도 일본 문명을 긍정적으로 다시 파악함으로써 '낙후된' 아시아와 일본을 구별했다는 점에서 가토의 논의처럼 전후의 자기 부정적 분위기를 없앤 저작이었다고 할 수 있다(靑木, 1990: 70-76). 우메사오의 논의는 서구를 문명의 우두머리로 하는 세계사관이나 마르크스주의의 단선적 사회 진화론을 제치고 일본을 서구와 똑같이 취급한다는 점에서 이후의 문명론에 큰 영향을 미쳤다. 그리고 1990년 전후로 일본 문명론은 일본에서 크게 주목받았다(Morris-Suzuki, 1993; 1995; 1998b). 문명론의 논의 방법은 다양하지만 공통된 전제들이 있다. 우선 '문명' 개념은 세계의 다양한 문명 창조에서 역사적 역학이나 지리 공간적 차이를 강조하면서도 타자와 명확히 구별된, 주어진 유기적 통합체라는 본질주의적인 '문화'의 정의를 확대 해석한 것이다(Morris-Suzuki, 1998b: 152). 다음으로 더 중요한 것은 '문화'와 '문명'이 그 전제를 공유하면서도 대외적 영향력에 대한 차이가 있다는 것이다. 즉 '문화'가 한 사회 집단의 특유한 생활양식이라면, '문명'은 특정한 문화가 역사적 진화 속에서 도달한 한층 높은 차원의 단계를 의미하며 다른 문화와 문명에 적지 않은 영향을 미칠 수 있는 것으로 파악된다(上山, 1990: 42; 川勝, 1991: 22-24; 平野, 1994: 31; Morris-Suzuki, 1998b: 143-144). 문화는 고유한 토지에 뿌리내린 뭔가 특수한 것을 의미하지만 문명은 다른 문화와 문명에서 적극적으로 선택 수용되고 널리 퍼지는 특정한 시대의 강자의 보편 이념으로 생각된다.

특수 '문화'에서 보편 '문명'으로 패러다임이 전환되면서 1990년대 혼종주의 언설은 외향적으로 변해 갔다. 다시 말해서 그 시기 일본 문명론자들의 주된 관심은 일본과 서구 사이의 문명 진화의 역사적 패턴을 상대화하여 양자간의 우열을 부정하는 것에서 한걸음 더 나아가, 세계를 향해 일본 특유의 문명 패턴을 내세우는 방향으로 옮아갔다. 1990년대 일본 문명론에서는 문화란 '사회의 변치 않는 성격을 강조할 때' 많이 사용되는 데 비해, 문명은 자신의 문화적 수출 능력에 '자신감을 갖고 밖으로 표출하는 능동적인 성격' 즉 외향적인 특성을 지녔다는 인식을 기초로 하고 있다(角山&川勝, 1995: 231). 여기에는 일본을 인류 역사의 중심에 두고 새로운 세계사 창조의 지도 이념을 제시하려는 문명론자들의 의지가 크게 작용했다. 모리스-스즈키(Morris-Suzuki, 1998b: 178)의 말대로, 이런 변화는 "일본 사회의 고유한 특징은 과거의 이집트·그리스·로마 문명이 세계사에 큰 영향을 미친 것처럼 이미 국내 문제에 그치지 않고 다른 사회가 따라 할 만한 유형을 제시한다"는 생각을 하는 이들이 일본에 많아지고 있음을 여실히 드러낸다.

이런 확장적 문명론은 일본 문명론을 이끌고 있는 우에야마 슌페이의 문명관과는 결정적으로 다르다. 우에야마(上山, 1990)는 이문화나 이문명으로부터 배우려는 태도를 기준으로 서구 문명과 일본 문명을 구별했다. 즉 서구 문명은 타자에게 영향을 미치려고 하는 데 비해, 일본 문명은 외부 영향을 수용하는 능력이 높은 것으로 이론화하려 했다. 즈노야마 사카에는 우에야마 논의에 대해 일본과 서구를 동등하게 보기는커녕 일본의 산업 문명이 마치 서구 문명의 아류와 같은 인상을 준다며 비판했다(角山, 1995: 32). 또 우에야마가 일본 문명의 고유성을 천황제의 발전 방식에서 찾아내려 한 데 비해, 가와카츠 헤이타는 천황제는 너무 특수해서 문명적 틀 속에서 다루는 것은 옳지 않다고 주장했다(川勝, 1991: 23-24). 즈노야마와 가와카츠는 어떤 문명도 단순히 다른 문명의 부차적인 것에 그치지 않고, 반드시 나라와 문화를 초월한 위대한 영향과 충격을 낳은 것으로 보고 있다. 그리고 세계의 문화와 문명의 좋은 부분을 선별하고 동화하고 흡수하여 자신의 문화와 문명을 만들어 가는 능력이야말로 세계를 향해 뻗어나가는 일본의 중심 이념이라고 보았다. 가와카츠(川勝, 1991: 244-247)는 일본의 뛰어난 이문화/이문명 수용 능력은 새로운 문명 창조의 패러다임으로서 세계에 내세울 필요가 있다면서 일본을 전세계의 문명이 공존하는 '살아 있는 문명 박물관' 또는 위대한 실험장으로 보아야 한다고 주장한다(川勝, 1995: 81-82).

일본 문명의 세계사적 사명

1990년대에 일본 문명론이 대두된 배경으로 서로 연관되어 있는 두 가지 요소를 들 수 있다. 우선 일본 문명론의 대두가 일본 문화의 특수성을 본질적으로 논의해 온 일본인론의 몰락과 시기를 같이한다는 점이다. 일본 문화의 독특함을 긍정적이고 또 본질적으로 정의해온 일본인론은 1980년대 말부터 일본과 미국 간의 무역 마찰 과정에서 미국의 많은 비판을 받았다. 예전에는 경제 번영의 비결이라고 칭송받던 일본 특수 문화론이 일변하여 무역에서 시장 개방의 불공평함을 정당화하는 데 사용되었고, 미국의 수정 주의자들*은 일본의 비인간적이고 비민주적인 사회 구조가 이질적이라고 비난했다(Fallows, 1989; Wolferen, 1989). 이런 가운데 일본 내에서 미국의 일본 비판에 반격하는 이시하라 신타로 등의 움직임도 있었지만, 일본 문화의 특수성을 강조하는 국가 정체성 언설은 예전보다 중요하게 생각되지는 않았다. 우메사오 다다오(上山&川勝, 1998: 276)가 가와카츠 헤이타와의 대담 속에서 강조했듯이, 그러한 상황에서 일본에 필요한 것은 특수성의 강조가 아니라 일본 문명의 보편적인 부분을 세계로 확장하려는 노력이라는

---

* 1980년대 후반 이후 미국의 수정주의자들은 '일본 때리기'를 시작했다. 그들의 '일본 비판론'은 서구의 경제 체제가 보편적이고 공정한 것이며, 일본의 경제 체제는 이질적이고 상식에 벗어난다는 생각을 밑바닥에 깔고 있었다.

것이다. 그리고 이후 논의의 초점은 가와카츠의 '살아 있는 문명 박물관'이 아닌 '세계 문명 백화점'으로서 나아가는 데 맞춰졌다.

　이와 함께 아시아 지역 경제가 발전하면서 미국을 중심으로 하는 서구 패권이 상대적으로 힘을 잃게 된, 냉전 종결 후 세계 질서 변화도 일본의 국가 정체성 언설이 내향적 문화에서 외향적 문명으로 방향을 전환하게 된 큰 이유였다. 1990년대 초 경제가 급속히 발전하면서 자신감을 갖게 된 아시아 각국 지도자들이 서구를 향해 다양한 주장을 펴기 시작했다. 예를 들어 싱가포르는 1994년 자국 내 공공물을 파괴한 미국 청년을 태형에 처하고 나서, 미국 정부와 언론의 비인도적이라는 비난에 정면으로 대항하여 거꾸로 서구 사회의 도덕성 저하를 비판했다. 더욱이 말레이시아의 마하티르 수상은 미국, 호주, 뉴질랜드 등 백인 국가를 배제하고 아시아 국가만의 지역 경제권 구축을 위한 '동아시아 경제 협력체'EAEC 형성을 강력하게 추진하면서, 1993년 11월 시애틀에서 열린 아펙 정상 회의에 고의로 불참했다. 그 가운데 미국 학자 헌팅턴(Huntington, 1993)의 '문명 충돌론'에서처럼 동양-서양이라는 적대 관계가 반동적으로 논의되기 시작한다. 헌팅턴은 세계를 크게 8개 문명으로 구분하여 앞으로의 세계 대립이나 분쟁은 이데올로기가 아니라 문화와 문명 차이를 중심으로 생겨날 것이라며 미국의 세계 정책에 경종을 울렸다. 헌팅턴의 논의는 '아시아적 가치'를 내세운 아시아 지도층들에게 반격을 당했고, 민주주의나 인종이라는 서구 근대 사상의 보편성의 한계가 활발하게 논의되었다. 예를 들어 싱가포르의 전 수상 리콴유는 『포린 어페어즈』와 한 인터뷰에서 헌팅턴 논문에 대해, 문화는 숙명이고 서구가 그 문화적 가치관을 비서구에 강요하면 안 된다는 문화 본질론을 피력했다(Zakaira, 1994). 헌팅턴과 리콴유의 이런 논의는 정치적 이익이라는 관점에서 보면 대립하는 것처럼 보인다. 그러나 양자는 서양과 동양의 문화와 문명이 본질적으로 다르다는 생각을 하게 한다는 점에서 서로 공모하는 셈이다.

이 점에서 '아시아적 가치' 언설은 유교적 가치와 합의를 중시하는 화和의 정신이나 집단주의 등 문화의 특징이 일본의 기적적인 경제 성장의 비결이라고 한 논의와 놀라울 정도로 유사하다. 그렇기 때문에 마하티르나 리콴유 등의 서구에 대한 '노!'처럼 아시아 지역의 경제 성장은 서구의 관심을 끌었고, 일본의 근대화나 경제 발전 경험만이 서구에서 오랫동안 독점적인 주목을 받아온 현상이 사그라드는 결과를 초래했다. 헌팅턴의 논문에서 일본은 여전히 세계에서 유일한 일국一国 문명권으로 간주되면서 그 특수성을 유지하고는 있지만, 독특한 근대화 경험을 서구에 제창하는 것이 점차 어려워졌다. 서구와 대비하면서 자신의 독특함을 인식해 온 일본의 국가 정체성이 아시아 나라들의 경제 성장으로 방향을 잃기 시작했다는 맥락에서, 우리는 일본에서 일본의 대외적 영향력에 대한 관심이 높아졌다는 것을 알 수 있다.

그런 상황에서 일본의 혼종주의 언설은 근대화된 아시아와 관계를 맺으면서 외향적으로 변했다. 그것은 크게 두 가지로 나뉘는데, 하나는 냉전 이후의 세계 질서가 점점 복잡해지면서 긴장을 완화하는 중재인이 되어야 한다는 일본의 사명을 다시금 강조하는 것이고 또 하나는 '아시아에 속하나 아시아를 뛰어넘는다'는 일본이 아시아에서 차지하려는 위치를 다시 주장하는 것이다. 그리고 일본의 소비문화와 대중문화가 아시아 지역에 침투하는 양상이 자주 언급되었다.

서론에서 밝혔듯이 일본에서도 '문명 충돌론'이나 '아시아적 가치론'에 호응하여 신아시아주의로 부를 수 있는, 아시아와 연대하여 서구 패권에 대항하자는 주장이 활발해졌다. 그러나 서양과 동양의 적대적 경계를 명확히 하려는 논의에 대해서 일본에서 많은 비난이 있었던 것도 사실이다. 여기에서 일본이 서양에도 동양에도 치우치지 않으면서 중재인이나 번역자의 역할을 맡을 필요가 있다는 주장이 강력하게 제기되고, 다양한 문화와 문명을 오랫동안 융합해온 일본의 경험은 이문화/이문명 간 마찰이 생기는 불안정한 세계 정황을 해결하는 데 도움이 될 것으로 간주된다.

예를 들어 '문명 충돌론'에 관해 학술지 『비교 문명』에서는 1994년 '문명의 공존을 향하여'라는 특집을 편성하여 헌팅턴을 비판하는 논문을 몇 편 실었다. 그 가운데 유아사 다케오는 헌팅턴의 논문은 문화와 문명을 본질적으로 간주하고, 동서양을 대립 관계로 파악하고 있다고 비판했다(湯淺, 1994). 그러나 설득력 있는 비판을 한 끝에 유아사는 헌팅턴 논문의 결점은 세계에서 일본 문명의 역할이 어떠한지에 대한 고찰이 없는 것이라 지적하고 일본이 마치 역사적으로 양자 대립을 초월하는 데 성공해온 것처럼 말한다. 유아사에 의하면, 헌팅턴은 일본이 이제껏 서양과 동양의 문명을 교묘하게 융합해 온 경험에 주의를 기울이지 않았기 때문에 미래를 긍정적으로 바라볼 수 있는 시각을 제시할 수 없었다면서, 일본이 다른 문화를 수용하는 능력의 문명적 의의를 다시금 인식해야 한다고 강조한다. 이런 일본의 문명적 사명에 대해서는 사회학자 이마다 다카토시도 명확히 논하고 있다(今田, 1994). 이마다는 서구 근대 이념의 보편성이 구심력을 잃은 현재의 혼돈스런 세계에서 필요한 것은 문화적 차이를 억압하는 것이 아니라 문화적 차이와 접촉하는 능력이라고 본다. 그것은 이문화/이문명을 편집하는 능력이고 그것이야말로 앞으로 새로운 문명을 특징짓게 될 것이라고 주장했다. 이마다는 일본이 세계 문명의 편집자 역할을 제대로 못하고 있다고 하면서도, 서양과 동양의 문명을 엮어온 오랜 역사에 비추어볼 때 중심적인 '월드 에디터'World Editor로 활약할 자격이 있다고 기대를 걸고 있다.

1990년대 중반에 아펙 창설을 둘러싸고 대립이 생겼을 때 동서 문명을 중재하는 일본의 사명이 자주 논의되었다(五百旗頭, 1994; 竹中, 1995; Funabashi, 1995). 이런 논의는 반동적 국가주의의 욕망에 사로잡혀 이루어진 것이 아니라 문화와 문명이 가져온 세계 분열 위기에 대한 일본의 현실적인 정치 선택지로 주창되었다. 또 그러한 언설들은 문화나 문명을 반드시 배타적이고 본질적인 것으로 파악하지는 않는다. 예를 들어 이오키베 마코토는 서구적 가치관이나 제도의 전지구적 침투가 단지 서구 문명의 승리를 의미하지는 않으며 그것은 서구 문명을 잘 흡수한 비서구의 승리일 수도 있다고 한다. 다양한 문화와 문명의 만남과 충돌은 어느 쪽이 이기는가의 문제가 아니라 세계의 문화와 문명이 늘 서로 오염되고 침식당한다는 것을 강조한다. 그러나 코쉬먼이 말했듯이 전전의 범아시아주의 언설에서도 문화를 본질이 아닌 것으로 규정하는 논의가 있었음에도 불구하고, 결과적으로 그것이 비판 대상이어야 할 '일본은 아시아라는 가족 공동체의 맹주'라는 언설과 결합되고 일본의 아시아 침략을 정당화하는 논의에 흡수된 것은 다시금 강조해야 할 것이다(Koschmann, 1997). 물론 전전과 1990년대의 역사적 맥락, 양 시기의 일본이 지닌 제국주의적 의지의 유무를 동등하게 논할 수는 없을 것이다. 그러나 1990년대에도 "일본이 근대를 넘어 21세기에 아시아뿐만 아니라 세계의 우두머리가 될 운명이라는 세계사적 자부심"이 강하게 드러나는 것은 부정할 수 없다(Koschmann, 1997: 106). 두 사람 모두 범역사적 주체인 '일본'의 국익을 지상 명제로 하기 때문에 아시아에서 서구의 중재자 또는 번역자로서 일본의 지도적 역할을 강조하는 국가주의 언설에 흡수될 위험을 늘 내포하고 있다.

이오키베도 후나바시 요이치도 일본 근대 경험에 대해 "아시아와 서구라는 두 가지 정체성으로 나뉘는 역사적 숙명을 피할 수 없었다"(五百旗頭, 1994: 31)고 하면서 아펙 창설을 그 역사적 딜레마를 해결하고 아시아 태평양의 융합 문명을 현실로 만드는 좋은 기회로 간주했다. 아마도 그 딜레마는 일본이 배타적인 국가 정체성을 내세우기 위해 스스로 만들고 키워낸 것이 아닐까? '아시아', '서구'라는 상상적 지리는 일본이 그들 사이를 마음대로 왔다 갔다 하기 위해 만든 것이 아니었을까? 싱가포르가 '아시아'라는 지역 정체성을 내세우면서 세계와 지역의 대립이 낳은 '국가'의 모순을 극복하려 했다면(Berry, 1994: 82), 일본은 다시 '서구'와 '아시아'라는 지리 공간을 만들고 '국가'를 성립시키려 한 것이 아닐까? 일본 앞에 아시아가 중요한 타자로 모습을 다시 드러냄에 따라 일본의 지도적 중재자 역할이 대두하게 된다. 그때 아시아에도 서구에도 동화되지 않고 그 사이에서 스스로 우위성과 고유성을 찾아내려는 일본의 국가주의적 욕망이 엿보이는 것에 주의를 기울여야 한다.

아시아 문명과 일본의 대중문화

문화에서 문명으로, 내향적 혼종주의에서 외향적 혼종주의로의 전환은 다른 아시아 나라들과 문화 공통성을 지녔다는 점을 일본의 문화적 우위성으로 내세우려는 움직임을 가속화했다. 서론에서 지적했듯이 이것은 역사적으로 만들어진 '아시아에 속하나 아시아를 뛰어넘는다'는 두 가지 의미를 지닌 일본의 아시아관이 여전히 뿌리 깊게 작용함을 보여 준다. 그러나 칭(Ching, 2000)이 말한 대로 오카쿠라 덴신으로 대표되는 전전의 범아시아주의와 1990년대의 국가주의적 신아시아주의는 큰 차이를 보인다. 아시아주의 언설의 주된 대상은 고급 문화와 전통 문화의 심미성에서 상업적인 소비문화와 대중문화로 옮아갔고, 그에 따라 일본과 아시아의 공통성도 서구 문화/문명을 수용하고 흡수하려는 근대 경험 속에서 찾을 수 있게 되었다.

이 점은 앞서 말한 특수성과 보편성의 차이로 표현된 문화와 문명의 정의와도 맥을 같이한다. 야마자키 마사카즈는 모든 비서구국은 자국 문화/문명 위에 세계 문명으로서의 서구 문명을 가진 이중 구조를 지닌다고 하면서, 동아시아 문명 탄생의 요인을 보편적 서구 근대 문명이 각지에서 토착화된 데서 찾는다(山崎, 1995). 야마자키에 따르면, 역사를 더듬어 보았을 때 아시아는 서구와는 달리 모든 지역을 아우르는 큰 문명이 존재하지 않았으므로 다양한 문화가 난립하게 된 것은 당연한 일이고 '아시아'가 지역적 실질성을 가진다면 그것은 기존 문화의 공통성이라기보다는 전지구적으로 퍼진 서구 근대 문명이 도래했기 때문이라고 한다. 더욱이 사에키 게이시(佐伯, 1998: 26)가 요약한 대로, 야마자키의 논의에 따르면 "아시아의 근대성은 역사의 일원적 해석 속에서 자리매김할 수 있는 단계에 있지 않고 보편적인 것을 그 기원과 상관없이 순식간에 흡수하고 다양한 것을 동화하고 각각의 문화들을 절충하면서 편리함과 쾌락의 기준에 맞게 배치하는 탐욕스러움"을 지닌다.7)

후나바시 요이치(Funabashi, 1993: 77)도 아시아에서 근대 도시 문화가 탄생한 것을 중요시하면서, 1990년대 아시아 사회가 '아시아'를 적극적으로 정의한 것은 반동적이고 회고주의적인 아시아의 '재아시아화'가 아니라 오로지 긍정적이고 미래 지향적인 '아시아화'라고 한다. 아시아는 그 경제력 덕분에 역사상 처음으로 서구의 그림자에서 벗어나 스스로에게 실질성을 부여할 수 있게 되었고 여기서 확인할 수 있는 '아시아다움'이라는 것은 직장에서 보이는 실용주의와 활기찬 중산층의 사회적 각성을 의미하는 것이다. 더욱이 후나바시는 새로 나타난 '아시아다움'은 미국의 대중문화를 소비하면서 형성된 도시 문화라는 특징을 지닌다고 지적한다. 귀족 계급 문화와 같은 공통된 문화유산이 없는 아시아는 중산층의 글로벌리즘의 장으로 그 실질성과 공통성을 지니고 있고 아시아 여러 나라들의 중산층은 소비주의와 전자 통신 기술의 발달로 인해 문화적으로 강하게 연결되었다고 한다. 다시 말해서 아시아 도시에 퍼진 중산층 문화야말로 일본이 다른 아시아 나라들과 무언가를 공유하고 있음을 증명하는 것이다. 따라서 신흥 세력이 지닌 아시아다움은 참된 아시아의 탄생(小倉, 1993)을 의미하며 일본과 아시아가 역사상 처음으로 가진 '공통성'(青木, 1993)으로 긍정해야 한다고 평가되었다.

한편 이런 서구화된 대중문화를 공유한다는 주장은 본질적인 문화적 동질성과 아시아적 가치관의 재검토로 연결되기도 한다(小倉, 1993). 더욱이 이 장에서 중요한 것은 서구 근대의 토착화가 일본을 비롯한 아시아의 공통점이 되었다고 이야기할 때, 많은 경우 일본의 소비문화와 대중문화가 아시아 시장에 침투한 것이 그 좋은 증거로 언급되었다는 것이다. 야마자키의 논의는 서구 근대 문명과 아시아 문화(가치)를 대비시켜 동서 문화와 문명을 배타적으로 정의하는 문명 충돌론을 비판한 것이다. 이 논의에서는 일본이 옛날부터 이미 이문화/이문명을 잘 흡수하는 문명의 이중 구조 원형을 지녔다는 사실이 언급되지만 아시아에서 갖는 일본의 문화/문명적 위치의 우위성은 언급되지 않는다. 그러나 일본 대중문화가 아시아 지역에 퍼진 것은 '일본을 동경하는 아시아'라는 도식과 쉽게 연결되고, 문화적 영향력이 미국에서 일본으로 옮아간 근거로 간주된다. 예를 들어 이시하라 신타로는 이미 『노! 하고 말할 수 있는 일본』(盛田&石原, 1989: 151)에서 이렇게 논하고 있다.

현재 일본 유행가가 동남아시아에서 큰 인기를 끌고 있는데 그것은 문명적으로는 전후 미국 대중문화가 우리 일본의 정서를 형성하고, 미국을 동경하게 만들고, 전후 부흥기 이후의 소비 사회를 형성한 것과 같은 구조를 보는 느낌이다.

이시하라는 일본이 과거 미국에 동경을 느낀 것처럼 다른 아시아 사람들이 일본의 부유함과 기술력이 뒷받침된 대중문화에 깊이 빠졌다고 말한다. 여기에는 근대 아시아 나라들이 일본의 전철을 밟는다는 일원적이고 단선적인 진화론이 전제되어 있다.

그리고 전전의 범아시아주의처럼 아시아에서 일본이 문화적으로 우위에 있다는 주장은 문화적으로 동일하다는 의견 속에 자취를 감춘다. 그것은 마하티르와의 공저『노! 하고 말할 수 있는 아시아』에서 이시하라의 논조 변화를 통해 살펴볼 수 있다. 이시하라(マハティール&石原, 1994: 129)는, 아시아에서 일본 대중문화의 유행이 의미하는 것은 "같은 아시아인으로서 잠재된, 눈에 보이지 않지만 당연히 존재하는 공통점이다. 굳이 열심히 설명하지 않아도 통하는 정신 풍토가 실제로 있다"고 하여 '동경'과 '문화적 가까움'을 교묘하게 혼합시킨다. TV프로그램이나 아이돌, 패션 등 아시아 지역에서 유통되던 일본 문화 상품이 서구 시장에서 받아들여지는 것은 매우 드문 일이다. 아시아 지역에서 인기 높은 「치비마르코창」이나 「도라에몽」 등의 애니메이션 작품조차도 서구 시장에서는 거의 받아들여지지 않고 있다(小野, 1992; 1998; 川竹, 1995). 그러나 이런 사실은 모순된 초국가적 미디어 소비의 상세한 검증을 거치지 않고 쉽게 일본의 '아시아에 속하나 아시아를 뛰어넘는다'는 인식에 이용되고 만다.

이시하라처럼 국가주의 욕망에 강력하게 사로잡히지는 않더라도, 일본이 매력적인 문화 상품을 만들어 수출하고 아시아 지역의 문화 혼혈화를 촉진하여 문화권 창조라는 지도적 역할을 하고 있는 것이 일본의 국가 정체성에 큰 의미를 가져오기 시작했다는 의견도 여럿 있다. 예를 들어 후나바시(Funabashi, 1995: 223-224)는 소비문화와 대중문화가 일본과 다른 아시아 나라들 간의 문화 융합이나 상호 이해를 촉진한다고 하면서 「오싱」이나 「도라에몽」의 아시아 침투를 그 주된 증거로 꼽고 있다. 그리고 아오키 다모츠(川勝 외, 1998)는 마치 '연체동물'을 떠오르게 하는 일본의 이문화 흡수 능력이 다른 문화와 같이 사는 과제를 지닌 국제화 시대에는 방해물이 된다는 자신의 기존 논의(青木, 1988)에서 나아가, 일본 대중문화의 아시아 침투가 일본이라는 특수한 나라의 껍질을 깨는 좋은 기회라고 주장했다. 아오키에게는 아시아 중산층이 대중문화를 공유하는 것이 아시아 내 연대를 강하게 할 뿐만 아니라 지금까지 자국 내에서만 자급자족하던 일본 문화 체제가 아시아에서 보편화될 기회이기도 한 것이다.[8] 이 점을 일본 외무성 문화 교류 부장은 더 명확하게 설명하고 있다. 그는 『외교 포럼』 좌담회에서 아시아 시장에서 「도라에몽」이나 일본 캐릭터 상품, TV드라마, 도쿄 디즈니 랜드 등이 큰 인기를 누리고 있다면서 일본은 아시아 근대 문명의 새로운 모습을 보여 준다고 한다.

이렇듯 보편적으로 받아들일 수 있는 것들을 창조해낸 일본은 전통과는 달리 스스로의 정체성을 새로이 형성했다는 생각이 듭니다. 요즘에는 일본 사회가 동양형 근대 문명을 갖고 있다고도 할 수 있지 않을까요… 미국형 근대 문명과 는 다른 아시아형의 근대 문명 같은 것이 일본을 중심으로 형성되고 있고, 그것 은 일본의 국가 정체성의 일부가 되고 있다는 생각이 듭니다(『외교포럼』 74호, 1994).

대중문화는 이렇게 '일본 문명 백화점'의 주요 상품으로 간주되었다. 문제는 일본 대중문화가 드러내는 아시아와 미국 근대 문명의 차이는 무엇인 가 하는 것과 일본에서 대중문화 체계가 일본이 아시아의 근대 문명 창조에 중심적 역할을 하는 것과 어떻게 관련되어 있는가 하는 점이다. 이 점에 대해 즈노야마 사카에(角山, 1995)는 서구 물질문명의 아시아 '변전소'로 기능하고 있는 일본 문명의 중요성에 관한 자신의 기존 주장을 다시 전개한 다. 물질문명 개념은 가와카츠 헤이타(川勝, 1991; 1995)가 일본 특유의 문명사 를 설명하기 위해서 사용한 것이다. 가와카츠에 의하면 모든 나라나 민족 집단은 그 사회의 물적 자산의 총체인 '물산 복합'物産複合을 가지고 있고,

그것이 '문화 복합'이라고 부를 수 있는 고유한 문화적 기풍과 가치를 나타낸다고 한다. 즈노야마(角山&川勝, 1995)는 가와카츠의 이론을 응용하여 물산과 상품을 구별했다. 즈노야마는 물산은 한 나라나 지역의 문화를 보여 주지만 그 영역을 넘어 유통되는 일은 없기 때문에 한 특정 문화의 보편성은 국제적으로 유통되는 상품에 의해 나타난다고 한다. 이 단계에서 특정한 문화가 보편적인 문명으로 진화한다는 것이다. 즈노야마는 설탕·면·차 등의 아시아 물산이 17세기 서구의 생활양식과 산업 혁명에 큰 영향을 미쳤으나 그러한 물산을 세계 상품으로 변화시킨 것은 19세기 이후 자본주의 진행과 함께 도래한 근대 물질문명이었음을 강조한다. 물산과는 달리 상품은 계급·인종·문화와 상관없이 누구라도 소비할 수 있는 것이어서 세계에서 근대 문명이 지닌 의의를 생각할 때 소비재가 일상생활에서 기능적 편의성이라는 보편적 매력을 지니고 세계에 퍼진 과정을 검증해야 한다는 것이다.

더욱이 즈노야마(1995: 98-114)는 일본 문명의 세계사적 의의는 서구 기원의 근대 물질문명 상품을 싼값에 쉽게 구할 수 있게 하여 아시아 시장에 적합하도록 변화시킨 데서 두드러지게 나타난다고 한다. 서구 상품을 교묘하게 아시아 소비자들의 기호와 물질적 조건에 맞추어 변화시켰다는 점에서 일본은 '문명 변전소' 기능을 해왔다는 것이다. 즈노야마는 일본이 고도로 발달된 서구 물질문명을 토착화하는 능력을 가졌기에 새로운 역逆발전소가 되어 많은 소비재를 서구에 수출할 수 있었다고 말한다. 그러나 일본 문명의 의의를 언급할 때에는 아시아 맥락으로 돌아가 일본의 문명적 역할을 다른 아시아 나라들이 따라야 할 좋은 모델로 강조한다.

그렇다면 일본 문명은 과연 무엇에 공헌할 수 있을까? 일본 문명이라고 해도 서구의 눈으로 보면 서구 문명의 모방과 연장 정도로 비칠지도 모른다. 그러나 이제 아시아인들은 뜨거운 시선으로, 가까우면서도 동경할 수 있는 나라로 일본을 우러러보고 있다. 특히 급속한 공업화에 성공한 이후 일본 경제의 추진력이 된 일본 기업과 일본 문화는 이제 그들에게 가까운 모델이 되고 있다(角山, 1995: 189).

즈노야마는 그 '변전소' 도식을 산업화뿐만 아니라 일본 대중문화의 아시아 침투로까지 확대한다.

일본 대중문화라고 해도 그 기원이 미국 대중문화인 것은 누구나 알고 있는 사실이다. 일본은 미국 대중문화의 영향을 받아 그것을 일본인 정서에 맞는 대중문화로 변화시켰다. 일본인의 시점을 통해 '여과'되었기 때문에 아시아 사람들도 친근함을 느낄 수 있는 것이다. 일본이라는 변전소가 문화의 전압을 아시아에 맞게 변화시켰기에 동아시아 젊은이들도 한층 받아들이기 쉬운 보편적인 대중문화가 된 것이다… 미국의 대중문화가 일본인을 통해 무국적화되었기 때문에 보편성을 가지고 널리 퍼진 것이다(角山, 1995: 191).

'무국적'이라는 말은 원래 신문 비평가가 1960년대에 등장한 「쉐인」 등의 미국 서부극을 패러디한 일련의 닛카츠日活 영화 작품을 평한 것이지만(児井, 1989: 290), 그 후 일반적으로 사용되면서 서로 관련된 두 가지 의미를 갖게 되었다. 다양한 문화 기원을 가진 요소를 섞어 융합하는 것과, 민족적·문화적 특징을 감추거나 없애는 것이다. 애니메이션이나 컴퓨터 게임에서 언급되는 무국적성이 주로 후자의 의미를 갖고 있지만 즈노야마가 사용한 것은 전자의 의미다. 즈노야마는 일본의 '전통' 문화가 아시아에서 평가되고 있지 않다는 사실에 주의하면서 서구 대중문화를 아시아 토양에서 혼종화하고 지역화하는 일본의 능력이야말로 칭찬할 만하고 "일본은 아시아 젊은이들 마음속에 동경의 나라로 되돌아왔다"(角山, 1995: 191-192)고 단정한다. 여기에도 일본과 아시아 나라들 사이의 문화적 동질성에서 일본의 문화적 우위성을 끌어내려는 국가주의 욕망이 엿보인다.

즈노야마의 '무국적' 문화 논의의 가장 큰 문제점은 다른 혼종주의에 관한 언설과 마찬가지로 다른 나라나 지역의 문화 혼합이나 이종 혼종화 양식을 제대로 평가하고 있지 않다는 데 있다. 무국적인 일본 문화 상품에 독특한 '일본다움'을 부여할 때 즈노야마는 일본을 전지구적 문화 왕래에서 '의미 있는' 토착화가 일어나는 처음이자 마지막 지점으로 만들어 버린다. 이 논의에는 세계에서 끊임없이 이루어지고 있는 문화의 토착화·차용·혼종이 얼마나 다양하고 모순이 많은지를 검토하려는 자세가 보이지 않는다. 또 혼종화의 결과인 '일본 문화'에 대해서도 초국적 문화 유통의 과정에서 얼마나 다양하게 소비되고, 차용되고, 토착화되고 있는지 주의를 기울이지 않는다. 일본이 다른 문화를 수용하는 행위 이외에 어떠한 매력적인 '일본다움'이 일본 대중문화 속에 나타나고, 그것이 어떻게 아시아 지역에서 수용되고 있는지는 불문에 부치고 있다. 일본 대중문화가 '일본다움'이 없다는 이유로 아시아 지역에서 널리 수용되고 있다면 어째서 '일본'은 아시아 소비자에게 동경의 대상이 될 수 있는 것일까? 또 즈노야마는 미국 문화가 일본의 문화 필터를 통해 '아시아화'되었기 때문에 아시아 소비자들이 그것을 매력적으로 받아들인다고 지극히 당연하게 이야기하고 있다. 그러나 대체 '아시아화'란 무엇을 의미하는가? 5장에서 자세히 보겠지만 다른 아시아 지역 시청자들이 일본 대중문화를 문화적으로 친근하게 받아들이는 과정은 복잡하고 역동적인 것으로, 일본에 대한 동경이라는 한마디로 집약되기는 어렵다.

이 초국가적인 문화 왕래의 복잡성은 일본 대중문화가 아시아에 퍼진 것을 일본의 뛰어난 이문화 수용 능력으로 보는 문명론자에게는 관심 없는 일일 것이다. 이런 언설에서는 문화의 전지구화가 가져오는 다양한 모순은 무시되면서 아시아에서 일본이 문화적으로 우위에 있다는 점이 언급되기 때문이다. 4장에서 살펴보겠지만, 1990년대에 혼돈된 세계 질서 속에서 일본이 다른 문화를 수용하는 능력을 통해 일본의 문화/문명적 의의를 재평가하고 아시아에서 일본의 우월한 지위를 내세우려던 움직임은 문명론자들 속에서만 볼 수 있는 것은 아니다. 이는 아시아 시장에 진출하려는 일본 미디어 산업의 전략 속에서도 찾아볼 수 있다. 그러나 한편으로 아시아 시장에서 진행되는 일본 미디어 산업의 전개와 일본 대중문화의 소비에 대한 고찰은 그런 언설의 전제와 허구성을 폭로한다. 초국가적인 문화 왕래가 더욱더 모순적으로 복잡하게 변화하면서, 일본의 이문화 수용의 특이성과 우위성을 주장하는 것은 무익할 뿐 아니라 불가능하다는 사실이 드러날 것이다.

연성 국가주의

앞장에서는 전후 오랫동안 내향적이던 일본의 문화 시스템이 1990년대에 신아시아주의와 문명론의 대두와 함께 서서히 외향적으로 변하기 시작했음을 이야기했다. 이 장에서는 이런 변화를 일본의 미디어 문화 수출에 관한 언설에서 좀 더 구체적으로 살펴보려고 한다. '일본 문화의 색채를 띠지 않는 상품'이 전지구적으로 소비되고 TV드라마나 대중음악이 아시아 시장에서 인기를 끌면서, 국경을 넘나드는 일본산 소프트웨어가 일본 국가 정체성의 중요한 요소로 간주되기 시작했다. 이 장에서는 학술 논의나 대중 잡지 등의 폭넓은 텍스트 분석을 통해 일본이 만드는 '미디어 소프트웨어 콘텐츠'의 세계적 보급을 오로지 '국익'과 연결시켜 논하려는 '연성 국가주의'soft nationalism 언설을 살펴볼 것이다. '연성 국가주의'에서는 일본이 전지구적 문화 대국의 지위를 획득해 아시아와의 문화 외교를 촉진한다면서 일본 미디어 상품의 세계 수출이 늘고 있음을 자랑하고 있는데, 그것이 국경 너머의 문화 왕래로 발생하는 모순과 복잡성에 대해 얼마나 무관심한 태도를 취하고 있는지를 지적해 보고자 한다.

기술 국가주의 대 기술 오리엔탈리즘

'일본 문화'라는 말에서 떠올리는 이미지는 사람마다 지역마다 또 시대마다 다르다. 1990년대 '일본 문화'의 이미지는 경제적으로 풍요롭지 못하던 1950년대에 비해 크게 달라져 게이샤·사무라이·다도 등의 '전통적인 것'뿐 아니라 하이테크·자동차에서부터 포켓몬스터·마리오 등 여러 분야를 아우르게 되었다. 이 이미지들을 '일본다움'을 잃은 소비 문화와 대중문화의 범주에 넣어 '일본다운' 전통 문화와 구별하기도 하는데, 사카이 나오키가 말한 것처럼 문화가 '일본적인가' 하는 것은 거론될 대상에 따라 정해지는 것이어서 '일본적'인 '실체'에 따라 본질적으로 정의되지는 않는다는 점에 유의해야 한다.

> 한 민족이나 국민의 동질성이 그 문화에서 나온다는 언설이 없다면 문화가 민족이나 국민을 상징해야 할 이유는 없다.(중략) 문화가 민족이나 국민을 상징 하게 하는 것은 국민 문화나 국민성을 고집하는 언설이지, 문화 그 자체에 내재 적으로 민족이나 국민의 표시가 새겨져 있는 것은 아니다(酒井, 1996b: 22).

이 논의는 물론 어떤 나라에도 문화라는 실체는 없고 언설에서만 문화가 존재한다는 것을 의미하지는 않는다. 어떤 문화가 일본이란 국가 영역 안에서 생겨났다는 것이 본질적으로 '일본답다' 아니면 '일본답지 않다'는 근거가 되는 게 아니라, 언설에 따라서 '일본적'인지 아닌지 낙인이 찍힌다는 것이다. 1장에서 말했듯이 특정한 문화 상품은 소비하는 과정에서 생산국의 문화 이미지와 연결되지만 그 이미지는 국민 문화 언설에 의한 것이어서, 문제는 어떤 '소재'가 어떻게 일본 문화 언설로 흡수되어 왔는가 하는 것이다.

일본은 스스로 근대를 정의하면서 절대 타자인 서구의 시선을 끊임없이 의식해 왔지만, 서구의 해석에 일방적으로 따른 것이 아니라 문화적 타자인 '일본'을 적극적으로 해외에 팔아 왔다. 하네르츠(Hannerz, 1991)는 미국은 자국 문화를 당연히 보편적이라 생각하고, 프랑스는 자국 문화를 세계에 퍼뜨리는 것을 사명으로 하는데, 일본은 자국 문화의 독특함을 내세운다고 비유적으로 말한다. 물론 특수화된 문화는 일본이라는 토양에서 태어나고 자란 것이지만, 그것이 '일본 전통'이 되기 위해서는 '서구'의 시선에서 '일본다움'이 부여되는 극히 근대적인 과정이 필요했다. 다니자키 준이치로나 미시마 유키오 등의 작가가 서구의 시선을 의식하여 일본 전통의 아름다움을 그렸다는 것은 잘 알려져 있고 일본인론이라 불리는 일련의 서적들도 이 방법을 취하고 있다. 일본의 '전통 문화'는 서구 오리엔탈리즘과 일본의 셀프 오리엔탈리즘의 상호 작용을 통해 '일본다움'을 획득해 왔고 그것은 어디까지나 양자의 근본적인 차이를 강조하는 것이어야 했다(Sakai, 1988; Iwabuchi, 1994).

국가가 공인하는 '일본 전통 문화'에 비해, 미디어 산업이 '상품'으로 내놓은 일본의 소비 문화와 대중문화는 이제껏 서구의 시선을 받지 않았고 일본의 국민 문화 언설에도 흡수되지 않은 것이었다. 1장에서 본 것처럼 세계에 미치는 일본의 문화적 영향력에 대한 관심이 일본 내외에서 높아진 것은 일본의 미디어 상품이 세계 시장에 활발하게 수출된 1980년대 말부터였다. 그러나 일본에서는 이미 1950년대부터 국가주의 정서가 불거지며 가전제품의 해외 시장 진출이 거론되었다. 요시미 슌야(吉見, 1988)가 상세히 논한 것처럼 특히 1960년대 초부터 소니, 마츠시타 등 가전 회사들은 광고에서 자사 제품의 세계 시장 진출을 강조하고 '기술 국가주의'로 불리는 국민 자긍심을 높이는 데 한몫했다. 그 광고에서는 일본의 독특한 '솜씨'가 뒷받침이 된 뛰어난 기술력과 섬세함을 갖춘 일본 전자 제품을 세계가 주목하고 있음이 많이 강조되었다. 그러나 요시미가 소니와 마츠시타의 광고 분석에서 밝혔듯이, 일본 가전 회사들이 해외에서 받은 평가를 강조한 시기와 그런 인식이 세계에서 일반화된 시기에는 간격이 있다. 자사 '일본' 제품의 해외 진출이 일본에서 많이 광고된 1960년대에는 일본 가전제품이 세계 시장에서 싼 게 비지떡이라는 이미지로 보였다. 그렇기 때문에 세계를 달리는 일본 상품 이미지를 강조할 필요가 있었다.

그러나 세계 시장에서 일본 제품의 비중이 확실해진 1970, 1980년대에는 앞장에서도 지적한 것처럼 국제화 속에서 일본과 서구 타자와의 문화 경계를 강조하는 식으로 언설이 변화되었다(吉見, 1998: 157-158). 그것은 예를 들어 일본의 중년 남성(배우 보야 사부로)이 '퀸트릭스'*라는 일본식 영어 상품명의 '바른' 발음 방법을 오히려 미국인 남성에게 가르친 것과 같이, 강력한 서구 문화 패권 아래에 있는 일본과 서구 문화의 불균형한 만남을 코믹하게 그린 장면에도 드러나 있다. 이 광고에서는 '서구'의 시선을 매개로 스스로를 문화 본질론적으로 정의하려던 시도에서 일본이 경제력이 뒷받침되자 태도를 바꾼 모습을 보여 준다. 일본은 서구가 일본을 동양적으로 그리는 방식을 교묘하게 역이용하여 스스로를 동양화하는 놀이에 점차 흥미를 갖게 된 것이다. 아이비(Ivy, 1995)는 1970, 1980년대 국철의 국내 여행 캠페인을 분석하면서 1970년대 「일본 발견」에서는 근대화와 서구화로 인해 '잃어버린 일본'에 대한 향수 어린 자기 표상이 보이는 데 비해, 1980년대 「이국적 일본」에서는 서구 오리엔탈리즘의 일본 이미지를 역으로 취해 절·게이샤·후지산 등을 멋지고 세련되게 상징적으로 보여 주면서 도시에 사는 사람들에

---

* 마츠시타가 1974년에 발매한 가정용 컬러 TV의 명칭이다. '퀸트릭스'는 일본식 영어이며, 그 TV광고에서 보야 사부로屋三郎가 외국인에게 "(퀸트릭스라고) 영어로 말해봐", "너 정말 발음 못하는 구나" 하고 비웃는 통쾌한 장면이 있었고 이것이 화제가 되었다.

게 일본 전통 문화의 이국 정서를 불러일으키려 한 점을 지적했다. '일본'이 일본인 스스로를 서구 취향의 이국 정서의 대상으로 삼는 것은 일본인의 시선에 비친 '비일본=서구'와 서구의 시선에 비친 '일본'이 뒤섞여 상호 작용하고 있음을 의미한다. 그리고 콘도(Kondo, 1997)가 말한 것처럼 일본이 스스로를 표상하는 데 서구적 요소와 서구의 시선을 끌어들인 것은 스스로 시작한 정체성 게임에서 일본이 서구를 이겼다는 자신감을 나타내는 것이다. 다시 말해서 일본에게는,

　스스로를 이국 정서의 대상으로 하면서 또다시 '일본'을 본질적으로 상상하기 위해 '서구'를 전유하는 것은 일본이 강대국이 되었다는 것을 보여 주는 역사적·지정학적 관계를 새롭게 설정하는 순간이라 할 수 있다(Kondo, 1997: 84).

서구 오리엔탈리즘의 수사를 손수 새롭게 다듬으면서 경제 대국 일본이 그 수사 속에 포함된 서구의 절대적인 문화 패권을 뒤흔들었다고 선언한 것이다.

　일본과 서구의 권력 관계를 이제 더는 오리엔탈리즘적 이분법으로 설명할 수 없는데, 일본이 서구 문화 패권을 능가했기 때문은 물론 아니다. 그런 의미에서 일본의 셀프 오리엔탈리즘 전략은 여전히 자조적인 면이 있으며, 문화적 약자가 미국 미디어라는 문화 패권과 접촉하는 방식인 '미국 놀이'playing at being American (Caughie, 1990)를 크게 벗어나지 않는다. 코우히는 '미국 놀이'란 종속자에 허락된 게임으로, 미국 문화 수용자가 자신을 관찰자와 피관찰자 처지에 이중으로 동일시하면서 중심인 미국을 객체로 만들어 타자화하는 것이라고 지적했다. 즉 미국 TV프로그램을 보면서 종속자는 자신과 미국 문화 패권의 관계(즉 미국이라는 막강한 이문화를 말단에서 수용한다는 상황)에서 전략적으로 '초월자 태도'를 취한다. '초월자 태도'로 미국

문화에 압도되고 있는 '현실' 바깥에 있으면서 지배 관계에서 자유로운 주체성을 유지하고 있음을 확인하려는 것이다.

일본의 셀프 오리엔탈리즘은 서구 오리엔탈리즘의 시선 자체를 객체화하려 하기 때문에 일본의(에 의한) '미국 놀이'라기보다는 '미국의 일본 놀이'라고 할 수 있다. 여기에서는 지배 관계 바깥에 '일본'이라는 주체를 세움으로써 '일본'이라는 서구 문화의 지배 대상은 유보된다. '미국 놀이'에서는 자기를 주체이자 객체로 이중적으로 동일시함으로써 약자에 허락된 게임과 약자가 시작한 전략이 종이 한 장 차이에 불과한 불안정한 관계가 만들어진다. 이에 대해 '미국의 일본 놀이'는 종속적 처지에 있어야 할 '일본'이 '서구'와 '서구의 일본' 사이의 게임을 관객으로 즐기려는 전략이라고 할 수 있다. 서구 오리엔탈리즘 시선이 지배하는 대상인 '일본'은 실제 존재하지 않음이 게임을 성립시키는 전제가 되고 있다.

그러나 1980년대 말 여러 변화가 일어났다. 일본 경제력이 미국을 능가할 정도로 성장하고 일미 간 무역 마찰이 심화되면서 세계 시장을 석권하는 일본 가전제품의 위력이 일본에서 더욱 국가주의적이고 공격적으로 거론되었다.

> 뛰어난 기술로 대표되는 일본의 이미지가 국제적으로도 인정됨에 따라 일본 '기술'의 유래를 일본 '문화' 고유의 특징에 따라 설명하려는 언설이 다시 부상한 것이다(吉見, 1998: 169).

원래 일본 가전 회사들은 서구 제품을 모방하면서 세계 시장에 진출하기 시작했으나, 일본인의 솜씨와 창조적인 응용 능력과 다른 문화를 토착화하는 힘이 일본을 전지구적 세력으로 격상시킨 원동력으로 다시 주목받게 되었다. 예를 들어 일본에서 높은 지지를 얻은 NHK의 다큐멘터리 시리즈

「전자 입국 일본의 자서전」(1991)이나 영화 「우리는 모두 살아 있다」(1991)의 마지막 장면 등에서도 자타가 인정하는, 세계에서 으뜸가는 일본의 뛰어난 기술력은 그 독창성 넘치는 모방력에 바탕을 두고 있음이 반복되어 강조된다. 일본의 기술력을 그 문화적 특징에 의해 설명하려는 시도는 전직 소니 회장 고 모리타 아키오의 『메이드 인 재팬』(盛田 외, 1987)에서도 볼 수 있다. 미국 독자를 겨냥하여 영어로 출간된 것에서 알 수 있듯이 이 책의 기술 국가주의는 이미 일본 내의 국위 고양만을 목적으로 한 것이 아니었다. 모리타는 소니 상품의 세계적인 이미지가 모방 상품에서 시작해 고품질 기술로 변화된 역사를 더듬으면서, 일본이 세계 대국이 된 과정에는 미국도 배워야 할 점이 많다며 이제는 미국이 일본에게서 배우려는 자세를 갖추어야 한다고 강조한다. 모리타의 이런 자세는 이시하라 신타로와 같이 쓴 책 『노! 하고 말할 수 있는 일본』(盛田&石原, 1989)에서 상세하게 나타나며, 이 책은 일본보다도 미국에서 더 주목받았다. 그 저서에서 이시하라가 미국의 인종 차별적 태도를 공격적으로 비판하고 일본 기술이야말로 21세기를 끌고 갈 것이라 단언한 것은 이미 잘 알려져 있다.

이에 대응하듯이 1980년대 말에 미국을 중심으로 한 서구 선진국에서는 몰리와 로빈스(Morley & Robins, 1995)가 '기술 오리엔탈리즘'이라고 이름 붙인 반일 언설이 대두했다. 그들에 의하면 문화적·경제적 전지구화가 서구의 정체성을 다시 만들어 가면서 오리엔탈리즘적 타자의 표상이 다시 구성되고, 일본은 그 주요 표적이 되었다고 한다. 그러나 서구가 만난 일본은 이미 전근대적 타자가 아니라 고도의 근대화를 이룬, 세계에 자랑하는 기술력을 가진 '하이테크 오리엔트'였고 그렇기 때문에 "일본은 서구의 정치적·문화적 무의식 안에서 위험한 타자로 나타나 근대-전 근대라는 확실한 구도에 따라 규정되어 있는 서양-동양의 관계를 재정립시켰다"는 것이다(Morley & Robins, 1995: 173). 더는 서구 근대의 열악한 모방이라고 무시할 수 없게 된 일본에 대해 서구의 기술 오리엔탈리즘은 일본이 오로지 기술력 향상에만 몰두하여 얼마나 비인간적 사회를 만들어 버리고 말았는지를 강조하면서 서구가 문화적으로나 윤리적으로나 우수함을 주장하려 한다. 즉 일본 기술 문화는 타자와 물리적이고 개인적으로 접촉하지 않고 가상 현실에서 사는 기계 같은 오타쿠를 만들었고, 일본은 자본주의 발전이 가져온 디스토피아로 상징된 것이다(Morley & Robins, 1995: 169). 그러나 몰리와 로빈스(Morley & Robins, 1995: 170)가 말한 대로 서구가 생각하는 '사이보그나 레프리카처럼 감정 없는 외계인' 같은 일본인상 뒤에는 이 돌연변이야말로 미래를 잘 살아가리라는 은근한 질투와 공포가 동시에 엿보인다. 그리고 이런 두 가지 심리야말로 서구 정체성을 위협하는 요인이 되고 있다.

그로테스크 재팬

일본이 경제·기술 대국이 됨에 따라 일본이 스스로 선전하는 문화적 독특함은 이제 단순히 서구 오리엔탈리즘의 시선이 닿는 대상이 아닌, 서구 정체성을 형성하는 데 크게 관여하는 근대 타자로 변했다(Robertson, R., 1991; Miyoshi, 1991). 이에 비해 1990년대 일본 미디어에 나타난 서구 기술 오리엔탈리즘에 대한 반응을 보면 자조적이나마 여전히 '서구의 일본 놀이'를 즐기려는 논조를 엿볼 수 있다. 일부에서는 이를 두고 스스로 비웃는 것이라며 비난하는 논조도 있었지만(『사피오』 1994년 7월 14일호), 홍미롭게도 대부분은 여전히 비인간적으로 일본을 멸시하는 서구의 고집을 비웃었다. 예를 들어 야마가타 히로오는 "이토록 즐겁게 왜곡된 일본인상!" 이란 기사에서 테크노 문화나 섹스 행위 등 괴이한 일본 문화 현상이 미국 미디어에 나타나는 것을 보고했다(山形, 1993: 130-132). 그 가운데

『와이어드』나 『미디어매틱』이란 영어 IT 잡지나 윌리엄 깁슨의 공상 과학 소설이 기술밖에 모르는 비인간적 오타쿠 국가의 예로 일본을 들고 있는 것을 언급하면서, 야마가타는 화를 내도 소용이 없다고 말한다. "실제로 부정적인 일본인상이 알려져 있는 이상 우리는 일본의 왜곡된 모습을 즐길 수밖에 없다"고 한다. 같은 반응은 미국 영화 「떠오르는 태양」의 논평에서도 볼 수 있다. 일본과 미국의 무역 마찰에 자극받아 일본인을 차별적으로 그린 것으로 유명한 원작의 영화화에 대해서 미국 각지에서 일본계 미국인을 중심으로 영화를 보이콧하는 시위가 벌어졌지만(Kondo, 1997: 240-251), 일본에서는 그런 시위가 없었고 미디어의 강한 반감도 찾아볼 수 없었다(斎藤恵子, 1993; 門間, 1998; 167). 전반적인 반응은 분노라기보다는 "아직도 이런 우스꽝스러운 오해를 사고 있다"는 포기에 가까운 차가운 조소였다(えのきど, 1994; 岡野, 1994). 예를 들어서 오카노 히로후미는 「떠오르는 태양」이 일본을 강력히 비판하는 작품이라는 의견은 영화의 본질을 제대로 파악하지 못한다고 평한다. 그 영화에서 보이는 부자연스럽고 왜곡된 일본인상은, 매우 우스꽝스럽게도 미국이 아직 일본 문화를 이해하고 있지 못하다는 점에서 오히려 일본인들이 즐길 만한 작품이라는 것이다.

물론 이런 '왜곡된 일본인상'을 비꼬는 의견은 일본과 미국의 처지가 뒤바뀐 것을 가리키는 것이 아니라 여전히 종속적 위치에 있는 일본이 나름의 전략을 취하는 것으로 볼 수 있다. 그러나 일본에 대한 서구의 오해를 즐기는 전략은 일본 문화 상품의 수출 증대로 국제적으로 유통되고 소비되는 일본 문화와 그 이미지에 대한 관심이 뒷받침되었을 때 자기 방어적인 셀프 오리엔탈리즘에서 벗어나게 된다. 이런 경향은 이미 모리타와 이시하라의 저서에도 나타나 있지만, 1990년대에 들어 세계에서 평가되는 일본의 문화적 영향력은 서서히 일본 미디어와 연구자의 관심을 끌었다. 예를 들어 국제 일본 문화 연구 센터의 이노우에 쇼이치는 1996년에 일본 문화와 상품이 해외에서 어떻게 소비되고 수용되는지에 관한 에세이집인 『그로테스크 재팬』을 출간했다.1) 이노우에는 일본에서 만들어진 문화나 상품이 세계에 퍼져 있는 것을 봐도 이미 놀라지 않게 되었고 서구의 전통적 일본 이미지에 대한 이국 취향에도 이미 질린 상태지만, 그것들이 해외에서 '상대의 편의에 따라 제멋대로 왜곡'되고 예상치 못하게 지역화되고 변용되고 있는 '그로테스크'한 모습에 흥미를 느낀다고 한다. 이노우에는 유도 규칙이 변화되거나 젠이 아무 맥락 없이 백화점 이름으로 사용된 것을 언급하면서, 오해에서 생기는 왜곡을 기뻐하는 자신의 태도를 '순수한 일본 문화의 전파를 바라는 일본인'의 국가주의적 문화 신앙과 구별한다. 하지만 이노우에가 해외에서 그로테스크하게 변화된 일본 문화를 즐기는 모습은 초국가적인 일본 문화력에 심취한다는 새로운 국가주의 욕망에서 벗어나 있는 것은 아니다. 이 점은 서구의 이국 취향적인 일본 이미지에 이노우에가 무관심한 것이 실은 '일본'을 표현하는 주도권을 서구에서 되찾아오려는 강한 욕구에서 나오는 것임을 보여 주는 데서 드러난다. 이노우에(井上, 1996: 187-188)는 일본의 음악가가 일본 고악기를 연주해 이국적인 일본 이미지를 해외에 알리려는 모습을 언급하면서 "솔직히 말하면 이런 음악에서 다소 아쉬움을 느낀다. 결국 일본의 이미지는 외국인이 기뻐하는 이국적 일본이란 말인가? 아무리 애를 쓰더라도 일본인이 세계에 나갈 때는 그렇게 되어 버리는 것일까?" 하고 말한다. 이노우에는 셀프 오리엔탈리즘이 결국 서구 오리엔탈리즘의 손등에서 움직이는 것에 불과하다는 것을 깨닫고 한탄한다. 그런데도 『그로테스크 재팬』은 그런 종속자의 전략을 교묘하게 배제하면서 세계에서 일본의 문화력이 커지고 있음을 알려 준다. 이노우에 자신도 이 점을 인정한다.

그렇다 해도 나는 어떤 면에서는 해외에서 보는 일본 제품을 즐기고 있다. '세계로 웅비하는 일본'을 조롱하면서도 긍정적으로 보고 있는 점은 부정할 수 없다. 그리고 보면 나도 어쩔 수 없이 국가주의자인가(井上, 1996: 217).

『그로테스크 재팬』은 서구를 비롯하여 세계 각지에 퍼진 일본 문화나 상품의 왜곡된 전유를 즐기면서 경제 이외의 상징적 영역에서 영향력이 커진 문화 중심국 일본의 지위를 음미하는 것이다.

연성 국가주의와 그 불안

일본 문화력에 대해 국가주의적 관심이 높아진 것은 해외에서 왜곡된 일본 문화와 상품에 대한 자기 도취적 관찰에서 드러나는데, 애니메이션이나 게임 소프트웨어 등의 세계 보급을 예찬하는 언설에서 더욱 선명하게 드러난다. 앞서 말했듯이 몰리와 로빈스(Morley & Robins, 1995)가 말하는 서구의 기술 오리엔탈리즘이 일본의 현상을 도덕적 퇴폐와 민주주의적 후퇴라며 경멸하는 배경에는 일본 경제를 떠받치는 하이테크 문화 상품이 세계 시장을 석권하는 데 대한 두려움이 있다. 그러나 몰리와 로빈스의 논의가 지닌 문제점은 기술 오리엔탈리즘이라는 용어를 써서 일본의 기술 문화와 오타쿠 문화를 비인간적이라고 보면서도 하드(웨어)와 소프트(웨어)를 제대로 구별하지 못하고 있는 점이다. 그런 논의는 일본의 처지에서 볼 때 일본 문화력이 단순히 뛰어난 기술에만 힘입은 것이 아니라 세계 시장에서 애니메이션, 게임 소프트웨어 등이 누리고 있는 인기에 더 크게 힘입었다는 점을 간과하고 있다. 요컨대 하드웨어 주도의 기술 국가주의는 1990년대에는 소프트웨어, 즉 일본 미디어 콘텐츠의 세계 유통을 칭송하는 연성 국가주의로 서서히 변화되었다.

예를 들어 1992년에 정보 잡지 『데님』(1992년 9월호, 143쪽)은 하드웨어를 제외한 일본이 만든 세계 상품을 특집으로 음식·물수건 제공 같은 서비스·패션·애니메이션·게임 등을 들어 일본이 세계에 끼치는 문화적 영향력을 강조했다(같은 주장으로 野田, 1990).

누가 일본이 세계에서 문화나 좋은 상품들을 수입할 뿐 독자적인 것을 갖고 있지 않다거나 세계에서 알아주는 것이 없다고 했는가? 이제 일본의 관습, 제품, 시스템은 세계를 석권하고 있다!

이 관심은 1995년『세계 상품을 만드는 법 — '일본의 미디어'가 세계를 제압한 날』(アクロス編集室 편)에서 더욱 증폭된다. 책의 앞부분에서는 전세계에 미치는 문화의 영향력이라는 관점에서 일본 문화를 다시 보는 것이 목적이라며 이런 의문을 던진다.

한 나라가 경제적 전성기를 누리면 그 힘만큼 대중문화를 만들어 내는 것이 역사의 원칙이다. 대영제국 시대의 영국, 제2제정 시대의 프랑스, 바이마르 시대의 독일, 1950-1960년대 미국도 그랬다. 그렇다면 1980년대 일본은 세계에 무엇을 만들어 내보냈는가?(アクロス編集室, 1995: 6)

편집진은 1980년대 말에 워크맨을 '세계 상품'이라고 이름 붙이면서 '전세계에 퍼져 사람들의 생활양식에 변화를 가져온 물건'의 전형으로 꼽았다. 이 책에서는 '세계 상품'을 게임, 애니메이션, 아이돌 시스템 등 세계에 영향을 끼치는 '일본이 만든 미디어'로 확대하고 있다. 이렇듯 하드웨어에서 소프트웨어로 관심이 변화한 것은 책의 첫 장에 실린 워크맨을 디자인한 구로키 야스오와 인터뷰한 내용에서 상징적으로 드러난다. 구로키는 일본 제조업의 문제점으로 창조성이 떨어진다는 점을 지적하고 일본의 회사 문화를 바꾸어 가야 한다고 주장하면서(같은 논의는 武田, 1995), 하드웨어 기술은 쉽게 구식이 되므로 소프트웨어에 승부를 거는 것이 중요하다고 강조한다. "일본인은 워크맨을 만들어 냈지만 워크맨으로 들어야 할 음악을 스스로 만들지 못한다. 그래서 뭔가 아쉽다." 전세계인이 음악을 듣는 방식을 바꾼 이 워크맨 디자이너는 일본이 소프트웨어를 제작할 능력이 부족함을 알고는 세계에 미치는 문화적 영향력에 한계를 느꼈다고 한다. 그러나 구로키는 곧이어 일본 애니메이션이나 컴퓨터 게임 소프트웨어가 세계 시장을 석권하고 있음을 언급하며 "이제부터는 반대로 소프트웨어의 힘으로 세계에 나아간다는 역전"이 있지 않을까 하고 희망을 기울인다.

구로키의 기대는 일본에서 경제 불황이 지속되면서 멀티미디어 비즈니스와 관련된 애니메이션·컴퓨터 산업의 중요성을 알아차리게 된 때와 맞물려 있다.2) 소위 거품 경제 붕괴 이후 경제 침체 속에서 일본 애니메이션과 게임 소프트웨어의 세계적인 인기는 일본 경제의 미래에 가녀린 희망을 던져 주었다. 만화, 애니메이션, 컴퓨터 게임, CD-ROM, 영화 등 여러 분야에 걸쳐 있는 멀티미디어 비즈니스는 '오락 슈퍼 시스템'으로 전지구적 엔터테인먼트 시장을 지배할 것이고(Kinder, 1991), 일본의 애니메이션과 게임 소프트웨어 제작 능력은 업계에서 중심 역할을 할 가능성이 크다고 예상되었다. 소니가 1996년에 내세운 '디지털 드림 키즈'라는 새로운 슬로건에서 보이듯 기존 제조업에 이끌려 온 일본 경제의 한계가 드러나면서 멀티미디어 비즈니스에 대한 기대가 서서히 높아진 것이다(『다임』1991년 2월 7일호, 『니혼케이자이신문』1996년 2월 15일, 『닛케이 트렌디』1998년 12월호, 『아사히신문』2001년 1월 9일).

일본 정부도 이에 자극을 받아 1998년에는 문화청이 국내 애니메이션·만화·컴퓨터 그래픽 산업의 육성을 목적으로 도쿄에서 미디어 아트 축제를 열었다. 그리고 아시아 시장에서 일본이 만든 소프트웨어 해적판의 단속을 강화하기로 했다(『아사히신문』 1998년 1월 22일). 애니메이션 등은 여전히 일본의 하찮은 문화로 간주되는 경향이 있지만, 애니메이션이나 컴퓨터 게임은 일단 공식 인정된 '일본 문화'가 되었고, 그런 소프트 콘텐츠를 중심으로 한 멀티미디어 산업에 거는 기대가 일본의 자긍심을 자극했다.

그러나 미국의 배급력 없이 일본 애니메이션의 전지구화가 있을 수 없던 것처럼 일본의 연성 국가주의도 여전히 서구의 시선을 필요로 한다. 잘 알려진 것처럼 일본 애니메이션이 가장 인기를 끌고 있는 곳은 아시아 지역이다. 그곳에서는 서구와 달리 폭넓은 장르의 애니메이션이 받아들여지고 아이들이 만화책을 일상적으로 본다. 그러나 만화나 애니메이션이 아시아에서 아무리 인기를 얻는다 해도 그것만으로는 일본의 국가주의적 자긍심을 충족시키지는 못한다. 일본이 전지구적으로 문화적 영향력을 가진다는 기분이 들려면 서구 시장에서도 받아들여져야 한다. 예를 들어 1990년에 『아에라』(6월 12일호)는 일본 만화의 즐거움과 흥분이 서구에는 전해지지 않는다는 내용의 기사를 게재했다. 그 기사는 일본 만화의 코믹함을 검증한다는 특집에서 만화를 통해 서구와의 문화적 차이를 부각시키려고 했다. 기사는 아시아에서 보이는 일본 만화의 인기를 언급하면서도, 줄거리가 감정적이고 그림도 단조롭고 평면적이기 때문에 서구에서는 받아들여지지 않는다는 내용이었다. 그러나 그로부터 6년 뒤 같은 잡지에서 「일본 애니메이션에 세계가 뜨거운 시선을 보내고 있다」(『아에라』 1996년 7월 29일호)는 특집 기사를 실었다. 1990년대 들어서 일본 애니메이션이 미국·프랑스·이탈리아 등 서구 여러 나라에서 인기를 끌고 있다면서, 일본의 독특함을 검증하는 내용에서 전지구적인 일본 문화의 힘을 증명하는 것으로 논조가 확실히 변하고 있다. 이런 논조는 여러 잡지나 신문에 나타났고 보수적 격주간지 『사피오』(1997년 2월 5일호, 6월 11일호)에서도 애니메이션과 게임 소프트웨어를 세계에서 자랑할 수 있는 문화 상품의 예로 들면서 일본 애니메이션과 게임 소프트웨어가 '세계를 정복했다'고 찬미했다(『호소분카』 1994년 10월호, 『엘르 일본판』 1996년 4월호, 『바트』 1996년 1월 22일호, 6월 23일호, 『니혼케이자이신문』1996년 5월 25일, 浜野 1999).

이와 같이 일본 애니메이션과 게임 소프트웨어가 서구 오리엔탈리즘의 대상인 게이샤나 사무라이 이미지의 자리를 메웠다고 해도, 일본의 연성 국가주의가 서구 시선에서 만들어지고 있다는 점에서 기술 오리엔탈리즘과 여전히 깊은 공모 관계에 있다고 할 수 있다(上野俊哉, 1996a; 毛利, 1996). 그러나 일본이 이미 자조적인 논조를 띠지 않게 되었고 자화자찬 투로 변했다는 점을 과소평가할 수는 없다. 거기에는 이제까지 '특정 문화의 색채를 띠지 않는다'고 여겨진 일본 문화 상품에 긍정적인 일본다움과 일본 색채를 입히려는 적극적인 자세가 포함되어 있음을 알 수 있다. 예를 들어 다케무라 미츠히로는 『디지털 재패네스크』에서 전지구화된 디지털 시대에서 중심 산업으로 자리 잡아 가는 엔터테인먼트 산업을 발전시키기 위해서는 일본의 문화 산업을 대폭 수정할 필요가 있다고 제안했다(武邑, 1996). 그는 이제 일본이 아무 색채가 없는 상품을 세계에 내보내는 것만으로는 충분하지가 않다며 일본의 정체성과 감성을 강하게 드러내는 상품이 아니면 전지구적 보편성을 얻을 수 없다고 강조한다(武邑, 1996: 197-198). 일본의 '문화 DNA' 를 재평가하고 새로운 국가 정체성을 만들면서 서구의 싸구려 재패네스크로 부터 일본의 전통 감성을 구해내 일본인이 손수 만든 세계 상품에 새 정체성을 불어넣어야 한다는 것이다.

애니메이션·만화·게임 소프트웨어의 세계 진출에 관한 가장 열렬한 예찬 자는 오카다 도시오일 것이다(岡田, 1995; 1996; 1997). 오카다는 다양한 잡지 와 저서에서 일본 오타쿠 문화의 세계적 의의에 대해 논하고, 도쿄 대학에서 1996년부터 오타쿠학 세미나를 개설했다. 그에 의하면 영화·음악·패션 등의 분야는 거의 서구 문화에 지배되어 아무리 일본이 교묘하게 모방하고 일본식으로 재배열해도 결코 세계의 중심은 될 수 없고, 설령 일본이 소멸된다 해도 이들 분야에 문화적으로 어떤 충격도 주지 않을 것이라고 한다. 그는 미국이 일본의 만화 제작에 커다란 영향력을 끼친 것을 인정하면서도 오타쿠 문화만은 예외적으로 일본이 세계의 메카로 자랑할 수 있게 되었음을 역설하고, 일본 내에서도 미야자키 즈토무 사건* 이래 부정적인 의미로 쓰여온 '오타쿠'라는 말을 긍정적으로 바꿔야 한다고 주장했다. 최근 그는 서구의 기술 오리엔탈리즘 언설 중 일본 애니메이션 문화의 보급이 '디지털 파시스트'라는 그릇된 일본인상을 퍼뜨린다는 것에 대해 불쾌감을 드러내면서 서구와의 '문화 전쟁에 승리'하기 위해서 애니메이션·만화 등 일본의 이미지 자산을 효과적으로 이용하자고 강조한다(岡田, 2000).

이렇게 오카다의 논의도 서구의 시선에 비친 것임이 명백하고, 또 그의 오타쿠 문화에 대한 평가도 서구에서 이를 '열광적'으로 수용하고 있음을 관찰한 결과다. 예를 들어 미국이나 프랑스에서 일본 애니메이션의 캐릭터 의상을 입은 팬들의 코스프레** 행사 모습은 서구의 '일본화'를 증명하는 것으로 일본 미디어의 관심을 모았는데(『주간 신초』 1996년 7월 24일호, 『주간 분슌』 1996년 9월 5일호, 『아사히신문』 1997년 10월 23일, 『뉴스위크 일본판』 1997년 7월 30일호), 그곳에서 오카다는 자주 서구 '오타쿠'의 탄생을 목격하고 해석하는 역할을 맡았다. 그에 의하면(1996: 52-56, 『주간 요미우리』 1996년 6월 2일호, 30-31쪽) '오타쿠'는 이제 미국에서 매우 멋진 의미로 쓰이고 일본 애니메이션 문화는 서구 시청자에게 일본에 대한 동경을 불러일으키고 있다고 단언한다. 그리고 인기 만화 『오렌지 로드』중에서 주인공 남녀가

---

* 1989년 발생한 여자 어린이 연속 유괴 살인 사건.

** 코스튬costume과 플레이play가 합쳐진 말. 일본 애니메이션의 캐릭터를 옷부터 소지품까지 완벽하게 모방하는 것.

상대에게 애정을 결코 직접적으로 드러내지 않고 끝까지 엇갈림을 반복하는 점을 언급하면서, 이런 '일본식' 연애 관계라든지 대인 커뮤니케이션을 많은 미국인이 유치하고 시시하다고 여겨 왔지만, 인터뷰 결과 이에 빠진 젊은이들이 미국에 있음을 지적했다. 더욱이 이런 미국 팬 중에는 일본을 방문하여 좋아하는 애니메이션의 무대가 된 일본 거리를 보고 걸으며 문화를 접하고 싶은 꿈을 가지며, 왜 일본에서 태어나지 않았을까 후회하고 일본인이 되고 싶어 하는 사람들도 적지 않다고 한다(岡田, 1995; 1996). 그리고 오카다(岡田, 1995: 43)는 미국 대중문화를 통해 미국이라는 자유롭고 과학이 진보한 민주주의 국가를 동경했던 자신들의 과거 모습과 열광적인 미국 오타쿠의 모습을 비교하면서 서구 오타쿠에게 일본은 이제 미국보다 '멋진' 나라로 느껴진다고 주장한다(賀茂, 2000).

전지구적 문화 왕래의 복잡성

그러나 애니메이션 등 일본이 만드는 소프트 콘텐츠의 세계 진출을 칭송하는 국가주의 언설은 극히 불안정한 기반 위에서 이루어지고 있음을 다시금 강조할 필요가 있다. 이 언설에는 일본 애니메이션을 긍정적으로 평가하지 못하게 하는 서구의 문화적 패권에 대한 불만뿐만이 아니라 일본 애니메이션이 언제 인기를 잃을지 모른다는 위기의식 같은 것이 깔려 있다. 미래에 대한 전망이 밝은데도 일본에서 애니메이션 산업에 대한 자본 투자는 충분하지 못했고(武邑, 1996: 72-105), 애니메이션 업계는 여전히 저소득과 장시간 노동이라는 열악한 환경에 놓여 있었다. 오시이 마모루가 말한 대로 지원이 없는 한, 재능 많은 작가는 해외로 나가 버리고 일본 애니메이션 산업은 앞으로 쇠퇴할 것이 분명했다(『닛케이 엔터테인먼트』 1997년 5월호).

한편, 전세계에 퍼져 나간 일본 애니메이션은 자본화되고 모방되고 연구되고 토착화되었다. 1990년대 중반에 미국 기업은 일본 애니메이션 산업에 자본을 투자하기 시작했다. 할리우드는 다시 일본 애니메이션에서 힌트를 얻어 새로운 애니메이션 컴퓨터 그래픽의 장르를 개척하는 데 목표를 두었고, 이를 위해 일본의 애니메이터가 미국 기업에 고용되었다(『아에라』 1996년 7월 29일호, 『니혼케이자이신문』 1997년 1월 5일, 6월 9일). 미국 제작사는 일본 애니메이터와 손을 잡고 '재패니메이션'을 미국에서 만들기 시작했고(『닛케이 트렌디』 1996년 10월호, 大畑, 1996), 한국 정부는 국내 애니메이션 산업의 육성을 장려하여 한국 경제 발전에 공헌하도록 했다. 한국 대기업은 이미 일본과 한국의 애니메이션 산업 쌍방에 자본 투자를 시작하여 애니메이션 산업에 참여하고 있다(『니혼케이자이신문』 1996년 9월 3일, 『아에라』 1996년 7월 29일호).

이런 상황에서 일본 애니메이션은 과거의 우키요에*에 비교되고, 일본이 제대로 평가하지 못한 미적 가치를 서구가 캐내어, 또다시 많은 것이 해외로 유출되는 상황을 겪지는 않을까 하는 비관적인 논조가 일본 미디어에 자주 등장했다(『다임』 1994년 10월 6일호, 『바트』 1996년 1월 22일호, 『닛케이 트렌디』 1996년 10월호). 일본 경제의 미래를 책임질 수도 있는 디지털 소프트웨어 산업의 육성을 게을리했다는 비판에 대해 앞서 말했듯이 일본 정부도 뒤늦게나마 멀티미디어 콘텐츠에 대해 지원을 시작했지만 실질적으로 성공을 거두지 못하고 있으며 일본 애니메이션의 추락에 대한 걱정은 더욱 깊어졌다(『주오코론』 2000년 9월호).

일본 문화 수출에 관한 국가주의적 언설이 불안정하다는 것은 초국가적

---

* 浮世繪. 에도 시대에 풍속을 소재로 하여 유파를 형성한 화가들의 그림이다. 17세기 후반 히시카와 모로노부에 이르러 크게 발전했다. 씨름이나 극장의 풍경, 서민들이 좋아하는 인물 및 풍경을 주된 소재로 했다. 대표 작가로는 우타가와 히로시게, 가츠시카 호쿠사이 등이 있다.

문화 수용의 복잡성을 무시하는 상황에서도 드러난다. 일본 애니메이션과 만화의 세계 진출을 높이 평가하는 논의는 다른 미디어 연구자와 비평가에게 늘 비판받아 왔다. 실제 서구의 일본 애니메이션 팬은 매우 한정되어 있고, 애니메이션과 게임 소프트웨어로 세계를 '일본화'한다는 주장이 터무니없다는 지적과 함께(『닛케이 엔터테인먼트』 1997년 5월호 48쪽, 小野 1998) 애니메이션에서 '일본다움'을 적극 찾아내려는 행위 자체의 무익함, 무의미함이 특정 문화의 색채를 띠지 않는 일본 애니메이션의 성격과 맞물려 언급되고 있다(大塚, 1993; 上野俊哉, 1996b; 毛利, 1996).

그렇다고 해서 일본 애니메이션이 소위 '문화적'인 요소를 전혀 지니고 있지 않다는 것은 아니다. 미국 팬들이 매료된 일본 애니메이션에 그려진 로맨스는 틀림없이 일본의 문화 시스템에서 생겨난 것이다(Newitz, 1995: 12). 그리고 포켓몬스터를 비롯한 일본이 만든 애니메이션이나 게임 소프트웨어가 세계적 차원에서 뭔가 문화적 영향력을 미치고 있음은 누구나 알고 있는 사실이다(賀茂, 2000). 그러나 오카다 도시오가 일본 애니메이션의 세계 진출을 기존의 미국화와 쉽게 비교하려고 할 때, 애니메이션을 보면서 어떤 '일본다움'을 분명하게 인지한다는 것인지 의심스럽다. 일본 애니메이션의 세계 제패라고 떠들어대도 결국 그것은 일본다움이 열어진 무국적성에 의한 바가 크고(大塚, 1993), 우에노 도시야의 말처럼(上野俊哉, 1996b: 186) 일본 애니메이션은 "적극적으로 무국적성을 띤 영상 문화로서만 '일본적'으로 보이는" 것이 아닐까? 만약 일본 애니메이션이 의식적으로든 아니든 '일본적'인 맥락이나 외관, 용모 등의 특징을 없앤다면 서구 시청자가 '일본이 멋있다'고 할 때 그/그녀들은 애니메이션에서 어떤 '일본적'인 생활양식을 감지하는 것일까? 그들의 '동경' 대상은 애니메이션에 나오는 '가상의' 일본인가? 애니메이션에 한정하지 않더라도 초국가적 미디어 텍스트의 소비는 어떤 의미에서는 자기 멋대로의 독백 같은 것이라 할 수 있다.

미디어 텍스트나 문화 상품을 소비하면서 이국 문화를 '동경'하는 심리를 좀 더 깊이 생각해 보면, 그 텍스트나 상품을 생산한 나라나 지역의 근대 문화 체계의 복잡성이나 허구성을 맹목적으로 받아들인다는 것을 알 수 있다. 그런데 애니메이션은 캐릭터를 국적 없이 그려 내어 이 문제가 한층 더 선명하게 드러난다. 일본 애니메이션 수용에 관한 상세한 사례 연구를 하지 않은 상태에서 단언할 수는 없지만, 이런 점을 살펴보지 않고 일본 애니메이션이 세계에서 수용되는 현상을 기존의 미국화에 견주려는 오카다 의 논의는 타당성을 잃고 있다고 할 수 있다.

또 오카다의 논의는 초국적 문화 소비에 내포된 모순과 권력의 불균형에도 주의를 기울이려 하지 않는다. 「오렌지 로드」에서 '일본식' 로맨스는 확실히 미국의 일부 남성팬을 매료시켰을 것이다. 미국의 연구자 뉴이츠(Newitz, 1995: 6)가 말한 대로 그것은 미국과는 달리 '성적 만족에서 오는 것이 아닌 로맨틱한 감정에 근거한 남녀간 연애 관계에서 드러나는 남자다움의 형태'를 상징했다. 그러나 뉴이츠가 지적한 대로 이 일본적 로맨스가 미국에 서 호의적으로 수용된 것은 그런 남녀 관계가 남아 있었을 때인 1950, 1960년대 미국을 떠올리게 한다는 데서 비롯된 것임을 지나칠 수 없다. 6장에서 소개하겠지만 이는 일본에서 아시아 대중문화가 소비되는 것이 일본과 아시아 사이에 발전 시간의 간격이 존재함을 느끼고 그것에서 일본의 우위를 확인하는 것과 연결된다. 이런 향수는 미국 시청자가 여전히 일본을 같은 시대, 같은 시간을 살아가는 동등한 주체로 인정하고 있지 않음을 의미하는 것일지도 모른다. 다시 말해서 미국에서 '일본식' 로맨스가 호응을 얻으며 수용되는 현상은 미국과 일본의 관계가 불균형을 이루고 있다는 것을 인식하고 드러내는 것이라고 생각할 수도 있다.

일본 문화 상품의 세계 유통을 기존의 미국화 패러다임과 연결지으려는 경향은 국제일본문화연구센터의 이노우에 쇼이치의 동료, 시라하타 요자부로(白幡, 1996)의 『가라오케, 애니메이션이 세계를 누빈다』에서도 볼 수 있다. 이 책은 만화·가라오케·게임 소프트웨어·식문화·일본식 분재·하이쿠 등으로 표상되는 일본 문화의 영향력을 세계 각지의 소비 활동 면에서 논하고 있다. 시라하타의 관심도 이노우에 같이 일본의 문화 상품이 해외에서 어떻게 수용되고 있는지에 관한 것이다. 시라하타는 일본의 애니메이션이나 게임 소프트웨어는 '특정 문화의 색채를 띠지 않으며' '무국적성'을 띤다면서, 이것들은 이제까지의 일본 '고급(전통) 문화'와 달리 '일본다움'을 강요하지 않고 그 사용 가치를 해외 소비자들의 다양한 기호嗜好와 문화 전통에 맡기고 있다고 말한다. 세계에 퍼져 있는 것은 일본 색채를 띠지 않고 각 지역 토양에서도 적응력이 뛰어난 '연성 문화 상품'이며 일본 문화의 보편성이란 세계 각지에서 '소위 그중의 무국적성을 띤 부분, 누구라도 받아들일 수 있는 측면만이 분리되어 흡수된 것'이라고 한다. 즉 해외에서 일본 문화 같은 이문화가 차용되는 현상이야말로 일본 문화 상품이 보편적임을 의미한다는 것이다.

　이런 분석은 언뜻 피코 아이어의 『비디오 같은 카트만두의 밤』을 떠오르게 한다. 2장에서 말했듯이 이 책은 아이어가 아시아 각지를 여행하고 나서 미국 대중문화가 아시아 여러 지역에서 창조적인 방법으로 소비되고 토착화되고 있는 모습을 기술한 것이다. 아시아 각지에서 미국 문화 패권과 접촉하는 과정에서 볼 수 있는 것은 문화 경계를 넘은 혼종화에 따라 무수히 많은 문화 혼합체가 만들어지는 역동적인 모습이다. 아파듀라이(Appadurai, 1996: 29)가 말한 것처럼, 이런 현상은 아시아에서 작동하는 서구 문화에 대한 수동적 자세와 서구 문화를 향한 끝없는 욕망에 의해 감추어져 있고 "전지구적 문화 시스템이라는 것이 있다면 그 시스템은 비웃음과 저항에 가득찬 것"으로 표현된다.

　그러나 이런 초국가적인 문화 왕래에서 보이는 '비웃음과 저항'이 시라하

116

타의 논의 속에는 보이지 않는다. 오히려 시라하타의 관심은 이노우에와 같이 '세계를 여행하는 일본 문화'에 있고, 그 논조에는 일본 문화가 세계를 석권하고 있는 것에 대한 자기 도취감이 엿보인다. 다시 말해서 아이어가 지역 문화 소비와 수용의 장을 통해 미국 문화의 전지구화가 역설적이게도 미국 문화 패권의 실추를 가져왔음을 보여 주려 했다면, 시라하타는 반대로 세계 각지에서 일본 문화가 지역적으로 변화되는 것에서 그 융통성과 유연성을 찾아내 일본 문화의 영향력이 세계적으로 높아졌음을 자랑스럽게 보여주려 한다. 이 점은 시라하타(1996: 242-243)가 일본의 문화 수출을 손님이 좋아하는 것을 직접 고르는 회전 초밥에 비유하면서 전후 미국 문화에 빠진 자신의 과거 경험을 떠올리는 대목에서 단적으로 드러난다.

생각해 보면 그 시절 나는 받는 쪽에 있었다. 미국의 생활 문화에 빠지고 동경하며 쫓아다니는 쪽이었다. 그러나 지금은 무언가를 내보내는 쪽에 있다. 건강을 위해 회나 두부를 찾는 서구 사람들도, 도라에몽 만화를 정신없이 보는 아시아 아이들도, 일본 TV애니메이션에 눈을 반짝이는 전세계 소년 소녀들도 과거의 내 모습과 닮았다는 생각이 든다. 당시에는 미국이 소위 문화의 회전 초밥집을 꾸려 오락이나 식품이나 편리한 생활용품을 회전 벨트에 놓아 세계에 내보냈다. 당시는 가난하고 열렬한 '손님'이던 일본은 이제야 가게를 여는 쪽으로 바뀌었고 그것도 막강한 수출국이 되었다.

시라하타는 세계 각지에서 보이는 일본 문화나 상품의 소비 방법을 세심하게 관찰하여 일본 문화의 보편성을 지역에서 일어나는 문화 변용과 연결시키면서, 오카다와 마찬가지로 일본의 문화 수출을 기존의 미국화와 비교하려한다. 시라하타의 논의는 아쉽게도 혼종주의에 관한 언설처럼 전지구적문화 왕래의 복잡성과 모순에 충분히 눈을 돌리지 않고 '세계를 여행하는 일본 문화'를 자화자찬하는 데 그치고 만다.

다른 시각에서 본다면, 이런 일본의 연성 국가주의 언설은 이문화 수용과 토착화라는 예측 불가능한 과정에서 특정 문화를 수출하는 국가가 문화적으로 우위에 있다는 것을 주장하는 것이 무익하고 불가능해지고 있음을 애써 무시하려는 경향이 있다. 물론 미국이나 일본이라는 문화 상품의 주요 수출국이 상대적으로 강한 문화 생산력을 갖고 있음을 부정할 수는 없다. 그러나 전지구화가 진행되면서 문화 상품과 그 생산 및 유통을 장악하는 산업의 국적을 한 국가로 한정할 수 없고, 특정 국가나 문화의 패권적 절대성은 지역에서 이루어지는 문화 수용의 역학 속에서 녹아 버린다. 그와 동시에 서구의 문화 패권은 여전히 막강한데, 일본의 애니메이션은 추락하고 있는 것에 대한 불안이 자리한다. 일본 문화의 해외 변용과 소비를 자기 도취적으로 읊는 연성 국가주의는 일본 문화 수출이 활발해진 배경에 다양하게 존재하는 빈정거림과 걱정을 일시적으로나마 가려 준다.

아시아 문화 외교, 일본 문화 수출이란 사명

연성 국가주의 언설이 내포하는 모순과 불균형은 일본이 대중문화를 아시아 시장에 수출하는 데서도 선명하게 드러난다. 애니메이션이나 게임 소프트웨어의 세계 시장 소비가 일본의 전지구적인 문화적 우위성을 칭송하는 언설을 자극하는 것과 같이 1990년대 들어 TV프로그램이나 대중음악 등 일본 대중문화가 아시아 시장에서 호의적으로 받아들여진 사실이 일본에서 주목을 끌었다. 한편, 앞장에서 지적했듯이 이런 현상은 일본과 다른 아시아 나라들 사이에 인종적·문화적 유사성과 공통성이 있음을 의미하는 것으로 사정에 따라서 달리 해석되면서 일본의 문화적 우위성을 끌어내는 낯익은 논리가 전개되었다. 그러나 아시아 지역에서 보인 일본 대중문화의 확산을 국가주의적으로 칭송하는 '아시아의 일본화'설에 여러 학자나 저널리스트들이 의문을 던지고 반론을 폈다. 그 이유 중 하나는 1장에서 본 것처럼 일본의 문화 수출은 막강한 경제력을 반영한 것에 지나지 않고 문화력은 미미하지 않나 하는 것이었다. 그런 의문은 또 일본과 다른 아시아 나라들이 문화적으로 가깝다고 강조하는 것과는 다른 맥락에서 일본이 아시아 지역에 문화를 수출하는 데 '색채를 띠지 않을' 수 없는 것과도 밀접하게 관련되어 있다. 즉 일본이 아시아 지역으로 문화를 수출한다는 사실은 일본인 관찰자로 하여금 전후 일본이 아직도 진지하게 직면하지 않고 있는 일본의 제국주의·식민주의 지배와 경제 착취의 역사, 그 과정에서 새겨진 지울 수 없는 '아시아'와의 불균형 관계와 반드시 맞닥뜨릴 필요성을 깨닫게 한다.

예를 들어 이가라시 아키오(五十嵐, 1998: 17-18)는 아시아에서 보이는 '일본화' 현상은 다분히 물질주의적 영향력 탓이라고 지적한 다음, 일본인 관찰자로서 스스로 의문을 제기했다.

여기저기에 일본 대중문화의 영향과 그 흔적이 있다고 생각하는 것은 일본인들의 소박한 국가주의 아니면 자의식 과잉 또는 '대국 의식'의 발현이 아닐까? 일본화라는 문제를 생각할 때 특히 일본인들은 자기 안에 있는 이 함정을 살피지 않으면 안 된다.

5장에서 상세히 논하겠지만 아시아 소비자가 일본 대중문화에서 어떤 매력을 찾아내고 있는지를 검토한다면 일본 대중문화의 아시아 수출을 물질주의 관점에서만 해석하는 것은 타당하지 않음을 알 수 있다. 그러나 과거 침략국이면서 여전히 경제 착취를 이어가고 있는 일본의 문화가 아시아 지역에서 호의적으로 수용될 리가 없다거나, 적어도 일본인 관찰자가 그런 현상을 무비판적으로 논하는 것은 위험하다는 등의 이가라시의 자기 경계를 간과할 수는 없을 것이다.

일본의 아시아 침략사에 자기 비판적이면서 일본의 영향력이 아시아 지역에서 얼마나 막대한가를 논한 대표작으로 요시오카 시노부의 논픽션 『일본인 놀이』(1989)를 들 수 있다. 『일본인 놀이』는 1980년대 중반 태국에서 일본인 총영사의 딸 행세를 하며 주변 태국인들을 기만한 14세 태국 소녀의 발자취를 더듬으면서 태국에서 일본이 갖고 있는 막강한 경제력과 소비 문화의 비중을 깊이 살핀 뛰어난 작품이다. 요시오카는 이 사건을 조사하는 과정에서 정말로 '일본인 놀이'를 한 것은 소녀가 아닌 속임을 당한 사람들이 아니었나 하고 생각하게 된다. 사건의 배경에서 일본과 태국 사이의 의심할 바 없는 경제 격차와 태국 사회에 일본 상품이 흘러넘치는 것을 목격한 그는, 과거 반일 운동이 한창일 때와는 대조적으로 순진하게 일본 상품과 대중문화를 소비하고 모방하는 태국 젊은이들의 '건전함', '순진함'에 큰 '공허감'을 느낀다. 요시오카는 태국인의 정체성이 대국의 위협을 받고 있는데도 태국 젊은이들이 그 상실감, 공허감을 알아차리지 못한다고 말한다. 그리고 그는 그들이 은연중에 '일본인 놀이'를 하고 있는 것 자체가 태국 사회가 일본이라는 선진국에 압도되고 있음을 상징하는 것이 아닌가 하고 죄의식과도 같은 걱정을 한다.

요시오카의 논의는 문화 제국주의 언설과 함께 과연 한 나라의 소비자가 대국의 미디어와 소비 문화에 의해 '의미의 수준'에서 지배된다는 것은 어떤 것일까, 그러한 일이 실제로 벌어질 수 있을까 하는 질문에 납득할 만한 답을 제시한다고는 할 수 없다. 그러나 1990년대에 들어 이런 일본화의 위협이 일본의 침략사를 잊을 수 없는 아시아인들 사이에 선명하게 인식된 것은 사실이다. 예를 들어 한국에서 1995년에 실시된 여론 조사에서 절반에 가까운 사람들이 일본 문화의 수입 개방에 반대하는 입장을 취했고 절반 이상의 사람이 일본 영화를 보거나 음악을 듣는 것에 저항감을 느낀다고 답하고 있다(『아사히신문』 1995년 7월 29일).[3] 그리고 인도네시아의 저널리스트는 일본을 '아시아의 미국'이라 부르며 일본이 경제적·문화적 영향력을 넓힘에 따라 서서히 다른 아시아 나라들에 대해 오만해지고 있다고 비판한다 (Choi, 1994: 148). 아시아에서 일본의 문화적 영향력이 미국과 비교할 수 없을 정도라 하더라도, 다른 아시아 사람들, 특히 지식인들에게 일본의 영향력은 과거에도 현재에도 매우 작지만 무시할 수 없을 것이다.

이와 맥을 같이하여 아시아 지역에 일본의 대중문화를 수출하는 것이 곧 일본의 문화 외교를 추진하는 것이라는 연성 국가주의 언설이 그 모습을 드러냈다. 일본의 저널리스트, 학자, 관료들 사이에서 일본이 아시아 지역으로 문화를 수출하는 행위가 '국익'과 연결되어 논의되었다. 애니메이션이나 게임 소프트웨어의 세계 유통이 전지구적 세력이라는 일본의 자긍심을 자극하여 일본 산업계의 밝은 전망으로 받아들여진 것과 관련하여 일본이 아시아에 대중문화를 수출하는 것이 비즈니스 기회라기보다는 일본 이미지를 향상시켜 과거 일제 침략에 대한 후유증을 희석시킬 가능성을 지닌다는 점을 주목한 것이다. 일본 TV프로그램이나 팝 아이돌이 아시아 시장에서 높은 인기를 끌고 있는 것은 그것들이 일본 제국주의의 역사를 뛰어넘어 어떤 매력을 드러내기 때문이라 여겨지고, 특히 전쟁을 모르는 젊은 세대에게 현대 일본의 '인간다운' 이미지를 알리는 역할을 할 것으로 기대되었다. 즉 대중문화는 일본의 문화 외교를 높이는 사명을 추진하는 데 유용하다는 것이다.

1988년에 다케시타 수상이 검토회를 창설한 것을 비롯하여 일본 정부는 일본의 국제 관계 이해를 '바르고 깊게' 하기 위해서 TV프로그램을 아시아 지역에 수출하는 것에 관심을 기울였다. 그 가운데서도 NHK의 드라마 시리즈 「오싱」은 그 목적에 가장 적합한 것으로 주목을 받았다. 1984년에 싱가포르에서 방영된 이후 약 50개 지역에 수출되었는데 대부분의 경우 국제 기금의 문화 교류 프로그램으로 무상 배포되었다. 「오싱」은 그 많은 수출 대상국인 비서구 나라들에서 세계를 석권한 미국 드라마 「달라스」나 「다이너스티」보다 높은 시청률을 자랑했다(Singhal & Udornpim, 1997; Lull, 1991). 이런 호의적 수용을 보고 국제교류기금의 월간지 『국제교류』(64호, 1994년)는 전자 미디어를 통한 일본과 아시아 사이의 국제 문화 교류의 가능성을 특집으로 실었다. 그리고 NHK인터내셔널은 1991년 일본에서 「오싱」에 관한 국제 학회를 열면서 그 기록을 책으로 펴냈다. 그 학회에서는 「오싱」으로 대표되는 일본 TV프로그램의 보편성과 그것을 통해 일본의 '인간다운' 이미지를 세계에 알릴 수 있는 더 많은 가능성에 대해 논의가 오갔다(NHK인터내셔널, 1991).

일본이 아시아 지역에 문화를 수출함으로써 문화적 비중이 두드러진다고 한다면 그것은 TV드라마가 애니메이션과는 달리 '현실'의 일본 풍경에서 '일본인'이 연기하고 있는 것과도 관련되어 있다. NHK인터내셔널 회의에서는 이 점이 강조되었고 해외에서 「오싱」이 누리는 인기가 의미심장한 것은 그때까지 일본이라 하면 자동차나 전자 제품밖에는 생각지 못했던 사람들에게 일본인의 '실제' 생활을 알리는 기회가 되었기 때문이라고 논평했다(小林昭美, 1994). 예를 들어 미디어 학자인 이토(NHK인터내셔널, 1991: 99)는 무국적성을 띤 애니메이션에는 일본 '민족성'이 보이지 않아 '일본 문화' 수출로 연결되지 못한 것에 비해 진정으로 민족성에 근거한 일본 문화를 나타내고 있는 「오싱」의 수출을 '진지하게 분석할 필요가 있다'고 기술하고 있다. 그러나 「오싱」이 애니메이션에서는 전달할 수 없는 일본의 '현실'을 세계에 내보낸다는 이야기는 과연 무엇이 '실제' 일본이고, 누가 그것을 규정하는지, 그 일본의 '실제'는 대체 미디어에 의해 나타날 수 있는지, 더 나아가 그 이미지가 해외에서 어떤 모순된 형태로 수용되고 있는지와 같은 성가신 문제는 아예 불문에 부치고 있다. 그래서 중요한 것은 「오싱」이 해외에서 일본 이미지 향상에 공헌하고 있다는 확신을 뒷받침해 주는 실증적 데이터를 제시하는 것이었다. 「오싱」을 통해 TV프로그램 수출이 일본의 문화 외교에 도움을 주는 데서 한걸음 더 나아가 일본의 인간다운 실제 모습에 대한 정의가 내려지는 것이다.

「오싱」이 아시아에서 높은 인기를 얻은 주된 이유는 시청자가 「오싱」으로 상징되는 인내, 근면, 가족애를 긍정적으로 받아들였기 때문이라는 점이 실증적 관찰에서 구체적으로 지적되었다. 그리고 이런 「오싱」에 나타나는 가치관은 일본과 아시아의 문화적·민족적 공통성을 또다시 아시아 시청자에게 인식시켜 일본 이미지를 '인간다운' 것으로 높여준 작품으로 호평받았다(高橋, 1991; 隈本, 1993a). 또 비서구-아시아의 공통성은 가혹한 근대화라는 역사 경험에서도 발견되었다. 작가 이마무라 요이치(今村, 1995)에 따르면 「오싱」이 아시아에서 높은 인기를 얻은 것은 근대화, 민주화, 전통과 근대성의 싸움 과정에서 생긴 일본 사회의 모순을 제시했고, 다른 아시아 나라들이 현재 같은 문제에 직면하고 있기 때문이라고 한다. 이마무라는 더욱이 아시아에 깊이 새겨진 일본에 대한 의심을 지우려면, 일본 스스로 다른 아시아 나라들과 같은 근대화의 고뇌와 곤란을 경험했던 사실을 알려줘야 한다고 강조한다. 그러나 여기서 주의해야 할 것은 「오싱」에서 일본 근대사를 여성의 시점에서 그리고 있는 것에 무비판적이라는 점이다. 「오싱」에서는 일본의 과거와 문화적 가치관이 오로지 평화주의를 추구하는 여성의 시점에서 표현되며 전쟁이 가져온 일본인의 재난을 어떻게 극복했는지가 강조되고 있다(Morris-Suzuki, 1998b: 134-135; Harvey, 1995). 이렇게 젠더화된 문화와 역사 이야기가 아시아의 가까운 이웃들에게 폭력이라는 일본 근대의 부정적 측면을 적절히 없애 버리고 있다는 것은 말할 것도 없다.

일본 TV프로그램 등의 대중문화가 일본과 아시아 나라들의 화해를 중재하지는 않을까 하는 논의는 「오싱」 같은 역사 드라마에만 한정된 것은 아니다. 현대 일본의 도시 생활 모습이나 최신 대중음악도 일본과 아시아 다른 지역의 젊은 세대간 문화적 대화를 촉진할 것으로 기대되었다. 외무성이 발행하는 월간지『외교포럼』은 1994년 9월호, 11월호에서 아시아 젊은이에게 퍼지는 일본의 대중문화 현상을 취급한 일본 논문과 그것에 답변하는 형태의 싱가포르, 태국, 홍콩의 논문을 게재했다. 일본 논문에서 혼다 시로(本多, 1994)는 일본의 대중문화가 일본과 아시아의 젊은 세대간 교류를 활발히 할 가능성을 나타내는 논거로 두 가지 점을 들고 있다. 하나는 아시아 지역에 일본 대중문화가 침투하는 과정이 일본의 주도로 일어나지 않고 동아시아 중산층 젊은이들이 스스로 일본 대중문화를 취사선택한다는 점이다. 아시아 소비자가 자발적으로 일본 문화를 수용한다는 것은 일본이 전전의 아시아 침략 때처럼 문화를 강요하지 않음을 의미한다는 점에서 중요하다. 또 하나는 일본 대중문화의 '무국적성'이다. 혼다도 시라하타 같이 아시아 지역에서 수용되는 일본 문화의 보편성을 부담 없는 '무국적성'에서 찾아내고 있지만 그 뉘앙스는 즈노야마 사카에의 의미에 가깝고 미국 문화의 영향을 깊게 받으면서 토착화된 것으로 파악되고 있다.4) 혼다는 대중문화의 '무국적성'이 특이성을 강조하는 일본 전통 문화와 달리 전지구적 매력을 갖고 억압적인 전전의 이미지를 깨뜨리는 데 도움이 되지 않을까 하는 희망을 분명히 드러낸다. 아시아 지역에서 일본 도시의 생활양식을 보여 주는 일본 대중문화가 확산된 것은 아시아 중산층의 대두가 한 요인으로 작용했다면서, 혼다는 일본의 현대적이고 자유롭고 진보적인 모습을 그리는 일본 대중문화는 아시아 지역 젊은이들 사이에 공통 화제를 제공하는 데만 그치지 않을 것이라고 한다. 일본을 중심으로 한 대중문화의 흐름이 일본과 아시아 젊은이들 사이에 이제까지 없던 규모와 친밀함으로 대화를 키워갈 것을 기대하고 있다.

124

2장에서 본 문명론과 달리 혼다는 일본이 지닌 문화 토착화 능력에 대한 문명적 우위를 말하기 위한 예로 '무국적성'을 쉽게 다루지 않고, 일본과 다른 아시아 지역과의 인적 교류를 향후 문화 대화의 기본으로 인식하고 있다. 그럼에도 혼다의 희망적 관측에서조차 미디어에 매개된 대중문화 왕래가 어떻게 국경을 넘는 대화를 촉진할 수 있는지에 관한 검토는 충분히 이루어지지 않고 있다. 그런 대화는 일본과 다른 아시아 나라들 간의 불균형한 문화 권력 관계에서 어떻게 좌우되고 있는가? 거기에서는 어떤 '아시아'가 새로운 문화 지리로서 일본 안에 세워지고, 그 '아시아'에서 일본은 어떤 위치를 차지하고 있는 것인가? 일본 대중문화의 '무국적성'이 오직 일본의 문화 외교에 도움이 된다고 해석되기 때문에 이런 의문에는 충분한 주의가 기울여지지 않고 있다.

'일본화'된 아시아?

지금까지 초국적인 문화 왕래를 통해 드러난 복잡성이 일본 문화 수출에 관한 국가주의적 언설 속에서 어떻게 얼마나 경시되어 왔는지를 살펴보았다. 다음 장부터는 일본과 아시아 나라들 사이에서 이루어지는 대중문화 왕래를 실증적으로 고찰하려 한다. 이 장을 마치면서 아시아에서 보이는 '일본화' 현상을 그린 1993년 일본 영화 「졸업 여행 — 일본에서 왔습니다」의 텍스트 분석을 통해 아시아에서 일본 대중문화 소비가 드러내는 초국적인 문화 왕래의 모순과 상반된 의미의 여러 모습을 소개할 것이다.

영화는 평소 역사 유적에 관심이 많던 주인공인 일본 남자 대학생이 졸업 여행으로 치토완 왕국에 가는 장면부터 시작된다. 치토완은 일본 붐이 한창으로, 주인공은 그곳에서 만난 일본인 연예인 브로커의 꼬임에 빠져 음악 오디션에 출전하여 일약 국민적 대스타가 된다. 이 영화에서는 아시아 국가에서 왜곡된 '일본'이 소비되고 있다는 모티브를 사용하여 '아시아'에서 '일본'의 팝 아이돌뿐만이 아니라 음식이나 일본어 등도 왜곡된 형태로 소비되는 모습을 그리고 있다.

　한편, 이 영화는 일본과 아시아 나라들 사이의 문화 교류와 대화라는 안이한 대의명분을 거부하려는 제작자의 의도가 드러난 작품이라 할 수 있다. 모순으로 가득 찬 미디어 소비와 문화 왕래에 기대어 문화 외교나 대화의 기회를 찾는다는 견해가 얼마나 얄팍하고 거짓말 같은지를 코믹하게 보여 준다. 일본 문화와 다른 문화의 커뮤니케이션 격차를 그리고 싶었다고 작가 잇시키 노부유키가 말한 것처럼, 이 영화는 일본이 아시아 나라들의 동경의 대상이 되고 있다는 주장과는 거리를 두며 아시아에서 행해지는 일본 소비를 차가운 시선으로 보고 있다. 잇시키는 태국과 홍콩을 방문했을 때 일본 이미지가 왜곡되고 과장되어 있던 것을 보면서 자신의 과거가 떠올라 창피했던 경험이 계기가 되어 이런 각본을 썼다고 한다. 그는 1980년대 초반 미국에 대한 환상에 빠진 나머지, 캘리포니아에 사는 미국인은 모두 멋있는 윈드 서퍼일 거라고 생각한 적이 있다는 것이다(『아사히신문』 1993년 9월 22일). 잇시키의 발언에는 일본이 문화적으로 우위에 있다는 자부심과 오만함이 숨어 있음을 부정할 수는 없지만, 적어도 미디어나 상품이 유통되고 소비되는 현상만으로 '실제' 일본이 해외에 소개되고 수용된다고 생각하는 것이 얼마나 허위인지를 인식하고 있음을 보여 준다.

　이 영화에서는 일본이 아시아를 지배한다는 앞서 말한 요시오카 시노부의 관찰과 달리 아시아 지역에서 보이는 '일본 붐'은 일본의 문화적 지배로는 해석되지 않는다. 영화는 일본의 문화 시스템이 미국 문화의 모방에 깊이 근거해 있고, 아시아에서 일본이 문화 패권을 가지고 있다는 게 사실상 아무 근거가 없다는 것을 냉소적으로 드러낸다. 영화가 시작되면서 어린 시절의 주인공은 1979년, 가까운 전파상 앞에서 당시의 유행가 「YMCA」를 사이조 히데키의 안무에 맞추어 열심히 부른다. 「YMCA」는 미국의 게이 팝 그룹 빌리지피플의 노래가 일본에서 번안된 것이지만, 일본 「YMCA」에서는 오리지널 동성애적 문화의 색채를 없애고 일본의 젊은 아이돌이 산뜻하고 활기 넘치게 춤추고 노래하여 인기를 끌었다. 일본에서 온 학생인 아마추어 아이돌이 부르는 노래 역시 「YMCA」이고, 그것은 아시아 지역에서 소비되고 있는 것이 서구 문화를 '아시아화'한 일본의 대중문화를 상징한다는 점이다. 그러나 미국 문화의 토착화를 일본의 문화적·문명적 우위로 해석한 즈노야마 사카에의 '무국적성' 논의와 달리, 영화에서는 '일본화'된 '미국'이 다른 아시아에서 소비되는 모습이 자조적으로 그려지고 일본의 대중문화 시스템이 오리지널 '미국' 문화 패권에 깊이 새겨져 있음이 한층 강조되고 있다. 서구의 모방이 현대 일본 문화의 중요한 결정 요인이 되고 있다면 아시아에서 '일본'의 문화적 우위를 확실하게 증명할 만한 것은 없는 게 아닌가? 이 영화에서는 평소 일본 문화의 힘이 기반이 약하고 불안정한듯 그려진다.

그러나 이노우에 쇼이치나 시로하타 요자부로의 논의와 같이 이 영화도 일본을 왜곡된 형태로 소비하는 '아시아'에 주체성을 부여하지는 않는다. 초점은 오히려 주인공이 아시아의 기대를 입고 왜곡된 일본상을 어떻게 연기할 것인가에 맞추어져 있다. 이 점에서 영화는 앞에서 말한 '서구의 일본 놀이' 전략과 같은, 타자가 '일본'을 객체화하는 모습을 일본 스스로 구경꾼이 되어 즐기면서 다른 아시아인들이 일본 문화와 접촉하는 장에서 일본이 주체의 지위를 지키려 한다고 볼 수 있다. 일본판 「YMCA」가 아시아 지역에서 수용되는 모습을 도리어 변형된 형태로 그린 것도, 영화가 미국-일본-아시아 사이의 복잡한 문화적 불균형을 '이미 다 알고 있다는 듯한 초월자적인 입장'을 취하려 한다고 해석할 수 있다. 즉 이 영화는 아시아의 일본화 현상에서, 일본의 문화력이 모방에서 왔다는 불안정함과 불편함이 폭로된다는 사실을 애써 외면하고 있는 듯하다.

변형된 일본판 「YMCA」에 의해 은폐된 또 하나의 사실, 즉 일본의 대중문화는 아시아에서 왜곡된 형태로 소비되거나 차용될 뿐만 아니라 '충실'하게 모방되고 있는 점에 주목한다면 이 점은 더욱 명백하게 드러난다. 바바(Bhabha, 1985)는 '모방'mimicry이라는 개념에서 피식민자가 지배자 문화를 그로테스크하게 모방함으로써 문화적인 주종 관계가 불안정하고 불확실하게 된다고 말했다. 이는 아시아 지역에서 보이는 일본 대중문화의 직접적 모방은 일본 문화력이 일본에서 '유래'하고 있지 않다는 사실을 또다시 폭로한다. 예로 1980년대에 일본의 팝 가수의 노래·댄스·머리 모양·패션·표정·이름 등이 대만·홍콩·한국·태국 등의 아이돌에게 직접적으로 모방되던 것은 자주 관찰된다(森枝, 1988; 篠崎, 1988; Ching, 1994 등). 그리고 이런 아시아의 활발한 일본 모방을 보면서 일본의 관찰자들은 일본도 결국 부끄러울 정도로 '미국'을 그로테스크하게 연기하고 있다는 것을 다시금 깨닫게 되었다(篠崎, 1990a; 鴻上&筑紫, 1992). 일본이 다른 문화를 수용하는 능력을 갖추고 있다고 문명론에서 주장하는 것처럼 문화적 우위성은 일단 구체적인 문화 상품의 형태로 아시아 시장에서 소비되자마자 사라지고, 일본이 초국가적인 문화 왕래에서 주인이 된다는 것은 환상에 지나지 않음을 부각시키고 마는 것이다.

동시에 그런 '아시아'의 일본 모방은 일본과 다른 아시아 나라들 사이에서 항상 문화 혼종화 과정이 진행되고 있다는 공통성을 드러내기도 한다. 예를 들어 요시오카는 태국에서 일본의 경제적·소비 문화적 비중이 압도적임을 목격하면서도 태국이 일본 제품이나 문화를 모방하는 진지함을 보고 잊혀진 과거 자신의 모습을 찾고 친밀함을 느낀다. 여기에서 아시아 타자의 일본 모방은 연성 국가주의에서는 억압되어 있던 일본 이외 지역에서 지역 문화가 변용되는 역학에 초점을 맞추어 일본이 다른 문화(서구)를 가장 교묘하게 토착화할 수 있다는 혼종주의에 관한 언설을 동요시키기도 한다. 문화 혼종화는 일본 특유의 것이 아니라 불균형적인 문화의 만남에서 매우 '흔하게' 사용되는 약자의 전략임을 드러내는 것이다.

그러나 아시아의 '일본화'가 일본이 아시아를 문화적으로 지배하는 것을 의미하지 않는다 해도 일본과 다른 아시아 나라들 사이의 문화 왕래는 역시 불균형적으로 나타나고 그것은 동등한 대화라는 희망적 견해에 끊임없이 불안감을 주고 있음을 간과해서는 안 된다. 요시오카의 의견이나 「졸업여행」에 그려진 2단계의 문화 모방에서 드러난 시간차가 암시하듯이, 문화 혼종화라는 공통의 경험은 아시아와 일본의 발전적 시간차도 동시에 부각하면서 '아시아'가 일본과 같은 시간을 살고 있는 것을 부정하는 듯한 인식을 다시 만들어 내기도 한다. 이 점은 5,6장에서 다룰 일본과 대만, 일본과 홍콩 사이의 상호적 문화 왕래에 시선을 두면서 더욱 선명해지겠지만, 그것을 상세하게 분석하기 전에 다음 4장에서는 일본의 초국가주의 언설에 나타나는 다양한 모순과 양면성과 모호함이 어떻게 일본 미디어 산업의 아시아 시장 전략에 반영되고 있는지 살펴보겠다.

4

글로컬라이제이션

일본 미디어 산업의 아시아 시장 전략

이제까지 일본 문화 수출에 관한 국가주의 언설을 살펴보았는데 이 장에서는 1990년대 들어 경제 성장에 따라 급속하게 확장된 아시아 영상 미디어 시장과 그곳에 침투하기 위해서 일본 미디어 산업(특히 TV와 음악)이 취한 시장 전략을 실증적으로 고찰한다.

　아시아 나라들의 경제력이 성장하면서 미디어 시장의 규모가 확대되었고 그것은 곧 일본 대중문화의 수출을 늘리는 좋은 계기로 간주되었다. 그리하여 일본 미디어 산업들도 아시아 지역으로 진출하기 시작했다. 그러나 1990년대 초기의 시장 전략은 일본 대중문화 상품을 직접 수출하는 것보다 아시아 시장에서 다양한 '지역' 상품을 개발하는 데 중점을 두고 있었다. 현재 일본 상품들이 아무리 인기를 끌고 있다고 해도, 일본이 미국 문화의 영향을 흡수해서 지역화된 상품을 개발한 것과 마찬가지로 외국 문화 영향 아래 지역화된 독자적인 상품이 만들어질 테고 이것이 곧 일본 상품을 능가할 것이라 예상되었기 때문이다. 이런 발상은 표준화된 상품을 많은 지역에 보급하기 위해 각 지역 시장의 취향과 특징을 고려하는 것을 중요하게 여기는 '전지구적 지역화'global-localization라는 마케팅 전략에 따른 것이다. 자신의 경험을 바탕으로 다른 문화(특히 미국)를 토착화하는 방법을 제공하는 것이 일본 미디어 산업의 지역화 전략의 중심이 되고 있다.

이 지역화 전략은 일본이 다른 문화를 흡수하는 능력 면에서 혼종주의 언설과 맥을 같이 하는 경향이 짙은데 이 장에서는 그런 생각이 현실화되었을 때의 한계와 모순도 함께 검증할 것이다. 간단히 말하면 일본의 지역화 전략은 일관성이 없었고, 부분적으로 성공했을 뿐이다. 그런데도 동아시아 시장에서 일본 대중문화의 인기가 매우 높아졌는데 그 배경에는 강력한 현지 홍보 활동이 있었다. 즉 아시아 시장에서 일본 대중문화가 지역화되는 것의 의미가 일본식 문화 혼종화의 노하우를 제공하는 것에서, 일본 시장의 동향에 민감한 아시아 지역 산업이 일본 문화 상품을 적극적으로 판매하는 것으로 옮아간 것이다. 그것은 일본을 포함한 동아시아 시장의 미디어 산업이 점차 서로 제휴하고 시장 동향이 동시간적으로 연결된다는 구조적 변화를 보여 준다.

아시아 지역의 미디어 전쟁, 일본의 뒤늦은 시작

앞서 말했듯이 1990년대 중반에는 일본 대중문화의 아시아 시장 수출이 대폭 늘어난 것이 많이 지적되었는데(『니혼케이자이신문』 1995년 11월 5일, 『요미우리신문』 1994년 10월 27일, 『아사히신문』 1996년 1월 11일, 『코코쿠』 1995년 5-6월호 등) 그 과정은 결코 쉽지 않았다. 1990년 들어 일본 미디어 산업들은 일본 상품의 아시아 시장 진출을 노리면서 여러 시행착오를 겪었지만,[1] 전반적으로 그 움직임은 서구나 다른 아시아 나라들의 미디어 산업에 비해 소극적이었다고 할 수 있다. 그중에서도 특히 TV업계의 움직임은 소극적이었고, 많은 방송 관계자나 지식인이 일본의 아시아 시장 진출이 한발 늦었음을 한탄하고 걱정했다(『니혼케이자이신문』 1994년 11월 26일, 『아사히신문』 1997년 11월 14일, 島, 1994). TV업계가 소극적인 태도를 보인 배경에는 여러 구조적 요인들이 있다. 먼저 일본 제국주의와 식민주의의 유산이다. 그것은 일본 TV산업의 아시아 진출을 주저하게 만들었고, 더욱이 일본 식민지였던 한국과 대만에서는 일본어 대중문화 방송이 금지되는 등 일본의 아시아 침략사는 문화 수출을 어렵게 했다. 아파듀라이(Appadurai, 1990: 5)가 말하는 것처럼 한국 정부는 일본 문화보다 미국 문화의 유입이 문화 침략의 위험도 면에서 훨씬 안전하다고 생각했을 것이다. 일본측도 그것을 인지하고 있었다. 예를 들어 많은 일본 기업들은 아시아에서 시장 확대를 하려고 할 때 상품 광고에서 일본의 이미지를 없애려고 애썼다(川竹, 1995). 1994년 일본 정부는 뒤늦게나마 방송법을 개정하여 일본 송출의 국제 방송을 합법화했다. 그에 대응하여 NHK는 유럽에서 방송을 개시하겠다고 발표했지만 아시아 방송에 관해서는 문화 제국주의의 비난을 두려워하여 현안으로 남겨두었다(『니혼케이자이신문』 1994년 7월 14일, 『아사히신문』 1994년 9월 7일).

일본 TV업계는 문화 제국주의라는 비난을 받지는 않을까 예민해졌고, 아시아의 반응을 지켜보면서 아시아 시장으로 수출을 점차 늘려나갔다. 1994년 11월에 교토에서 열린 아시아 태평양 방송 연맹ABU 총회는 그런 일본의 불안을 불식시키는 한 계기가 되었다. 이 회의에서 일본 TV 산업들을 놀라게 한 것은 아시아 국가들의 국제 방송 정책이 서구 미디어들의 침입을 완고하게 막으려는 보호주의에서 벗어나, 국내 산업을 키워 자신들도 외국으로 전파를 내보내겠다는 적극적 자세로 변했다는 것이다. 총회에서는 해외로 전파를 내보내려는 다른 아시아 나라들보다 한걸음 뒤질지도 모른다는 위기감이 환기되었다(『니혼케이자이신문』 1994년 11월 26일). 아시아 각국은 서구 문화 침략에 대항하기 위해서는 미국 미디어보다 매력이 있는 미디어 상품을 국내에서 만들어 내야 함을 인식하면서, '외국의 위험한 정보를 단속하는 것에서 문화 제작을 장려하는 스폰서'가 되려는 철저한 정책 전환이 1990년대 중반 아시아 지역의 추세가 되었다(Wang, 1996: 14). 이는 아무리 아시아 정부가 서구의 퇴폐적 소비주의에 빠진 미디어 이미지와 정보 침입을 까닭 없이 싫어하여 '아시아적 가치관'을 내세워 대항하려 해도 자국 미디어를 지키기 위해서는 결국 서구 자본주의적 미디어 문화의 생산양식을 받아들일 수밖에 없다는 것을 역설적으로 보여 준다(Dirlik, 1994). 문화 제국주의 언설은 바로 전지구적 자본주의 시대에 들어서면서 설 자리를 잃었다.

아시아 침략사 외에 아시아 시장에 적극적으로 침입하려는 일본 TV업계 들을 방해하는 요인으로 구조적·재정적 요인을 들 수 있다. 하나는 외국에서 방영할 때 생기는 저작권 문제다. 국내 방영을 염두에 두고 만들어진 지금까지의 방영권·저작권 관습은 외국에서의 2차·3차 방영권까지 포함하지 않는다. 예를 들어 방송국은 한 드라마를 외국에 팔려고 할 때 출연자, 작가, 음악 담당자 등 모든 관계자에게 개별적으로 승인을 받은 후에야 수출할 수 있는 시스템을 가지고 있었다. 그렇게 하려면 적어도 국내에서 방송이 종료된 후 6개월 정도는 기다려야 하고, 또 몇 개 사무소들은 비싼 저작권료를 요구하기 때문에 해외 수출이 어려워진 드라마가 몇 편씩 생겼다 (津田, 1996; 小田桐, 1996). 예를 들어 후지TV의 한 조사에 의하면 어느 해는 12개의 드라마 시리즈 중 불과 3분의 1만이 해외에 팔렸다고 한다.

아시아 시장에서 막대한 이익을 기대하기가 어렵다는 것이 또 하나의 문제점이다. 1990년대에 미국을 중심으로 서구의 많은 전지구적 미디어 기업들이 아시아 시장에 진출했지만 거의 모두 막대한 적자 때문에 여전히 고생하고 있다. 전지구적 규모로 활동하는 기업들은 그런 부채를 다른 지역에서 생기는 이익과 상쇄시키면서 아시아 시장의 장래성에 투자를 계속할 수 있다. 하지만 지금까지 국내 시장에만 관심을 기울여 온 일본 TV업계 입장에서는 아시아에서 발생한 적자가 막대한 해외 사업의 부채로 직결되어 경영에 악영향을 미친다. 또한 아시아 시장으로의 수출은 시리즈

하나의 판매 단가가 서구 시장에 비해 볼 때 매우 낮기 때문에 복잡한 절차에 비해 많은 이익을 기대할 수 없다(津田, 1996). 일본 우정성 조사에 의하면 1992년에 일본에 수입된 방송 프로그램 시간은 6,800시간이었고, 그 금액은 481.2억 엔이었다. 그에 비해 수출한 일본 프로그램은 16,471시간에 달했지만 매출은 불과 21억 엔이었다(中空, 1994). 다시 말해서 일본의 TV프로그램 수출이 수입의 2.5배에 달했는데도 거래 금액은 수입의 23분의 1에 지나지 않았다는 것이다. 일본으로 수입된 프로그램의 대부분은 비교적 비싼 TV방송용의 극장 영화이기 때문에 단순히 비교할 수는 없지만 단가를 볼 때 수입이 7천만 엔인 데 비해 수출은 그 55분의 1인 12만 7천 엔 정도에 불과하다. 1990년대 중반에 일본에서 민간 방송 드라마를 만드는 데 드는 평균 예산은 한 편에 2천만 엔을 넘는 데 비해, 그 드라마는 불과 20-30만 엔 정도로밖에 팔리지 못한다(西, 1997: 187). 한 방송국의 해외 프로그램 판매 담당자에 의하면 아시아 시장으로의 수출량은 1990년대 전반만 해도 3배 이상으로 늘어났지만, 그 매출은 방송국 총 매출의 1%도 안 된다고 한다. TV프로그램 수출의 복잡한 절차와 일본 국내 시장의 규모가 충분히 크다는 것을 생각할 때 일본 TV산업이 아시아 수출에 그다지 열정을 기울이지 않는 것은 충분히 이해할 수 있는 일이다.

아시아 시장에서 펼치는 지역화 전략

이런 역사적·산업적·경제적 요인이 일본 미디어 산업이 아시아 시장에 진출하는 것을 소극적으로 만든 시점은 아시아 시장에서 미디어 상품을 지역화할 필요성이 널리 인식된 시점과 묘하게도 겹친다. 1990년대 초반에 아시아 시장으로 진출한 서구의 글로벌 미디어 기업이 깨달은 교훈은 아시아 시장에서 이익을 얻기 위해서는 세계 어디서나 인기 있다는 미국 문화 상품을 파는 것만으로는 부족하고 시청자들의 다양한 취향에 대응할 수 있는 '지역적' 미디어 상품의 제작과 배급이 반드시 필요하다는 것이었다. 이 점에 관해서 1997년 쿠알라룸푸르에서 열린 동남아시아 국가 연합 (ASEAN, 이하 아세안) 회의를 보도한 일본 TV기자가 소개한 농담은 매우 시사적이다. 그에 따르면 아세안 멤버가 되기 위해서는 세 가지 조건이 있다. 하나는 골프를 칠 줄 알아야 하고, 둘째는 가라오케를 좋아해야 하고, 마지막으로 듀리안을 먹을 수 있어야 한다는 것이다. 앞의 두 가지는 동남아 문화 특유의 것이 아닌 아시아 지역 남성 지배적 경제계나 중산층 사이에서 널리 볼 수 있는 여가 활동으로, 최근 동남아 경제가 급속하게 발전하면서 부유한 중산층이 나타난 것을 반영한다. 그러나 아세안의 동남 아시아 정체성을 확실히 결정하는 것은 이런 아시아 지역에 전반적으로 보급된 문화 활동이 아니라 동남아 지역의 특산물인 강력한 향기를 지닌 과일 듀리안이다.

지역의 고유성을 중시하는 발상은 지난 10년 사이 제조업 등의 전지구적 마케팅 전략에 적극적으로 반영되었다. 무이(Mooij, 1998)는 이에 대해 이렇게 주장한다. 즉 '전지구적으로 생각하고 지역적으로 활동하라'는 기존의 전지구화 전략의 상투적인 문구는 어떠한 '전지구적' 발상도 고안자의 문화적 배경에 따라 달라진다는 점을 간과하고 있어서 현실에서는 타당성이 없다는 것이다. 그녀에 의하면 '지역적으로 생각하고, 전지구적으로 행동하도록', 글로벌 기업들은 상품을 전지구적으로 배급하면서도 각 지역에 맞게 마케팅을 펼쳐야 한다는 것이다.

실제로 세계 표준화에 완전하게 성공한 글로벌 브랜드는 거의 없다. 글로벌 브랜드는 그것을 만든 사람의 희망이지만 소비자의 관심은 아니다. 소비자는 브랜드가 전지구적인 것인지 아닌지에 대해서는 별로 관심이 없고, 자신이 몸

담은 지역 취향에 맞거나 그 지역의 취향을 만족시키는 브랜드를 선호하게 되어 있다(Mooij, 1998: 39).

1980년대 광고 마케팅의 기본 전략이던 레빗의 '전지구적 표준화' global standardization(Levitt, 1983)란 '전지구화 신화'(Ferguson, 1992)의 일부에 불과했고 전지구적으로 활동하는 기업의 성공은 오히려 지역의 기호와 문화 가치관을 살리고 이를 뽑아내는 것에 달렸다고 여겨졌다.

이 점에서 소니의 '전지구적 지역화'는 각 지역의 기호의 중요성을 훌륭하게 표현한 세계 시장 전략으로 알려져 있다. 이것은 세계의 다양한 시장에 동시에 진출하기 위해 글로벌 기업은 국가나 지역을 넘어 상품을 팔면서 각 시장의 특수성과 다양한 소비층에 신경을 써야 한다는 전략이며(Aksoy & Robins, 1992; du Gay et al., 1997) 현재 많은 글로벌 기업이 이를 사용하고 있다. 예를 들어 코카콜라나 맥도날드 같은 기업도 '우리는 다중 지역적mul-ti-local'이라며 각 지역 시장의 기호가 얼마나 중요한지를 강조한다(Watson, 1997). '전지구적 지역화' 전략이 꾀하고 있는 것은 '외국' 문화와 국가/지역 문화의 구별을 무의미하게 만드는 것이다. 현지에서 종업원을 채용하고, 어느 정도의 결정권을 현지 회사에 넘기고, 고유한 상품을 개발함으로써 '경제적 사명(어떻게 하면 많이 팔아 이익을 남길 수 있을까)과 문화적 사명(다양한 소비자의 기호에 응하는 것)'(Robins, 1997: 36) 사이의 줄다리기를 세계 규모로 교묘하게 조작한다. 아시아 미디어 시장에 진출한 전지구적 규모의 미디어 기업들이 직면한 문제도 글로벌-로컬의 딜레마를 어떻게 해소할까 하는 것이었다. 몇몇 아시아 정부의 보호주의 정책(Atkins, 1995; Lee & Wang, 1995; Yao, 1994)보다도 그런 기업들을 괴롭혀 온 것은 아시아 시장의 문화·종교·언어·인종·민족의 다양성이며 미국 상품보다 각 나라나 지역의 TV프로그램을 선호한다는 미디어 시청 경향(Straubhaar, 1991; Sinclair et al., 1996b)이었다. 앞에서 말했듯이 이 경향은 아시아 정부가 현지 상품을 만드는 국내 산업의 육성에 착수한 이유 중 하나가 되었지만, 전지구적으로 활동하는 미디어 기업에게는 어떻게 문화적 다양성에 순응할 것인가 하는 과제는 절실한 것이었다. 그러한 상황 속에서 『아시안 비즈니스 리뷰』(1996년 10월호) 특집에서처럼 서구의 전지구적 미디어 기업들에게는 현지 프로그램을 확보하는 것이 아시아 시장에서 성공하는 열쇠가 되었다. 범아시아 방송을 내세우며 설립된 스타TV는 처음에는 미국 프로그램을 중심으로 방송 편성을 했지만 그 후 세계의 미디어왕 루퍼드 머독은 "아시아 지역의 다양한 문화의 미묘한 차이에 세심한 주의를 기울인다"(『아시안 비즈니스 리뷰』, 1994년 5월호)면서 현지 프로그램 중심의 방송 편성으로 방향을 바꾸었다. 머독이 시행착오 끝에 얻은 결론은 영어판 할리우드 영화를 방송하는 것만으로는 충분하지 않고 디지털 기술을 구사하여 다양한 언어의 사용과 채널을 지역별로 방송하는 것, 그리고 그것에 의해서 현지 기업의 협력을 얻고 질 높은 현지 프로그램을 확보하는 것이 중요하다는 것이었다. 스타TV는 현지 협력 기업을 찾는 데 힘을 기울였고(『파 이스턴 이코노믹 리뷰』, 1994년 1월 27일호, 『아시아위크』, 1994년 10월 19일호), 중국 시장에서는 정치적인 고려로 BBC 월드 뉴스와 MTV 대신에 홍콩이나 중국의 드라마와 현지 음악이 중심이 된 프로그램으로 편성을 바꾸었다(『오스트레일리언』, 1994년 5월 11일호).2) 이 점에서는 주간지 『아시아위크』(1996년 11월 8일호)가 「거대한 전지구적 위성 미디어 기업에 도전하는 현지 TV산업」이라는 특집에서 소개한 것처럼, 아시아 미디어 사업이 각 지역의 고유성을 잘 이용하여 시장을 확대한 것을 엿볼 수 있다. 예를 들어 1990년대 초부터 홍콩 최대의 TV회사 TVB는 스타TV에 대항하여 연간 5,000편에 달하는 방송 프로그램 제작 능력을 무기로 다른 아시아의 중국어권 시장을 향해 본격적인 수출을 시작했다(『파 이스턴 이코노믹 리뷰』, 1994년 1월 27일호). TVB는 방송 프로그램의 수출뿐만 아니라 TVBI라는 위성 채널 서비스를 대만에서 시작했고 또 적극적으로 다른 나라들과 합작에 착수했다. TVB는 합작을 통해 광동어와 북경어의 언어 장벽을 극복하여 다른 중국어 문화권에 진출했고, 중국계 인도네시아 자본과 제휴하여 말레이어의 TV제작에도 착수하려 했다(『마이니치신문』, 1994년 4월 21일).

이런 전지구적 미디어 기업의 지역화 전략은 역설적이게도 '문화 제국주의' 언설에 대한 학문적 비판과 맞닿아 있다. 시청자가 의도적으로 강요받은 지배 문화와 이데올로기를 소극적으로 수용한다는 '문화 제국주의'의 단순화된 의사 소통 모델은 의문시되어 왔다(Tomlinson, 1991; Appadurai, 1990). 문화 흐름을 일방적이고 일원적으로 파악하려는 중심 -주변 모델은 미국 문화의 절대적 패권을 당연시할 뿐만 아니라, 실제로 그 문화를 받아들이는 사람들이 외국 문화의 의미와 형식을 다양한 맥락에서 해석하고 저항하면서 자신의 것으로 변용하는 행위에 충분히 주의를 기울이지 않고 있기 때문이다. 그러나 맥스웰(Maxwell, 1997: 198)이 말하는 것처럼 "문화 이론 연구자뿐만 아니라 전지구적 미디어 기업도 시청자가 국경을 넘어 유통하는 메시지를 그대로 받아들이지 않고 부정하거나 재해석하는 것에 남다른 관심을 가지고 있다", "문화 제국주의로는 이익을 얻을 수 없다"(Sinclair, 1997: 144)는 스타 TV 간부의 말은 전지구적 미디어 기업이 수용국 정부의 눈치를 살피기만 하는 것이 아니라 탈중심화하는 미디어의 흐름을 일찍 알아차려 자신의 전략에 편입시키려는 것을 보여 준다. 전지구적으로 움직이는 자본의 흐름은 광범위한 지역에 동일한 메시지를 전달하려는 지금까지의 수단을 고집하지 않고, 각 지역의 시청자 및 소비자의 공감을 자극할 수 있는 상징과 이미지를 최대한 자연스럽게 만들어 최대 이익을 얻어 내려 한다.

이문화를 토착화하여 상품으로 만드는 일본

'아시아 시대'를 외치는 목소리가 높아지면서 아시아 진출을 노린 일본 미디어 산업도 실험적이긴 하지만 지역화의 필요성을 잘 의식하고 또 실천하려고 했다. 일본 광고 대행사 중 규모가 가장 큰 덴츠는 1994년 TV·영화 업계의 해외 판매 담당자들을 모아 연구회를 구성했고, 아시아 시장의 일본 영상 소프트웨어 수출 진흥에 관한 보고서(電通&電通総研, 1994)를 통산성에 제출했다. 이 보고서에는 일본이 만든 미디어 상품의 수출 전망이 밝으며, 시장 조사나 더빙 설비를 충실하게 하기 위해서는 국고 보조가 필요하다고 되어 있다. 한편, 연구회의 많은 구성원들은 아시아 지역에서 일본이 만든 미디어 상품이 인기를 계속 누릴 수 있을 것인지에 회의적이었고, 가까운 미래에 현지 상품이 재빠르게 일본 상품을 제칠 수도 있다고 강조한다. 내가 1994년과 1996년에 20명 이상의 방송국 해외 프로그램 판매 담당자나 음악 프로듀서와 가진 인터뷰에서도 일본이 만든 소프트웨어가 외국에서 오랜 기간 인기를 유지할 수 있는가에 대해서는 회의적이며 비관적인 목소리가 많았다.3) 일본 TV나 음악 산업은 중장기 전략으로 어떤 방식으로든 아시아 각지에서 '현지' 상품의 제작에 관여하는 것을 목표로 했고, 공동 제작이나 프로그램 포맷 판매 등의 중요성을 인식하고 있었다. 그것은 일본 미디어 산업이 서구나 아시아의 미디어 기업과는 다른 방식으로 글로벌-로컬의 복잡한 역학에 관여하려는 것을 보여 준다. 일본 미디어 산업은 '현지' 상품을 구입하여 배급하거나 자국의 프로그램을 적극적으로 수출하기보다는 일본이 오랫동안 미국 대중문화를 지역화하고 토착화해온 경험이야말로 아시아 시장에서 인기를 얻을 수 있는 '지역성'이라고 생각한 것이다.

이 발상은 일본의 위치와 역할과 관련해서 일본 미디어 산업이 안고

있는 두 가지 전제와 밀접하게 관련된다. 하나는 일본 대중문화가 보여주는 '일본다움'이 일본 바깥에서 어디까지 매력을 계속 확장할 수 있을까 하는 의문이다. 소비 현장에서는 일본이 수출하는 3C 시청각 상품이 그다지 '일본' 이미지와 연결되지 않는다고 1장에서 말했는데, 일본이 그런 상품의 주된 공급원이 된 것은 우연이 아님을 다시 강조해야 할 것이다. 즉 '일본'적 특징이 없는 3C 상품을 생산하는 미디어 산업은 늘 세계 시장을 염두에 두어 왔다. 컴퓨터 게임 제작자는 처음부터 세계 시장을 의식하여 의도적으로 일본 색깔이 제거된 캐릭터를 만든다. 「슈퍼마리오」는 이탈리아계 이름과 용모를 차용했는데 제작자는 이것이 세계 시장 전략의 일부였다고 증언한다(アクロス編集室, 1995). 애니메이션에서 캐릭터의 문화적 색채가 드러나지 않는 것은 특별히 해외에서 수용되기 쉽도록 의도한 것은 아니었다. 그러나 도에이동화 등의 일본 애니메이션 회사들은 문화적 색채를 띠지 않을 때 해외 수출의 가능성이 높다는 것을 일찍 깨달았고, 1960년에 「서유기」가 일본이 만든 애니메이션으로는 처음으로 미국에서 방송되고 나서, 애니메이션은 일본 TV프로그램 가운데 주요 수출품으로 자리 잡았다. 1980-1981년에는 TV프로그램의 총 수출량 가운데 56%를 애니메이션이 차지했고, 그 수치는 현재도 크게 변하지 않고 있다(川竹&原, 1994). 다른 TV프로그램이 일본어 그대로 수출되는 것에 비해 애니메이션은 거의 대부분 영어 등으로 더빙되어 수출되는 것도 애니메이션의 수출 체제가 확립되고 있음을 보여준다(Stronach, 1989).

소니는 처음부터 세계에 일본 기업이 아닌 글로벌 기업의 이미지를 심는 것을 목표로 해왔다. 회사명이나 워크맨 등의 상품명은 일본식 영어이긴 하지만 영어가 사용되었고, 다른 일본 기업들보다도 적극적으로 해외에서 시장을 개척해 왔다. 그러한 기업 이념이야말로 소니를 '글로벌 로컬라이제이션'(전지구적 지역화)이라는 세계 시장 전략의 발안자로 만들었다고 할 수 있다. 그리고 미국 사회학자인 롤랜드 로버트슨(Robertson, R., 1995)이 지적한 것처럼, 옥스포드 신어 사전에 의하면 '글로벌 로컬라이제이션', 즉 글로벌과 로컬을 합친 '글로컬라이제이션'glocalization이란 조어는 일본의 '토착화'에 그 기원이 있으며 그 조어가 나타내는 마케팅 전략은 일본이 세계 비즈니스계에 바친 귀중한 공헌이라고 말한다.

> 비즈니스 전문 용어. 전지구적이면서 동시에 지역적이라는 것. 전지구적으로
> 시장을 보면서 각 지역의 상황에 적응하는 것… 그 발상은 원래는 다른 지역의
> 농업 기술을 자신의 땅에 응용한다는 의미의 일본의 '토착화'라는 말에서 온
> 것인데, 이를 일본 비즈니스계가 전지구적 외관을 가지면서 지역적 상황에 적
> 용한다는 '글로벌 로컬라이제이션' 전략에 사용했다.(『옥스포드 신어 사전』,
> 1991: 134)

'글로컬라이제이션'이라는 전략이 왜 일본에서 생겨나게 되었는가는 매우 재미있는 질문이다. 『옥스포드 신어 사전』은 이문화의 '토착화'가 오랫동안 일본에서 행해진 관습이며, 과거 중국과 조선의 큰 영향을 받았고, 메이지 시대 이후에는 서구 문화/문명의 섭취와 소화가 국가 정책이었던 일본의 여러 경험에서 그 이유를 찾아내고 있다. 물론 2장에서 논한 것처럼 그런 근거만으로는 '글로컬라이제이션'이 일본 문화의 본질이라고 단순하게 해석할 수 없다. 이문화의 토착화와 혼혈화는 일본만의 특권이 아니라 모든 문화의 본질이라고 할 수 있다. 타자와의 접촉이 전혀 없는 순수 문화는 있을 수 없다.

오히려 여기서 문제시해야 할 것은 일본 기업들이 전지구적인 문화 왕래에서 일본의 지위와 역할을 어떻게 설정했는가 하는 점이다. 앞서 말한 3C 상품처럼 일본 기업이 '글로컬라이제이션'이라는 세계 시장 전략을 계속해

서 개발해 온 것은 '일본'의 국가 이미지나 문화 이미지의 보편성에 대해 일본 기업이 갖고 있던 의문과도 부합되었을 것이다. 아래에서 자세히 살펴보겠지만 가정 소비재 시장에서 많이 볼 수 있었던 '글로컬라이제이션' 개념은 TV나 음악을 중심으로 한 일본 미디어 산업의 아시아 시장 진출에도 큰 영향을 미치고 있지만, 그 배경에는 일본의 TV프로그램이 애니메이션 외에는 언어와 문화 등의 특수성 때문에 아시아 시장에서조차 별로 인기를 얻지 못할 수도 있다는 불안이 존재했던 것이다(『니혼케이자이신문』 1994년 11월 26일). 일본 미디어 산업 중에서도 일본 TV프로그램에는 3C 상품과 달리 실제 '일본인'의 모습이 드러나기 때문에 해외에서 가치가 많이 떨어질 것이라는 부정적 발상이 적지 않았다.

동시에 일본 문화 상품을 아시아 시장에 수출하는 것에 대한 비관적 견해는 일본이 미국의 대중문화를 급속하게 토착화해 온 자신의 경험을 되돌아보는 것과 밀접하게 연관된다. 앞에서 말한 수출 진흥 연구회를 주최한 덴츠의 담당자가 나와 한 인터뷰에서 말한 것처럼 "해외에서 들어온 TV나 대중음악은, 일본도 그랬듯이, 자국 문화 산업이 해외 문화의 영향을 흡수해 버리면서 조만간 그 자리를 자국 상품에 빼앗기는 운명을 갖고 있다." 다시 말해서 일본에서 발전해 온 '글로컬'이라는 발상은 오랫동안 서구 문화를 교묘하게 모방하고 토착화해 왔다는 자부심과 그렇게 만들어진 자국 문화의 보편성에 대한 불안이 뒤섞인 결과다.

세계에서 일본 미디어 및 대중문화 시장을 생각할 때 먼저 눈에 띄는 것은 국내 시장의 성숙과 수입 TV프로그램의 편수가 적다는 것이다. 1920년 대부터 미국 소비문화와 대중문화는 세계를 압도해 왔다. 일본도 그 영향력에서 예외가 아니었고, 특히 제2차 세계 대전 이후 미국 영화, TV프로그램, 대중음악 등이 일본에서 대량으로 소비되고 일본 대중문화에 깊이 스며들었다. 그러나 TV프로그램에 한정해서 말한다면, 전후 일본에서는 영화·음악을 포함한 영상 문화 수입 제한이라는 것이 한번도 없었음에도 불구하고 일본 시장은 미국 대중문화에 압도되기는커녕 국산품의 비중이 단기간에 급격하게 늘어났다. 예를 들어 일본 방송국은 1953년 방송을 시작한 이래, 1960년대 전반까지 많은 프로그램을 미국에서 수입하여 국내의 빈곤한 제작 능력을 보완했다. 그러나 그 수는 급격히 감소했고, 1980년에는 모든 TV프로그램 중 해외에서 수입된 것은 5%에 불과했으며, 그 경향은 오늘날 까지 지속되고 있다(Stronach, 1989: 42; 川竹&原, 1994). 그 수치는 다른 나라들과 비교할 때 더욱 두드러지고, 이제 미국을 제외하면 일본만이 실질적으로 TV프로그램을 자급자족한다고 할 수 있다. 그 요인 가운데 하나로 1960년 전후에 일어난 두 가지 국민적 행사인 황태자의 결혼과 도쿄 올림픽은 대중을 TV에 집중하게 만든 커다란 계기로 꼽힌다. 또 1960년대 이후 일본 경제가 급속하게 성장하면서 1억 이상의 인구를 가진 풍요로운 거대 시장이 생겨났고 뒤이어 많은 광고비가 투자된 것도 큰 요인이다. 더욱이 TV산업의 급속한 발전은 그때까지 영화 산업이 만들어 온 높은 수준의 제작 능력에 기인한 것이라고 볼 수 있다. 영화가 사양 산업이 되면서 TV업계가 급속도로 성장한 것이다. 1958년에 11억 명이었던 영화 관객수는 1965년에는 3억 7천만 명까지 떨어졌고(Stronach, 1989: 136), 영화 제작 편수도 1960년에는 500편 이상이었던 것이 1990년에는 58편으로 격감했다 (Buck, 1992: 126).

일본 TV시장이 대부분 자급자족한다고 해서 외국 대중문화가 일본에서 별로 소비되지 않는다는 의미는 아니다. 오히려 미국 대중문화는 지금도 일본에 깊은 영향을 미치고 있다. 일본은 할리우드 영화계의 최대 고객이며, 수많은 미국 TV·영화 포맷이 일본 영화·드라마·퀴즈 등 TV제작 모델로 모방되었다. 일본의 TV제작 능력은 미국 영화나 프로그램을 모방하거나 일본식으로 변용하여 발전해 왔다 해도 과언이 아닐 것이다. 그러나 미국에서 직접 수입된 TV프로그램은, 「X파일」 등 몇몇 예외적인 프로그램을 제외하고는 일본 프로그램에 비해 회를 거듭할수록 시청자들의 관심이 식어갔다. 세계를 석권한 「달라스」나 「심슨 가족」조차도 예전에 방영된 「아빠는 모든 걸 알고 있다」나 「루시 쇼」가 얻었던 많은 인기를 얻지 못했다(「달라스」의 일본 수용에 관해서는 Liebes & Katz, 1993). 한편, 예를 들어 「찬스」나 「퀴즈 백 명에게 물었습니다」 등 일본이 모방한 미국 퀴즈 프로그램은 시청자의 많은 지지를 얻었다. 그 기원에 상관없이 일본 시장에서 교묘하게 지역화되고 미국의 영향력을 토착화한 것이 일본 시청자들에게 호의적으로 받아들여진 것이다.

일본 TV산업은 이런 경험을 반영한 지역화 전략으로 1990년대 초부터 아시아 시장에서 프로그램 포맷 판매를 적극적으로 전개했다(『아사히신문』 1993년 9월 10일, 『닛케이 트렌디』 1995년 3월호). 이것은 한 지역에서 성공한 프로그램의 해외 현지판 제작을 염두에 두고 그 프로그램의 기획을 파는 것을 의미한다. 프로그램 디렉터가 직접 찾아가서 제작을 지도하는 경우도 적지 않지만 중점은 지역색을 띠게 하는 것에 있다. 현지 방송국은 주어진 포맷으로 프로그램을 구성하여 동물이나 풍경 등 지역색을 잃어 버리지 않을 정도로 일본이 만든 비디오 소재를 이용하면서, 독자적으로 스튜디오 세트나 사회자, 출연자, 관객, 비디오 취재의 추가 등으로 프로그램을 지역화한다. 적극적으로 포맷 판매에 착수한 회사는 덴츠였다(『파 이스턴 이코노믹 리뷰』 1994년 6월 16일호). 덴츠는 프로그램 포맷을 팔면서 그 프로그램의 광고틀을 확보하여 일본 광고주에게 파는 이른바 신디케이션 비즈니스를 전개함으로써 아시아 지역에서 거래되는 낮은 가격의 포맷 판매 요금을 보완하려고 했다(『닛케이 트렌디』 1995년 3월호, p32-34). 포맷 판매는 세계 각지에서 전개되고 있고, 일본의 포맷 판매도 그 상대가 아시아 나라들만은 아니다. 예를 들어 일본 TV는 퀴즈 프로그램인 「쇼바이 쇼바이」의 포맷 비디오 소재를 이태리, 스페인, 태국, 홍콩에 판매했다. 또 이제는 세계에 알려진 「홈 비디오 대소동」도 원래 TBS의 버라이어티 프로그램 중 시청자 비디오 코너가 미국에 포맷 판매되고 나서 시작된 프로그램이다. 이 판매 전략은 일본 TV산업이 자신이 경험해온 미국 문화와의 접촉을 다른 아시아 나라들도 똑같이 경험할 것이고 또 하고 있을 것이라고 확신함을 시사한다. 앞장에서 말했듯이 TV 등의 일본 대중문화가 미국의 모방과 토착화의 산물이었다면 아시아의 시청자들이 '일본이 만든' 대중문화를 보며 깨닫는 것은 결국 '미국제'가 원형이라는 것을 일본 미디어 산업들은 정확하게 인식하고 있었다. 일본 미디어 산업이 다른 아시아 지역으로 자신있게 팔 수 있는 것이 있다면 그것은 '미국, 서구'를 토착화하고 지역화해 온 일본의 경험 자체가 아닌가?

어제는 외국 문화로서 이국적 정서를 느꼈던 것이 오늘은 흔히 볼 수 있는 것이 되고, 내일은 전통적인 것이 되어 버린다(Tobin, 1992a).

이런 일본의 역동적 문화 수용과 변용이야말로 다양한 아시아 시장에서 다른 아시아인들이 찾아낼 수 있는 일본과의 공통점으로 일본 미디어 산업들이 만들어 내고 상상하려고 한 것이다. 다시 말해서 일본 TV업계와 음악 업계는 상품 그 자체라기보다는 지역화와 토착화 '과정'이야말로 다른 아시아 지역이 받아들일 수 있는 일본의 '지역성'이며, 아시아 대중문화권에서 수행할 수 있는 일본 최대의 역할이라고 상정한 것이다. 그리고 이 일본 미디어 산업의 아시아 전략에는 일본의 뛰어난 이문화 수용·흡수 능력이 다른 아시아 나라들이 뒤따라야 할 발전 모델이라는 일본의 문명론에 나타났던 전제가 엿보인다. 다시 말해 일본 미디어 산업의 지역화 전략에서 상정된 일본의 '아시아'는 일본과 아시아 사이의 불균형적인 관계와 역사적으로 조성되어 온 아시아 인식이 전지구적 자본주의의 맥락에서 새롭게 유기적으로 결합되고 있음을 보여 준다.

아시아의 '현지' 스타 발굴

이 점은 1990년대 전반 매우 적극적으로 지역화 전략에 착수한 일본 음악 산업의 아시아 시장 전개에서 가장 선명하게 드러난다. 아시아 시장에서는 사이조 히데키, 차게&아스카, 사카이 노리코 등 일본의 대중 가수들과 아이돌의 일정 팬들이 1970년대 후반부터 존재해 왔다(『박스』 1990년 3월호, 『마이니치그라프』 1992년 11월 29일호, 『뷰즈』 1996년 2월호 등). 그러나 1990년대 초에 일본 음악 산업이 목표로 한 것은 일본 팝 아이돌을 양성하는 노하우를 통해 아시아 시장 전체에서 인기를 끌 수 있는 아시아 현지 스타들을 찾아내고 키우는 것이었다(『닛케이 엔터테인먼트』 1992년 9월 9일호). 이 프로젝트는 일본 주도의 문화 혼종화를 위해 아시아를 연결시키는 음악과 대중 가수를 탄생시키고 싶다는 범아시아적 환상이 여전히 뿌리 깊게 일본 안에 존재한다는 것을 보여 준다.

앞장에서 일본의 문화 프로듀서가 복잡한 전지구적 문화 왕래를 어떻게 생각하고 있는지 보여 주는 한 예로 영화 「졸업 여행」을 언급했다. 영화에서는 일본 대중문화가 기본적으로 미국 문화를 바탕으로 하고 있다는 것과 일본의 미국 모방이 다른 아시아 나라들에서도 2차적으로 수용되고 있다는 것을 보여 준다. 그러나 문화의 흐름, 다시 말해서 일본이 번안하고 일본식으로 변용된 「YMCA」가 점점 제2, 제3의 모방으로 홍콩, 싱가포르 등 아시아 각지에 퍼진 것은 그려지지 않았다. 일본의 곡을 홍콩이나 대만 등의 가수들이 현지어로 바꾸어 부르는 것은 자주 있는 일인데, 이 점을 상징적으로 나타내는 것은 나카지마 미유키의 「루즈」의 발자취일 것이다. 이 곡은 알려져 있는 것만 해도 홍콩, 싱가포르, 인도네시아, 태국, 베트남, 터키에서 번안되어 있다(原, 1996: 144-151). 일본곡이 받아들여지는 이유로 일본이 미국 대중음악을 교묘하게 '아시아화'함으로써 친근함이 느껴지고 듣기 편하다는 지적이 있다(篠崎, 1990a). 서구 음악의 '아시아화'가 과연 무엇을 의미하는지에 대해서는 더 많은 검토가 필요하겠지만, 대부분 현지 소비자는 그 멜로디의 기원을 따지지 않고 현지 노래로 수용하고 있다. TBS의 「NEWS 23」(1994년 10월 6일)에서 일본 미디어 산업의 상하이 진출을 특집으로 방송했을 때, 일본 대중음악에 관한 인터뷰에서 현지 음반 가게 주인과 고객은 "상하이에서는 일본 음악을 거의 안 듣는다. 일본 음악 산업은 더욱 열심히 시장 조사를 해야 중국 진출을 할 수 있다"고 입을 모았다. 그러나 뒤이은 「NEWS 23」 진행자의 해설처럼 그들은 홍콩이나 대만에서 들어오는 중국어 노래 중 대부분이 일본 노래를 번안한 곡이라는 점을 모르고 있다. 이런 의미에서 '번안곡'cover song은 일본의 네 번째 'C'상품, 즉 '일본 문화의 색채를 띠지 않는' 상품이라 할 수 있다.

즈노야마 사카에나 혼다 시로가 지적한 것처럼, 이런 예는 미국 대중문화를 잇달아 '아시아화'한다는 일본의 매개자 역할을 떠오르게 하는데, 일본 음악 산업은 미국 문화의 번역자 역할을 적극적으로 사업에 끌어들여 아시아 시장 진출을 꾀했다(アクロス編集室, 1995: 98-131; 市川, 1996). 소니뮤직의 디렉터는 나와 한 인터뷰에서 이 점을 명확하게 밝혔다.

일본 대중음악 제작의 일본다움은 원래 그 음악의 기원을 무시하고 다양한 것을 섞는 것이라 할 수 있죠. 미국 대중음악의 좋은 점만을 골라 자기 것으로 삼는 것이 특기라고 생각해요… 이렇게 우리들이 멋있는 음악, 새로운 스타일의 음악을 각 지역의 언어로 만들어 그것을 현지 가수가 부르면 아마 아시아에서도 틀림없이 인기를 끌 것이라고 봐요. 그 멋의 기본은 역시 미국이지요.

아시아 시장에서 일본의 필터를 통해 미국 대중음악을 점차 지역화해 가려는 의도를 살펴보면 일본이 초국가적인 문화 왕래의 최종 지점이 아니라는 점을 일본 음악 프로듀서가 의식하고 있다는 것을 엿볼 수 있다. 그럼에도 그 의도 속에는 일본과 아시아는 발전 시간차가 당연히 존재한다고 보는 경향이 있다. 일본 음악 프로듀서에 따르면 현재 다른 아시아 나라들이 과거의 일본처럼 고도 경제 성장을 이루면서 젊은 소비자들은 소득이 증가하여 CD나 테이프를 살 수 있게 되었고, 이에 따라 TV산업의 발전은 대중음악이나 아이돌 팬에게 대중음악을 침투시키는 데 큰 역할을 한다는 것이다. 다시 말하면 "아시아의 현재 상황은 일본의 16,17년 전과 매우 유사하다"(『마이니치신문』 1994년 11월 9일)고 안이하게 이해하고, 나아가 '아시아'의 현재와 미래는 영원히 일본의 과거에 대응되기라도 하듯이 일본의 낡아빠진 대중음악의 제조 기술과 노하우가 무조건 다른 아시아 지역에 적용될 수 있다고 인식한 것이다.

1990년대 초부터 일본 미디어 산업은 다양한 형태로 아시아에서 오디션을 실시했다. 그것은 일본에서 1970년대부터 1980년대에 걸쳐 활발하게 실시된 탤런트 발굴 시스템의 해외 수출이었는데, 영화 「졸업 여행」은 이런 일본 아이돌을 양성하는 기술에 관해서도 시사하는 바가 크다. 일본에서는 아이돌의 인기가 굳이 대단한 가창력이나 용모 등의 스타성을 필요로 하지 않는다. 할리우드 스타 시스템과는 달리 아이돌 시스템의 근간은 팬과 스타 사이의 친밀한 근접성이고, 프로와 아마추어 사이의 경계를 모호하게 하는 데 있었다(아이돌론에 관해서는 稻增, 1993; 小川, 1988). 그렇기 때문에 TV가 아이돌 시스템의 주된 미디어가 되고, 아이돌은 TV프로그램이나 광고에 빈번하게 등장하면서 마치 이웃집에 사는 것 같은, 같은 교실에 있어도 이상하지 않은 '현실에 있을 법한' 남성 또는 여성의 이미지를 획득해 간다. 「졸업 여행」에서는 아마추어 대학생이 오디션을 통해 아이돌이 되는 모습을 그림으로써 1980년대 후반 포화 상태가 된 일본 아이돌 시스템을 통렬하게 풍자하고 동시에 1990년대 일본 미디어 산업의 아시아 전략의 중심이 그 '누구라도 스타가 될 수 있는' 기회를 주는 시스템이라는 것을 암시한다.

　방송국 가운데 후지TV는 1992년부터 탤런트 스카우트 프로그램인 「아시아 버거스!」를 방영하기 시작했다. '아시아는 최고!'라는 말레이-인도네시아어를 제목으로 한 프로그램은 일본, 싱가포르, 말레이시아, 인도네시아 4개국 공동 제작으로 시작되었다(이후 대만, 한국, 태국이 참여했다). 이는 매주 각국 출전자들이 노래를 겨루고 1년에 한 번씩 열리는 그랜드 챔피언 대회의 우승자는 가수 데뷔를 보장받는 프로그램이다. 이 프로그램은 일본에서는 심야에 방송되었지만 다른 지역에서는 황금 시간대에 방송되어 많은 인기를 끌었다(『마이니치신문』 1994년 12월 8일, 『요미우리신문』 1994년 10월 27일). 「아시아 버거스!」는 영어를 중심으로 두 명의 사회자(싱가포르 남성과 일본 여성)가 일본어, 말레이-인도네시아어를 구사하고, 중국어와 한국어는 통역으로 진행되는 다문화·다언어 프로그램이다. 프로그램 제작은 후지TV가 중심이 되었는데 다른 아시아 방송국과 교류도 빈번했고 녹화는 거의 싱가포르의 TCS에서 실시했으며 스튜디오 디렉터도 싱가포르인이었다.4) 이 프로그램은 일본 색채를 별로 띠지 않았는데, 그 때문에 내가 1996년 싱가포르의 스튜디오에서 실시한 조사에서도 절반 이상의 관객들은 프로그램 제작이 일본 주도로 이루어졌다는 것을 인식하지 못하고 있었다. 많은 관객들은 이 프로그램의 매력이 한 특정국의 문화로는 환원될 수 없는 '아시아색'에 있다고 답했다.

　이 프로그램 프로듀서에 의하면 「아시아 버거스!」 제작의 목적은 범아시아 오디션 시스템의 확립이었다고 한다(金光, 1993). 프로그램이 참고로 삼은 것은 1970년대 일본 아이돌 시스템을 확립하는 데 원동력이 된 TV프로그램 「스타 탄생」이다. 당시 그 프로그램이 획기적이었던 것은 아마추어 노래자랑에 그치지 않고 음반 회사와 탤런트 회사를 끌어들여 프로 가수 데뷔를 약속했다는 점이다. 이같은 방식으로 「아시아 버거스!」에서도 후지 TV 계열의 음반 회사인 포니캐넌이 아시아 시장에서 신인을 프로로 데뷔시키기 위해 준비했다. 소니 같은 전지구적인 세력을 가지지 못한 포니캐넌은 아시아에서 몇 가지 거점을 만들어 음악 유통을 활발하게 함으로써 해외 시장 확대의 활로를 찾으려 했다(『닛케이 엔터테인먼트』 1992년 9월 9일호). 「아시아 버거스!」는 원래 후지TV와 포니캐넌의 공동 사업으로 기획된 것은 아니었지만 포니캐넌의 아시아 전략과도 일치했다. 지금까지 확립된 등용문이 없었던 동남아시아 시장에서 미래의 스타를 찾는 시스템이 서로의 협력에 따라 만들어진 것이다.

일본의 다른 음반 회사나 탤런트 사무소도 1990년대 초 아시아 팝 아이돌의 발굴을 위한 오디션을 과감하게 실시했다. 소니와 소니뮤직 엔터테인먼트는 1991년에 8개국에 걸친 「보이스 오브 아시아」라는 범아시아 오디션을 실시하여, 4,000팀이 넘는 출전자 중에서 우승한 필리핀 여성 가수 마리베스를 가수로 데뷔시켰다. 그러나 일본 음악 산업이 가장 주목한 것은 거대한 인구를 가진 중국어권 시장이었다. 한 음악 프로듀서가 저자와 한 인터뷰에서 말한 것처럼 "일본 시장은 불과 1억 2천만 명이지만 중국어권은 전세계에서 15억 명에 달하는 거대 시장"이다. 그 거대한 잠재적 소비자수에 매료되어(『닛케이 트렌디』 1995년 3월호, 『주간 아사히』 1993년 12월 10일호, 『선데이 마이니치』 1994년 11월 13일호) 소니뮤직은 1994년 상하이에서 요시모토흥업과 협력하여 일본에서 성공한 「도쿄 퍼포먼스돌」의 상하이판을 만들기 위해 오디션을 실시했다(『다임』 1994년 10월 20일호). 소니 프로듀서에 의하면 중국을 비롯한 아시아 각 지역에서 도쿄 퍼포먼스돌로 성공한 빠른 템포의 댄스 음악을 하는 여성 팝 그룹 시스템을 해외에 이전하려는 소니의 의도와, 상하이에서

상하이 퍼포먼스돌이 출연하는 TV버라이어티 프로그램을 제작하여 중국 진출의 계기로 삼고 싶다는 요시모토흥업의 의도가 일치했다는 것이다(『아사히신문』 1994년 7월 30일, 1995년 9월 25일). 또 대규모 기획사인 호리프로덕션도 1993년 홍콩과 베이징에 사무소를 개설하고 베이징에서 대대적으로 오디션을 실시했다. 그리고 20만 명의 응모자 가운데 3명을 가수로 데뷔시켰다. 이어서 호리프로덕션은 1995년 베트남에서 처음으로 오디션을 실시했다. 아뮤즈도 상하이에서 오디션을 실시하고 십대 '기대주'를 발굴했다. 호리프로덕션과 같이 아뮤즈도 일본 자본과 오랫동안 일본에서 경험을 쌓은 탤런트 양성 방법과 아이돌 광고 전략을 구사하여 중국 시장 진출의 발판을 다지려 했다(『아에라』 1993년 9월 14일호, アクロス編集室, 1995: 100-119). 음악이라는 장르는 상대적으로 문화 할인율이 낮기 때문에 다른 해외 시장에서 수용되기 쉬운데, 경제 성장이 눈에 띄는 주된 공략 대상인 아시아 지역에서 CD나 CD플레이어 등의 상품 매출이 기대되는 것도 대중음악 사업을 해외에서 전개하려는 중요한 요소였다. 또 소비자는 오디션에 참가하기 위해 자신이 좋아하는 노래를 많이 연습해야 하기 때문에 가라오케, 워크맨, CD, 레이저 디스크 등 새로운 시장 개발의 가능성이 열린다. 예를 들어 음향 메이커인 파이오니아는 레이저 디스크의 판매 캠페인의 일환으로 1991년부터 아시아 7개국에서 아마추어 노래 자랑 대회를 실시했다. 1993년에는 1만 명 이상이 참가했고 파이오니아는 아시아 시장에서 전년의 2배 이상인 60만 세트의 레이저 디스크 수출에 성공했다(『아사히신문』 1994년 2월 11일). 이런 하드웨어와 소프트웨어의 결합 뒤에는 전후 일본이 경험한 풍족한 소비자가 되고 싶다는 소망을 아시아 소비자와 시청자들도 틀림없이 가지리라는 확신이 있었던 것으로 보인다. 일본에서는 1960년대부터 TV가 보급되면서 미국 TV드라마가 많이 시청되었고, 편리한 가전제품에 둘러싸인 생활은 많은 시청자들의 동경의 대상이 되었다. 일본 산업계는 시대에

따라 팔고 싶은 가전제품에 '삼대 신기'*라는 슬로건을 붙여서 소비자들의 풍족한 중산층이 되고 싶다는 욕망을 교묘하게 이용하면서 판매를 촉진해왔다(Kelly, 1993; Ivy, 1993). 1950년대 후반 삼대 신기는 3S, 즉 선풍기(센푸키), 세탁기(센탁기), 전기밥솥(수이항키)이었고, 1960년대에는 3C, 즉 자동차(카), 에어컨(쿨러), 컬러TV였다. 앞에서 말했듯이 1970년대 이후 일본에서는 TV오디션을 바탕으로 한 아이돌 시스템에서 아이돌이 광고에 자주나와 소득이 늘어난 젊은이들의 소비를 부추겼다. 그리고 전지구적으로 퍼진 자본주의 사회의 일원으로 소비자들을 양성하는 전략이 아시아 시장에서 시도되었다. 이런 의미에서 일본 음악 산업의 아시아 시장 진출은 일본 자본과 일본 제조업의 아시아 전략을 바탕으로 한 것이었다. 1995년 중국에서 실시된 가장 잘 알려진 기업 및 상품에 관한 조사에 따르면 상위 10위 중 6개 회사가 일본 기업이었다(10위부터 혼다, 스즈키, 말보로, 미키마우스, 도요타, 칭다오, 도시바, 파나소닉, 코카콜라, 히타치)(『니혼케이자이신문』 1995년 2월 17일). 이 기업들의 대부분은 아시아 시장 캠페인을 전개하면서 일본처럼 이미지 캐릭터로 아이돌을 기용하려 했다. 소니의 「보이스 오브 아시아」 오디션 우승자인 마리베스도 CD플레이어 판매 촉진을 위해 아시아 지역에서 제품 광고에 출연했다. 그 광고에서 마리베스가 발리 섬을 배경으로 한 신곡 「덴파사르의 달」을 부른 후 CD와 CD플레이어의 매출이 증가했다(市川, 1996: 336). 마리베스의 앨범은 40만 장에 가까운 매출을 기록했는데 이는 인도네시아에서 공식 기록이었던 마이클 잭슨의 앨범 판매 수와 견줄 정도였다(『아사히신문』 1994년 2월 11일).5) 일본에서 이른바 '타이 업'tie up으로 알려져 있는 아이돌을 중심으로 한 이런 미디어 믹스 전략**은 다른

---

* 神器. 원래 황위皇位의 표시로 전해 내려온 세 가지 보물을 의미한다. 여기에서는 대표적인 세 가지 생활필수품이라는 의미로 쓰인다.

아시아 시장에서도 전개되었다. 1995년에는 파나소닉도 중국을 중심으로 한 아시아 시장 전략을 위해, 이전까지 이미지 걸로 활동했던 사카이 노리코를 호리프로덕션이 베이징 오디션에서 발굴한 중국 여성 리우지에로 교체했다(『닛케이 트렌디』 1995년 3월호). 아시아의 슈퍼 체인점 야오항도 상하이에 진출하기 위해 소니와 요시모토흥업이 공동으로 키우는 아이돌 그룹인 상하이 퍼포먼스돌을 내세워 신점포의 이미지를 알리고자 했다(『아사히신문』 1994년 7월 30일).

사이토 에이스케(斎藤英介, 1995) 등이 지적한 것처럼 일본 대중문화가 아시아 시장으로 진출한 것은 소비재와 유통 분야 진출과 함께 진행되었고, 아시아의 새로운 중산층(Robinson & Goodman, 1996)의 소비 욕망을 자극하기 위해 '현지' 아이돌을 기용하는 것이 효과적이라고 여겨졌다. 마리베스가 필리핀인이면서도 인도네시아에서 풍족함과 물질에 둘러싸여 생활하는 꿈을 불러일으킬 수 있었던 것처럼, '지역성'은 엄밀한 의미에서 국적이나 인종과 일치되지 않는다. 그러나 '서구화'된 '아시아' 연예인의 패션·헤어스타일·행동 방식 등은 역시 미국의 스타들보다 아시아 소비자들에게 친근하고 자극적이고 일체화하기 쉬운 것으로 간주되었다. 「아시아 버거스!」의 프로듀서에 따르면 프로그램 제작에서 가장 신경을 기울이는 것 중 하나는 일본에서 온 일류 메이크업 아티스트와 스타일리스트가 아마추어 출연자들을 스타처럼 보이게 함으로써 시청자들에게 누구라도 스타가 될 수 있다는 꿈을 주는 것이었다고 한다.

포맷 판매나 아이돌 발굴을 통해 일본 미디어 산업이 바라는 것은 진정한 '일본다움'을 강요하려는 것도 아니고, '일본'의 이미지에 상품 가치를

** Media mix. 광고를 기획할 때 광고 메시지가 구매자에게 가장 효율이 높은 매체로 흐를 수 있도록 광고를 편성하는 일.

부여하려는 것도 아니다. 또 아시아 시장에서 일본 미디어 산업이 만들려는 것은 물론 '전통적' 문화도 아니고, 서구 문화의 단순한 복사물도 아니다. 오히려 서구(미국)에서 만들어진 대중문화를 아시아 지역에서 멋지게 지역화하려는 새롭고 다양한 중산층적인 '아시아다움'이며, 자신의 경험을 바탕으로 다양성을 만들어 내는 노하우야말로 일본 미디어 산업이 다른 아시아 지역 소비자들의 인기를 얻을 수 있는 최대의 무기라고 생각되었다. 「아시아 버거스!」의 프로듀서는 프로그램이 인기있는 이유로 일본의 뛰어난 제작 능력으로 프로그램을 스타일 있게 만들었다는 것 등을 예로 들면서, '멋있는', '반항적인' 느낌을 보여 주는 것이 중요하다고 지적했다. 노래를 선곡할 때도 강요는 아니지만 옛 것은 피하고 될 수 있는 대로 미국에서 최신 유행하는 것을 추천했다고 한다. 여기에서 강조해야 할 것은, 일본 미디어 산업이 구축하려 한 것이 '서구화된 아시아'라는 수동적인 과정이 아니라 '아시아화된 서구'라는 더욱 적극적인 이문화 수용 과정이었다는 것이다. 소비자들은 주어진 것을 그대로 받아들이는 인형 같은 존재가 아니라 말단에서 자신의 이미지와 의미를 늘 만들어 낸다. 따라서 서구 문화가 다양한 지역에서 '개성적', '독창적'으로 남용되고 섞이는 과정에서 서구 오리지널과 아시아 지역판 사이의 우열을 가리는 것은 불가능하다. 문화와 상품이 모든 경계를 무시하고 세계를 도는 전지구화 시대에 우리가 문화 본질주의에 빠지지 않고 굳이 한 지역의 '문화 진정성'이라는 것에 주목한다면, 그것은 선천적인 것이 아닌 후천적인 것에서 찾을 수 있다. 다시 말해서 '문화의 진정성'은 문화의 '기원'이 아니라 다양한 장소와 사람들에 의한 끊임없는 문화 번역과 지역화의 '결과'에서 찾을 수 있다(Miller, 1992).

이런 전제를 바탕으로 아시아 시장에서 펼쳐진 일본 미디어 산업의 지역화 전략은 서구가 지배해온 전지구적 문화 왕래의 말단에서 오랫동안 소비에 관여해 온 일본의 노하우를 활용한 것이라 할 수 있다. 그러나 이 과정은 자본과 시장의 논리로 일관되어 있고, 그 말단에 있는 소비자들은 전세계에 지배권을 행사하는 지역에서 일방적으로 보내오는 상품 및 이미지의 흐름을 조작할 수 없다는 것을 잊으면 안 된다. 또 그 흐름이 일본에서 나오는 일방통행이라는 것도 틀림없는 사실이다. 소비자가 전지구적 문화 왕래에서 펼치는 창조적인 접촉은 생산과 배급 시스템이 점점 소수의 전지구적 미디어 기업에 집중되면서 가능해지고 있다. 양극으로 나뉘는 생산과 소비의 관계를 교묘하게 착취하는 것이야말로 전지구적 지역화 전략의 의도다. 바꿔 말하면 전지구적 지역화 전략의 장점은 지역에서 이루어지는 접촉 과정과 전지구적으로 퍼지는 구조적 지배를 동시적이고 상호적으로 결합시키고, 연관시키고, 침투시키는 형태로 동원하는 데 있다. 많은 소비자들이 개인적으로는 그들의 생활을 구조화하는 전지구적인 힘을 느끼지 못하겠지만 그러한 억제력은 구조적으로도 분석적으로도 틀림없이 '현실'에 존재한다.

더욱이 도시의 중산층 문화를 아시아 전체로 일반화할 수도 없다. 너무나 많은 지역의 사람들이 여기에서 배제되어 있기 때문이다. 이 점은 1997년부터 시작된 아시아 경제 위기에서도 다시 부각되었다. 소비 문화를 향유할 수 있는 사람들은 여전히 극소수 가진 자에 불과하고, '지역'을 무비판적으로 '국가'와 동일시해 버리면 계급·젠더·인종·지역 등 많은 소수자를 전지구적 대기업이 돈을 벌어 갈 수 없는 '지역'으로 무시하고 있다는 사실이 잊혀진다 (Sreberny-Mohammadi, 1991). 그런 의미에서 지금까지 살펴본 아시아 소비자와 소비 문화의 모습은 어디까지나 일본 미디어 산업이 상상하는 것일 뿐이고, 반드시 사람들의 실제 일상생활을 반영하지는 않는다.

이는 일본 미디어 산업이 아시아에 문화적 차이가 존재한다는 것에 전혀 무관심함을 의미하지는 않는다. 예를 들어 「아시아 버거스!」의 제작자는 패션·종교·언어·정치를 둘러싼 다양한 문제들에 직면하여 아시아의 정치·문화적 다양성을 몸으로 체험했다(金光, 1993).[6] 그러나 일본 미디어 산업이 지역화 전략을 통해 적어도 마케팅의 관점에서 아시아에 존재하는 문화적 차이에 주의를 기울이고 있음을 강조하는 한편으로 범아시아적인 문화 혼성이라는 발상에 매료되고 새롭게 전체화된 '아시아'를 상상하고 만들어 내려 한 것을 간과할 수 없다. '아시아'는 과거 일본과 같이 서구 문화의 흡수와 토착화라는 뜨거운 소비자의 욕망을 가진 자본주의적 공간으로 파악되고, 일본은 아시아 지역의 소비 문화와 대중문화의 발전을 지휘할 자격이 있다고 암묵적으로 받아들여지고 있다.7)

글로컬라이제이션의 한계

그러나 일본 음악 산업의 범아시아적인 아이돌 양성이라는 시도는 부분적 성공으로 끝났다.8) 그 이유로 경제적·문화적 차이에 기초한 요인을 들 수 있다. 아시아 시장에 진출할 때 일본 문화 산업들은 당장 이익을 얻을 수 있다는 기대는 하지 않았고, 어떤 면에서는 아시아 시장이 지닌 미래와 잠재력에 대한 투자를 강조했다(『닛케이 트렌디』 1995년 3월호, 『포브스』 1994년 12월호, 『다임』 1994년 10월 20일호). 그런데도 일본이 계속되는 경기 침체로 고심하는 가운데, 많은 음악 산업은 쌓이는 적자에 견딜 수 없게 되면서 프로젝트를 축소하거나 철수했다. 내가 1994년에 인터뷰한 일본 미디어 프로듀서를 1997년 초에 만나서 다시 인터뷰를 했는데, 아시아 시장에서 지역 스타를 발굴하는 것에 대한 열정과 낙관적 태도는 온데간데없고 피로감마저 느껴졌다. 호리프로덕션에서 근무하는 중국인이 말하는 것처럼 "앨범을 내면 적자가 늘어나는 상황에서 일본 음악 산업의 아시아 붐이 사라져 버린 것이다." 덴츠에서 포맷 판매에 의한 신디케이션 비즈니스 개발에 관여했던 담당 부장은 다른 부서로 이동한 후였다. 그는 여전히 포맷 판매는 장래성이 있다고 생각하지만 회사는 장기적으로 그것을 지지해 주지 않았다고 했다. 포니캐년은 실적 악화 때문에 1997년 말레이시아와 홍콩 이외의 현지 사무소를 모두 닫았고, 아시아 시장 전략은 사실상 막을 내렸다. 또 상하이 퍼포먼스돌을 이미지 캐릭터로 사용하려 했던 야오항은 중국 시장 확대 전략으로 말미암아 1996년 도산하고 말았다.

일본 문화 산업이 아시아 시장에서 철수한 것은 실제 활동 속에서 지역화 전략이 다양한 한계와 모순을 드러냈기 때문이다. 호리프로덕션 담당자가 말하는 것처럼 많은 일본 프로듀서들이 이상과 현실의 차이에 직면했다. 예를 들어 중국 시장에서는 정부의 미디어 통제와 미디어 업계의 관행 차이가 큰 장벽이었다. 그에 의하면 중국은 일본과는 달리, 어떤 곡이 TV나 광고의 테마곡으로 사용되었다 해도 그다지 인기로 연결되지는 않는다. 오히려 라디오나 DJ가 인기 차트에 큰 영향력을 미쳤다고 한다. 그러나 그들은 정부의 문화 정책에 따라 중국에서 만든 대중음악을 중심으로 곡을 선택하고 중국 노래 다음으로 홍콩, 대만 등 다른 중국어권 음악이 나와야 한다는 지시가 있었으며, 그 외 해외 음악이 자주 선곡된 예는 별로 없었다고 한다. 호리프로덕션이 오디션에서 발굴한 중국인 여가수 다이야오는 착실하게 중국에서 기반을 쌓고 있었지만 중국 정부의 중화 문화 우선주의 때문에 일본인이 만든 곡은 아무리 중국인 가수가 불러도 라디오에서 방송되는 빈도가 줄어들 수밖에 없었다고 한다. 호리프로덕션의 베트남 진출이야말로 최악의 상황이었다. 베트남 정부는 외국 자본이 국내에서 합작 사업을 하는 것은 인정하지만, 외국 특히 서구의 퇴폐적인 '나쁜' 문화 유입에는 극히 신중한 자세를 보이고 있다. 1995년 오디션 우승자를 프로로 데뷔시키려 한 호리프로덕션은 이 점을 낙관적으로 보아 로비 활동을 충분히 하지 않은 탓인지 결국 베트남 정부로부터 합병 현지 법인의 설립 허가를 받지 못해 어쩔 수 없이 시장에서 철수했다.

소니의 상하이 퍼포먼스돌은 1996년에 데뷔했고, 앨범도 처음에 찍은

10만 장은 잘 팔렸다. 이를 좋은 기회로 생각한 소니는 중국 음반 회사에 몇 번이나 추가 판매를 위한 제작을 의뢰했지만 중국에서는 추가 발주하는 관례가 없다고 거절당하고, 매출은 기대만큼 늘지 않았다고 한다. 또 상하이 퍼포먼스돌은 상하이에서 방송된 산토리 광고에 등장했지만 그 효과는 일본에서 얻은 것에 비해 미미했으며 인기 상승으로 연결되지는 않았다고 한다. 1994년에 아시아 각지에서 여러 형태의 퍼포먼스돌을 만들 수 있으면 좋겠다고 하던 담당 디렉터는 일본과 다른 문화 시스템의 상호 작용이 어려움을 실감했다. 1997년 인터뷰에서도 그는 일본 방식을 강요한다거나 굳이 발전시키려고 하면 안 된다고 다시 강조했다. 같은 말이 실제로 1994년에도 나왔지만 그 당시에는 '하면 안 된다'는 윤리적 의미가 강했던 것에 비해, 1997년에는 아시아 시장에서 고전을 거듭한 끝에 '해도 안 된다'는 뜻으로 의미가 미묘하게 변한 듯했다.

거의 대부분의 일본 미디어 프로듀서들은 말로는 아시아 지역의 문화나 사업 관행의 차이를 존중해야 한다고 하지만(アクロス編集室, 1995: 100-119) 이 점은 실제로 잘 지켜지지 않은 경우가 많은 것 같았다. 호리프로덕션에서 근무하는 중국인에 의하면 일본인과 중국인 스태프 사이에서 프로모션 전략이나 선곡 등에서 자주 의견이 대립했는데, 결국 중국측 의견은 항상 받아들여지지 않았고 도쿄에서 일방적 최종 판결만을 받으면서 점차 양자 간의 신뢰가 없어졌다고 한다. 일본 음반 회사에서 일하는 싱가포르의 유명한 프로듀서도 일본 음반 회사는 현지 시장을 충분히 이해하지 못하면서도 일본 방식을 강요하여 현지 스태프에게는 의사 결정권을 별로 주지 않는다며 불만을 토로했다. 같은 이야기를 일본인 스태프에게서도 들을 수 있었다. 예를 들어 포니캐년의 일본인 대만 지사장은 대만 시장에서 CD를 팔기 위해서는 일본과 달리 고액의 돈을 광고에 투자해야 한다는 것을 도쿄 본사에 이해시키기가 얼마나 어려웠는지 말해 주었다.

일본 기업은 너무 순진하게도 일본 방식을 그대로 다른 아시아에 적용할 수 있다고 생각하기 때문에 실은 미디어 환경이 일본과는 많이 다르다는 것을 이해하려 하지 않아요. 예를 들어 대만에서 TV는 광고를 파는 미디어에 불과해요. 그래서 음반 회사는 그 시간대를 사용하고 싶으면 사야 하고, 미디어 믹스가 당연시되는 일본과는 달리 TV드라마의 테마곡으로 사용되기 위해서는 돈을 써야 되지요. 저는 이 방법이 세계 주류라고 생각하는데 도쿄 본사에서는 그것을 모르더라고요.

이런 말들은 일본 기업이 실제로 해외에 일본식 비즈니스 방식을 지역화할 때의 모순을 드러낸다. 현지 사원을 채용하여 현지 방식을 존중한다고 하면서도 주요 안건은 모두 도쿄 본사에서 결정하는 것이 현실이며 그 운용은 매우 중심화된 구조이다(소니 등 일본 제조업에 관한 같은 지적은 Emmott, 1992; du Gay et al., 1997: 80).

일본 음악 산업들은 '서구'와 '아시아' 사이의 번역자가 되는 것이 목표였다. 한 음악 프로듀서가 저자에게 말했듯이 일본의 장점은 50년 이상에 걸친 미국 문화 번역의 경험과 축적된 노하우라고 인식되었다. 그 배경에는 서구 문화의 토착화에 성공한 비서구국이라는 국권 의식이 존재하는데, 대개 현지 사원들에게는 거만하게 느껴진 부분이다. 또 그런 자부심 때문에 일본 미디어 프로듀서는 일본이 서구 문화를 접촉하는 방식 외의 다른 방법을 평가할 수 없게 되고 만다. 예를 들어 싱가포르 광고 대행사의 일본인 지사장은 저자와 한 인터뷰에서 싱가포르에 그다지 세련된 광고 문화가 없는 것을 한탄했다. 싱가포르의 광고는 싼 가격과 좋은 질을 강조하는 단순한 것밖에 없으며 일본 광고가 발전시켜온 '상품 문화'가 전혀 없다는 것이다. 그는 자신이 관여했다는 1980년대 세이부 백화점의 유명한 광고를 예로 들었다. 그것은 우디 알렌의 우울한 표정과 함께 이토이 시게사토의 '맛있는 생활'이라는 문구를 배치한 것이었으며, 그러한 미국 문화의 아이콘을 풍자적이고 역설적인 이미지와 메시지로 차용한 광고는 상품이나 광고주와는 그다지 관계가 없고 광고가 상품으로부터 독립된 일종의 예술로 자립한 것이라 할 수 있다(上野千鶴子, 1999; Wark, 1991). 일본인 지사장은 일본이 서구 문화를 흡수하면서 발전시킨 그런 이미지 중심의 문화 광고를 싱가포르에서도 발전시키고 싶었던 것이다.

그러나 그의 시도는 별로 효과가 없었고, 그는 싱가포르의 소비 문화를 일본이나 서구에 비해 열등하게 보는 것 같았다.

싱가포르는 밖에서 많은 것을 아주 쉽게 직접 받아들이고 맙니다. 그들은 그것을 싱가포르식으로 각색하려고 하지 않아요. 외국 것을 현지에 지역화하는 문화 필터가 될 만한 프로듀서가 여기에는 없네요.

그러나 싱가포르에서 문화 필터가 되려고 한 그의 초조함 뒤에 자리하고 있는 것은, 해외 문화를 필터에 거르지 않고 그대로 직접 받아들이는 싱가포르 방식이 열등하다는 인식이 아니라 오히려 이질적인 서구 문화와의 접촉 방식을 인정할 수 없는 일본인 미디어 프로듀서의 자질이 아닐까? 싱가포르의 연구자 위(Wee, 1997: 44)가 싱가포르의 일본 대중문화와 소비 문화에 대해 지적한 것처럼,

싱가포르인은 일본이 자신들과 서구 이미지 및 상징 사이의 매개 역할을 해줄 필요성을 느끼지 않는다… 일본 상품은 서구에서 온 이차적인 중고中古의 현대성 같은 것인데 싱가포르인이 왜 그걸 기꺼이 소비하겠는가?

많은 싱가포르인에게는 서구 대중문화를 직접 소비하는 것이 일본 미디어

프로듀서에 의해 어설프게 '싱가포르화'되는 것보다 훨씬 자극적이고 호감을 가질 수 있다는 것이다.

이 예들은 다음을 시사한다. 즉 일본 미디어 산업들이 미국 문화를 토착화하는 일본의 세련된 능력을 강조하는 것은, 서구에서 시작된 근대가 전지구적으로 토착화되면서 아시아와 서구 사이에 위치한다고 생각해 온 일본의 문화적 역할이 불안해지고 있음을 암시하는 것이 아닐까. 다시 말해 서구 문화를 토착화하는 노하우에 대한 자신감 뒤에는 포니캐넌 대만 지사장이 말했듯이 "일본 시스템은 지나치게 자기 완결적이기 때문에 외국에서 영향력을 가질 수 없는 것"이 아닐까 하는 식의 강력한 불안이 섞여 있다. 국경을 넘은 문화 왕래와 혼종화가 세계 각지에서 활발해지고 가속화되는 상황에서, 일본이 독특한 비서구국으로서 토착 근대를 만들어 냈다는 자부심은 점차 근거를 상실하고 있다. 더욱 복잡한 것은 아시아 나라들이 일본을 거치지 않고 직접 서구 문화와 접촉하고 일본보다도 더 교묘하게 그것을 지역화한다는 것이다.

금융업이나 제조업에서처럼 아시아 경제가 발전하면서 1980년대 말 일본과 미국 사이의 무역 마찰에 일어난 '일본 때리기'Japan-bashing가 일본을 지나 아시아와 서구가 직접 거래하는 '일본 지나쳐 가기'Japan-passing로 옮아가고 있고, 나아가 일본이 자신의 지위를 잃게 된다는 '일본 무존재'Japan-nothing로까지 사태가 진행될지 모른다는 비관론을 지닌 일본 미디어 프로듀서도 적지 않았다.9) 예를 들어 「아시아 버거스!」 프로듀서는 앞에서 말한 광고 대행사 싱가포르 지사장과는 달리, 1990년대에는 다른 아시아 지역이 일본보다도 더 열심히 창조적으로 서구 문화를 흡수하여 새로운 문화를 만들어 내고 있다면서 "일본 대중문화가 아시아보다 앞서 있다고 생각하는 것은 잘못"이라고 강조했다. 다른 기획사의 프로듀서도 서구 문화를 토착화하는 풍부한 경험은 일본의 장점이라면서 일본의 지위에 대해 그 위험성을 지적했다.

지금 아시아는 정말 빠른 속도로 미국 문화를 독자적 방법으로 받아들이고 있어요. 아시아 대중문화가 미국화되는 것은 피할 수 없을 거예요. 따라서 문제는 일본이 그러한 상황에서 어떤 식으로 그 안에 편입될 수 있을까, 어떻게 하면 뒤처지지 있을까 하는 것입니다. 저는 'USA' 즉 '유나이티드 스테이츠 오브 아시아'라는 개념을 사용하는데 미국이 많은 문화를 융합한 것처럼 우리 만의 'USA'도 다양한 아시아 문화를 혼합하여 새로운 무엇을 만들어 갈 것을 목표로 삼아야 할 것 같아요.

그가 강조하는 것은 일본도 USA의 한 주에 불과하다는 것이다. 그가 속한 아뮤즈는 많은 자금을 투자하여 중국, 홍콩과 합작을 시도하고 있다. 상하이TV와는 드라마 시리즈 「도쿄의 상하이인」을 공동 제작했고, 홍콩에서는 1997년 홍콩 대규모 영화 회사인 골든하비스트와 합병 회사를 설립하여 연애 영화 제작에 착수했다(『니혼케이자이신문』 1997년 12월 11일). 내가 조사한 바에 의하면 아뮤즈는 자금 회수를 거의 못해 많은 적자를 안고 있다고 하는데, 그런데도 USA계획에서 손을 떼지 않는 것은 그런 대등한 합작이야말로 중국을 중심으로 문화 교류가 활발한 아시아(중화) 문화권에서 뒤처지지 않는 유일한 방책이라고 생각하기 때문일 것이다. 이것은 전지구화의 진행으로 일본의 문화 혼종화 방법이 무가치하게 되기 전에 아시아 시장과 융화되어야 한다는 초국가적 문화의 유통·융합 시대에 살아남기 위한 일본 미디어 산업의 결의 표명이라고 할 수 있다.

동아시아 시장에서 동시적으로 유통되는 미디어

아시아 시장에서 일본의 지역화 전략을 고찰하는 데 또 한 가지 중요한 것은 대상 지역이 중국을 중심으로 한 비교적 미숙한 문화 시장에 한정되었다는 점이다. 그 대상에는 대만이나 홍콩 등 문화 시장이 어느 정도 발전된 지역은 포함되지 않았다. 이 지역은 미국뿐만 아니라 일본 아이돌 문화의 영향을 흡수하여 독자적인 스타일을 형성해 왔기 때문에 일본 미디어 산업이 지역화 전략을 가지고 새로 개발할 수 있는 시장이 아니다. 이미 일본이 '가르칠 수 있는' 것은 별로 남아 있지 않은 상태다.10)

1980년대부터 일본 아이돌의 패션·용모·음악 등을 모방한 대중 가수들이 많이 나타났고, 특히 대만에서는 「쇼넨타이」를 모방한 그룹인 「소호대」가 탄생했다(森枝, 1988). 당시에는 아직 음악 산업이나 시장이 제대로 개발되지 않았으므로 일본에서 성공한 패턴을 모방하는 것은 손쉬웠고 안정책이기도 했다(Ching, 1994). 그러나 그러한 단계는 막이 내리고, 1990년대 대만이나 홍콩의 음악 산업은 독자적인 스타일을 의식하기 시작했다. 대만판의 일본 아이돌 잡지 편집장이 나와 한 인터뷰에서 말했듯이 "과거 일본을 많이 모방해온 대만 아이돌은 이제 스스로의 스타일을 가지고 국제 시장까지 의식하기 시작했다. 이미 일본과 대만 사이에 시간 차이는 없어졌다." 같은 움직임은 작곡 분야에서도 볼 수 있다. 홍콩과 대만에서는 수많은 일본 노래가 번안되어 왔지만 1990년대 현지 음악 산업들은 독자적인 작곡의 필요성을 강조했고, 홍콩 라디오 방송국은 1994년 일본 곡을 번안한 노래의 방송을 금지할 정도였다. 물론 이런 움직임은 홍콩의 음악 산업이 자신들의 곡에 자신감을 갖게 되었다는 것을 의미한다.

그러나 이 사실은 일본 대중문화가 이제 홍콩이나 대만에 어떤 영향력도 미치지 않는다는 의미는 아니다. 그렇기는커녕 일본 TV드라마나 대중문화가 가장 열렬히 소비되는 곳이 비교적 성숙한 동아시아 시장이다. 다시 말해 1990년대 중반 일본 미디어 산업이 아시아 지역에서 서구 문화의 번역자가 되려는 시도는 동아시아와 동남아시아 상황에는 적합하지 않았지만, 한편으로 동아시아 시장에서 일본 대중음악이나 TV프로그램의 수출이 대폭 늘어났고 그 수출은 일본에서 유행하는 것과 동시간적으로 진행되었다(『아에라』1997년 1월 20일호, 『바트』1997년 3월 10일호). 이 경향이 가장 현저하게 드러난 곳이 대만일 것이다. 1997년의 사례 조사 단계에서 대만에서 일본 대중음악 점유율은 불과 2-3%였고, 일본처럼 대만에서는 홍콩을 포함한 중국어권 대중음악이 시장의 80%까지 차지했다(중국어 75-80%, 서구 음악 15-20%). 그러나 1990년대 후반부터 대만에서는 일본 대중문화의 비중이 급속하게 증가했고, 일본 인기 대중 가수의 대만 인기 차트는 일본의 인기 차트를 따랐다. 예를 들어 대만의 오리콘 차트에 해당되는 IFPI 대만에 의하면 1997년 3월 24-31일의 주간 싱글 CD 판매 톱 10 중 일본 가수의 곡은 4곡이 포함되었다(아무로 나미에 2곡, 글로브 1곡, 드림스 컴 트루 1곡). 그것은 대만에서 현지 가수는 싱글을 거의 발매하지 않는다는 점을 감안해도 지금까지 예상하지 못한 놀라운 현상이라고 할 수 있다.

일본 대중문화의 아시아 진출을 다룬 『바트』(1997년 3월 10일호) 특집 기사에서는 일본 대중음악이 홍콩이나 대만에서 '실시간'으로 인기를 끌고 있는 것은 '의도되지 않은 자연스러운' 대중문화의 흐름을 나타낸다고 지적한다. 이런 자연스러운 흐름은 일본 기업이 지닌 "아시아 시장에서 한 건 해보자"는 야심이나 "일본과 아시아의 중개자가 되자"는 문화 외교의 목적과는 거리가 멀다. 이 기사는 서서히 활발해지는 다양한 아시아 음악 프로듀서나 기업의 협동 제작과 협력 관계를 언급하면서 동아시아에서 대중문화의 동시간성은 커뮤니케이션 기술이 발전하면서 마치 '유기적'으로 확대된 것처럼 파악된다. 그러나 실제로 그 뒤에는 미디어 산업의 막대한 판촉 활동이 있었다는 것을 경시해서는 안 된다. 그리고 일본 대중문화가 동아시아 시장에 실시간으로 유입된 것은 일본측보다 현지 미디어 산업의 강력한 판촉 활동에 의한 것이 크다. 내가 한 현장 조사에서도 '실시간', '동시성', '시차가 없다'는 말들을 일본뿐만 아니라 대만과 홍콩 프로듀서에게서도 자주 들을 수 있었다. 이는 앞에서 말했듯이 홍콩과 대만에서 높아지는 문화 제작력에 대한 자신감의 표명이기도 하지만, 한편 동아시아 시장에서 일본 대중음악을 팔기 위한 열쇠로 이런 말들이 사용된 것이다.

1990년 초에는 치바 미카, 도쿄 디 등 일본의 무명 가수나 그룹이 대만에서 데뷔하여 인기를 끌었다. 그녀들은 대만을 활동의 거점으로 하여 현지 미디어에 자주 출연하고 중국어로 노래하며 현지 아이돌이 되려 했다(『닛케이 트렌디』 1997년 6월호). 한 대만 프로듀서는 그 현상을 과거 식민지 종주국 일본의 문화가 대만에 다가가기 시작한 것이라고 긍정적으로 말했지만(『아사히신문』 1995년 11월 15일) 그 성공이 계속되지는 않았다. 대만의 일본 음반 회사 사장은 내게 이렇게 말했다.

대만은 일본에서 인기가 좀 떨어진 아이돌이 와서 활동하는 곳으로 생각되었지만 이제 일본에서 인기가 없으면 대만에서도 인기를 끌지 못해요. 일본의 정보나 이미지가 대만에도 동시에 들어오기 때문에 대만 소비자는 지금 누가 인기 있고, 어떤 활동을 하는지 매일 신문이나 TV에서 소식을 접할 수 있지요. 그래서 현재 일본에서 인기가 없으면 여기서도 안 되지요.

정보의 실시간화는 바로 지금 이 시간에 일본에서 인기를 끌어야 할 필요성을 요구한다. 이렇게 보면 앞에서 말한 '시차의 소멸'은 두 가지 의미를 갖고 있다고 할 수 있다. 대중문화 제작 능력과 시장의 성숙도 면에서 시간 차이가 사라져 가는 것과 순식간에 미디어 정보와 이미지가 유통되는 상황에서 일본 아이돌의 '명성'이 동아시아에서 초국적화되었다는 것이다. 이 두 가지가 뒤섞이는 가운데 일본 대중문화는 대만과 홍콩의 현지 산업에 의해 프로모션이 활발하게 진행된 것이다. 자세한 것은 다음 장에서 살펴보겠지만 대만에서 보이는 최근 일본 대중문화의 인기는 1993년 말 일본어 방송과 상영이 해금된 것이 큰 이유로 작용했다. 또 1987년 계엄령 해금 이후의 자유화·민주화와 문화 전지구화라는 큰 흐름 속에서 촉진되어 온 대만의 정보 산업과 오락 산업의 급격한 발전에 힘입은 바 크다. 케이블TV 발달을 비롯하여 외국 자본이나 상품 유입의 증가는 현지 시장을 활발하게 했고 동시에 신문·잡지·인터넷에서 외국 연예 기사의 정보량을 증가시켰다. 예를 들어 연예 뉴스 기사로 정평이 나 있는 대만의 일간지『민생보』에는 1994년부터 불과 3년만에 오락, 연예란이 4쪽에서 8쪽으로 늘어났다. 그런 정보나 상품의 동시 유통이 진행되는 가운데 현지 산업은 일본 대중문화의 상업적 가치를 높이기 위해 적극적으로 자본을 투입하여 '일본' 팔기에 본격적으로 착수한 것이다.

내가 타이페이에서 조사를 한 1997년에 아무로 나미에, 글로브는 매직스톤이, 드림스 컴 트루는 소니뮤직 대만(1997년에는 버진으로 이적했다) 등의 음반 회사가 대량 광고를 내세워 **CD**를 판매했다. 두 회사 모두 일본 본사의 직접 지배 아래에 있지 않았다는 점이 흥미롭다. 매직스톤은 대만 대규모 회사 록레코드의 자매 회사인 일본 에이벡스에서 라이선스를 받아 아무로 나미에, 글로브 등을 대만에서 판매했다. 그것은 에이벡스가 해외 지사를 갖지 않고 아시아의 여러 현지 음반 회사와 라이선스 계약을 통해 판매를 하고 있기 때문이다. 에이벡스 홍콩 지사의 아시아 총괄 담당자가 내게 말했듯이, 이는 대규모 회사와는 달리 신생 음반 회사로서 지사 운영 경비 등을 삭감하기 위한 전략이라고 한다. 라이선스 판매의 불이익은 일본 에이벡스가 외국에 팔고 싶은 노래가 있어도 그것을 팔지 안 팔지, 또 그것을 어떻게 어느 정도 규모의 광고비를 투자하여 팔아야 하는지 같은 자세한 전략이 모두 현지 계약 회사의 판단에 달려 있다는 것이다. 그러나 적어도 대만에서는 그 방법이 성공했다. 매직스톤은 고무로 데츠야를 필두로 한 에이벡스의 댄스 뮤직에서 큰 가능성을 발견하고 TRF, 아무로 나미에, 글로브 등을 멋진 상품으로 대대적으로 판매하기 시작했다. 예전부터 대만 음악 업계는 광고에 많은 자금을 투자했는데 이것은 보통 현지 가수에 국한된 것이었고 외국 가수들은 그 정도는 아니었다. 이는 그 가수들의 국내 점유율이 낮은데다가 잘 팔리는 외국 가수 대부분이 미국의 세계적 스타이므로 이제 많은 광고비를 투자할 필요가 없다고 판단했기 때문이다. 그러나 매직스톤은 에이벡스 가수들에게는 현지 가수와 같은 정도의 광고비를 투입했다.

동일한 예가 소니뮤직 대만에서도 보인다. 소니뮤직 대만은 드림스 컴 트루의 음악성에서 가능성을 발견하고 대만 시장 전개에 주도 면밀한 프로모션을 계획하고 실시했다. 도쿄 본사와 2년여에 걸친 교섭을 한 결과, 드림스 컴 트루의 대만 방문이 1996년 가을 실현되었고 소니뮤직 대만은 대규모의 광고 활동을 전개했다. 그 광고비는 보통 외국 가수에게 투자하는 금액의 약 10배가 되었다고 소니뮤직 대만 부사장이 내게 알려주었다. 그 결과 드림스 컴 트루의 CD 앨범은 합계 20만 장을 넘었고 외국 가수로서는 기록적인 수치를 남겼다.

이런 식으로 일본 대중음악이 동아시아 시장에서 점차 세력을 늘리는 가운데, 홍콩 스타TV 모회사인 뉴스코퍼레이션도 일본 음악 산업과 초국적인 협력 관계를 맺었다. 일본 대중음악을 대표하는 고무로 데츠야와 뉴스코퍼레이션은 합병하여 TK NEWS를 설립하고, 본격적으로 고무로 음악과 고무로 패밀리라고 불리는 가수들의 아시아 시장 진출에 착수했다(『포커스』 1996년 12월 18일호, 『니혼케이자이신문』 1997년 1월 10일). TK NEWS가 유리한 점은 스타TV라는 미디어를 갖고 있다는 것이다. TK NEWS 설립에 있어 뉴스코퍼레이션과 고무로 데츠야 사이의 중개자가 된 사람은 당시 채널V를 총괄하던 제프 머리였다. 그가 기획한 고무로 패밀리 가수들에 대한 프로모션 전략이 펼쳐진 가운데, 1997년 1월 아무로 나미에는 일본인 가수로서는 처음으로 이 채널의 '이 달의 아티스트'가 되면서 아시안 톱 20의 1위를 차지했다.

고무로가 주도하는 글로브는 1997년 5월 타이페이에서 아무로 나미에와 TRF와 같이 콘서트를 했고 크게 성공했다. 마침 이틀 전에 세계적인 슈퍼스타 휘트니 휴스턴의 콘서트가 있었지만 현지 미디어에서는 '고무로 패밀리'를 대대적으로 다루어 대단한 인기를 보여 주었다. TK NEWS는 대만에서 '고무로 마력'이라는 스타 발굴 프로그램을 시작했고, 13세 여자 아이를 링이라는 이름으로 1998년 4월 데뷔시켰다. 그녀가 처음으로 낸 싱글은 순식간에 매출 1위를 기록했다. 이런 기법은 앞에서 말한 일본 음악 산업의 현지 아이돌 발굴 전략의 연장선상에 있는 것으로 생각되지만, 결정적 차이는 고무로 자신이 가수뿐만 아니라 일류 프로듀서로 알려져 있었다는 점이다. 고무로 자신은 TK NEWS가 설립되었을 때 아시아에서 지역화를 가장 잘하는 뉴스코퍼레이션에게서 그 기법을 배우고 싶다고 말했는데(『니혼케이자이신문』 1997년 1월 10일), TK NEWS 입장에서는 고무로 음악을 동아시아에서 지역화할 뿐만 아니라 '일본 최고의 음악 프로듀서'로서 확립된 그의 명성을 선전하고 이용하는 것이 시장 전략으로서 더 중요했다. 매직스톤 사장도 고무로 데츠야의 음악성을 높이 평가하면서도 대만 시장에서 막대한 광고비를 사용한 판매 방법과 광고 문구의 효과가 얼마나 컸는지를 언급했다. 고무로 데츠야 자신이 보고도 쓴웃음을 지은 '일본의 제왕'이라는 화려하고 과장된 문구로 대대적인 판매를 하면서 일본에서 대단히 인기 있다고 과장하는 것을 무기로 삼은 것이다.

대만에서 일본 대중음악이 대대적으로 판매된 배경에는 동아시아 소비자들의 인기를 얻을 수 있다는 대만이나 홍콩 프로듀서의 확신이 있었다. 채널V를 총괄했던 제프 말리는 나와의 인터뷰에서 일본 음악은 다양한 서구 음악 스타일을 흡수하고 있다는 점에서 다른 아시아 나라들보다 절대 뛰어나고, 그것은 대만 젊은이들에게 서구 대중음악을 직접 듣는 것보다 친근함을 줄 수 있을 것이라고 분명하게 말했다. 일본 대중음악의 '아시아 지역성'을 솜씨 좋게 이용함으로써 그는 최대의 적 MTV와 차별화를 꾀하려고 시도한 것이다. 그에 의하면 MTV가 맥도날드라고 한다면 채널V는 중국 음식 딤섬을 지향할 것이고, 서구의 영향을 교묘하게 흡수한 일본 대중음악은 근사한 딤섬 요리로 아시아 시청자들에게 호의적으로 소비되리라는 것이다.

또 머리는 '일본'은 21세기에는 아시아에서 '멋'의 대명사가 될 것이며(『아에라』1997년 1월 20일호) 아시아 젊은이들에게 새로운 동경의 대상으로 군림하리라고 확신했다. 대만 음반 회사인 매직스톤 사장도 나와 한 인터뷰에서 일본은 자신의 문화에 더욱 자신감을 가져야 하고, 1990년대는 미국 대중문화가 아시아에서 오랫동안 유행을 선도한 역할을 일본에 양도할 전환점이 되리라고까지 단언했다. 그들의 예상이 어느 정도 현실화될지를 판단하는 데는 장기간에 걸친 면밀한 분석이 필요하다. 그러나 그런 발언은 매니저급 지위에 있는 사람들에게서 나온 것이므로 단순히 낙관적 상황 분석에 그치지 않은, 동아시아에서 활동하는 문화 산업의 자기 충족적 예언이라고 봐야 될 것이다. 매직스톤 사장은 내게 자랑스럽게 강조했다.

대만에서 팔려면 대만 시장을 잘 알지 못하면 안 된다. 아무리 좋은 음악이라고 해도 일본 음반 회사는 이곳에서 안 될 것이다. 우리만이 할 수 있다.

일본 대중음악을 판매하는 것에 대한 대만이나 홍콩 음악 산업의 넘치는 자신감은 각 지역의 미디어 환경과 시장 상황을 숙지한 현지 산업들이 일본 대중문화의 매력을 소비자에게 실시간으로 효과적으로 침투시키는 것으로 전략을 바꾸었음을 보여 준다.

아시아의 근대성?

그러나 아무리 일본 대중문화가 대만에서 인기를 끌고 있다고 해도 지역 문화 상품을 능가하지는 못한다. 대만 지역 문화에 대한 기호는 여전히 강하고, 하네르츠(Hannerz, 1996: 55)의 말처럼 전지구화는 모던하면서도 보통 사람들과는 다르고 싶다는 욕망을 동시에 불러일으킨다. 앞에서 말한 아세안 논담에서 듀리안이 나타낸 것은 현대적 지역 정체성이며, 전지구적 미디어 기업이 글로컬라이제이션 전략을 가지고 개별 국가만이 아니라 '중화권' 같은 새로운 문화 시장의 틀을 설정하여 독식하려는 것도 그런 욕망일 것이다. 한편으로는 일본 시장도 어쩔 수 없이 전지구적 미디어 기업의 글로컬라이제이션 전략에 휘말리고 있다. 1996년 10월 14일호 아시아판 『타임』은 특집 기사로 셀린 디옹, 머라이어 캐리 등 세계를 대표하는 여성 가수 8명을 다루면서 드림스 컴 트루의 여성 가수 요시다 미와를 포함시켜 표지를 장식하여 화제가 되었다. 이는 일본 신문에서도 크게 보도되었으며, 내가 타임 재팬과 전화 취재한 것에 따르면 『타임』도 일본어 번역판을 특별히 발행하여 평상시 3배 이상의 매출을 기록했다고 한다. 그러나 그 기사는 유럽과 아시아 지역에서만 특집으로 취급되었고 요시다 미와가 표지에 난 것은 아시아 중에서도 일본판뿐이었다. 대만도 포함된 동아시아 지역판의 표지를 빛낸 것은 베이징 출신 홍콩 스타 왕페이였다. 일본 대중문화가 풍기는 아시아 근대성의 '향기'가 글로컬라이제이션 전략

170

이라는 강력한 탈취제의 효과를 넘어 '중화권'의 틀을 부수는 것은 그리
쉬운 일은 아닐 것이다.

그러나 이 장에서 말한 것처럼 동아시아 시장에서 미디어 산업의 상호
협력이나 연결이 가속화되면서, 일본 대중문화의 초국가적 가치가 높아지고
있음을 부정할 수는 없다. 한편 이것은 미디어의 전지구화가 전지구적
동질화와 지역에서 나타나는 문화 혼종화라는 모순된 현상뿐만 아니라
지역화까지도 재촉하고 있음을 보여 준다(Straubhaar, 1991; Sinclair et al.,
1996b; Hawkins, 1997). 전지구화의 움직임 속에서 정보 미디어가 발달하고
아시아 미디어 산업이 성숙해지고 다양한 나라나 지역의 산업간 협력 및
제휴 관계가 군건해지면서 상품 하나를 여러 시장에 파는 것이 가능해진다.
이런 맥락에서 일본 대중문화의 '아시아화'는 추진되고 있다. 홀(Hall, 1991:
28)은 미국 문화의 전지구화에 관해서 국경을 넘어 움직이는 전지구적
자본의 흐름은 "지역 자본을 통해 그 지역의 경제·정치 엘리트와 협력
관계를 이룰 때 가능하다"고 했지만, 일본 대중문화의 해외 전개도 같은
맥락으로 연결된다. 앞에서 보았듯이 일본 애니메이션의 전지구화는 미국이
나 영국의 배급력에 힘입었는데, 아시아 지역 내의 문화 왕래에도 동아시아
지역 산업뿐만 아니라 전지구적으로 활동하는 서구 기업들이 깊숙하게
개입되어 있다. 고무로 데츠야가 아시아 시장에 진출하도록 주도적인 역할
을 한 것은 미디어 왕 머독의 스타TV였고, 전세계에 수출된 일본 TV드라마
「오싱」을 인도네시아에서 리메이크하려고 시도한 것도 전지구적 활동을
전개하고 있는 호주의 제작사 배커즈 그룹이었다(『아사히신문』 1997년 7월
7일). 이런 예는 일본 미디어 산업·대중문화의 초국가화가 다양한 수준의
파트너 없이는 실현될 수 없다는 것을 보여 준다(인도네시아에서 소비되는
일본 만화·애니메이션에 관해서는 Shiraishi, 1997).

그러나 미디어 산업의 광고 활동이 소비자 기호에 크게 영향을 끼쳤다

해도 이 점만으로는 일본 대중문화가 아시아 시장에서 인기를 끌고 있는 상황을 설명할 수 없다. 대만이나 홍콩 프로듀서가 일본 대중음악에 대해 늘어놓은 자화자찬에 가까운 발언은 차치하고서라도, 일본 대중음악이 대만이나 홍콩 소비자들에게 받아들여지는 것은 일본의 미디어 텍스트가 뭔가 상징적인 매력을 갖고 있기 때문이다. 일본 대중문화가 아시아 시장에서 유통될 때 자본의 전지구화로 투과적이고 유동적인 경계가 새롭게 그어지고 있다고 해도, 우리는 소비자들이 그 텍스트를 수용하는 과정에서 어떤 쾌락을 경험하는지 진지하게 고찰할 필요가 있다.

과거 일본 전통 문화의 가치를 '서구'가 발견했고 그 서구의 시선은 일본이 자신의 '문화적 특수성의 신화'를 세계에 알리는 데 공모했다. 그러나 다른 아시아 지역에서 지역 미디어 산업이 TV프로그램과 음악 등 일본 대중문화의 '산업적' 가치를 인정했다는 것이 시청자가 공감할 수 있는 실로 현대적인 동아시아의 현실과 꿈을 반영함을 의미하는 것일까? 전지구화로 문화와 생활양식이 균일화되고 미디어 산업이 국경을 활발히 넘나드는 상황에서 과연 동아시아 시청자들은 일본 미디어 텍스트에 대해 미국의 것에서는 경험하지 못한 동시대적 공감대를 느끼고 있는가? 다음 장에서는 대만에서 일본 TV드라마가 시청되는 상황을 살펴보면서 전지구적 차원에서 일본 대중문화가 어떤 식으로 긍정적으로 소비되고 또 어떠한 불균형이 새로 발생하는지 알아보려고 한다.

5

문화적 근접성·동시성의 유기적 결합

대만의 '일본 트렌디 드라마' 수용 상황

앞장에서는 아시아 지역에서 미디어 산업이 서로 협력하고 문화 시장이 통합되면서, 현지 기업들이 세운 적극적인 판매 전략에 힘입어 일본 대중문화가 같은 시간대에 일상적으로 동아시아 시장에 수출되고 있음을 지적했다. 1990년대 들어 동아시아에서 일본 TV드라마를 전례 없는 규모로 호의적으로 받아들이고 있는 상황에서, 일본의 초국가적인 문화 권력을 어떻게 이해하면 좋을 것인가? 일본이 막강한 영향력을 갖는 서구 문화와 만나면서 독자적인 미디어 문화와 대중문화를 형성해 온 것은 미국의 문화 패권과 어떻게 다르며, 전지구화의 탈중심화 역학과 관련해서는 어떻게 읽어낼 수 있을 것인가? 이 장과 다음 장에서는 이런 것들을 살펴보기 위해 현재 활발하게 유통되고 있는 다른 아시아 지역의 미디어 텍스트가 어떻게 문화적인 공감을 끌어내 시청자들에게 수용되는지를 살펴보려고 한다. 문화적 유사성과 거리감을 인식함으로써 이웃 나라들이 미디어 텍스트를 호의적으로 수용하게 되는 과정을 검토하면서 일본과 다른 아시아 지역 사이의 문화 왕래에서 불균형 역학이 어떻게 작동하는지를 밝히려고 한다.

이 장에서는 대만의 일본 TV드라마의 수용 상황을 분석한다. 대만을 분석 대상으로 삼은 주된 이유는 두 가지다. 하나는 일본 대중문화가 가장 많이 수출되는 곳이 대만이고, 특히 서구 시장에서 거의 수용되지 않는 TV드라마도 대만에서는 그 인기가 다른 지역의 추종을 불허하기 때문이다. 또 하나, 일본 TV프로그램이 매우 빠르게 상업화된 대만 사례는 일본 대중문화의 치솟는 인기를 분석할 때 일본의 식민주의 역사, 정치적 자유화, 경제 발전, 미디어 전지구화라는 큰 맥락을 고려해야 함을 시사하기 때문이다. 일본의 식민 지배를 받은 대만은 오랫동안 일본 문화와 관계를 맺어왔는데, 1990년대 들어서는 일본 TV프로그램이 대만 시장에 널리 알려지고 비약적으로 늘어났다. 그 직접적 요인으로 1993년 말 대만 정부가 일본어 미디어 상품의 방송을 해금한 것을 들 수 있다. 또 경제 성장과 시장 개방이 진행되면서 대만 케이블TV 산업이 급속하게 발전하고 외국 미디어 상품의 유입을 가속화한 것도 일본 TV프로그램이 대만 시장에 빠르게 침투한 중요한 이유다.

일본 대중문화가 동아시아 시장에서 호의적으로 수용된다는 사실은 흔히 아시아 국가들이 문화적으로 가깝기 때문이라고 설명된다. 그러나 그러한 의견은 '문화'를 본질적으로 파악하여 마치 미디어를 소비하는 시청자들이 문화적 동질성과 유사성 때문에 쾌락을 얻는 것처럼 논의될 위험이 있다. 이 장에서는 그런 견해에 의문을 던지면서 대만 시청자들이 일본 TV드라마를 수용하는 실태를 특정한 사회적·역사적 맥락에서 다층적으로 고찰해야 한다는 것을 제시한다. 구체적으로는 일본 드라마에 대한 1990년대 대만 시청자들의 기호가 문화적으로 가깝다는 인식 속에서 어떻게 나타나는지를 일본 TV드라마 「도쿄 러브 스토리」의 시청자 수용 상황을 조사하면서 분석한다. 문화적 가까움과 친밀함 뒤에 숨어 있는 일본의 문화 권력이 대만에서 정치적·사회적·경제적 변화와 케이블TV로 대표되듯 미디어 시장 확대라는 상황에서 어떻게 유기적으로 결합되는지를 자세히 살펴보려 한다.

옅어지는 '일본'에 대한 관심?

앞장에서 말했듯이 아시아에서 일본 대중음악이나 TV프로그램의 인기는 1990년대 중반부터 더욱 두드러졌다. 『아시아위크』(1996년 1월 5일호)는 「아시아는 일본 대중음악을 최고로 꼽는다」는 특집 기사에서 일본 TV프로그램, 특히 애니메이션이 미국 애니메이션보다 아시아에서 훨씬 더 인기를 끌고 있다고 소개하고, 『아시아 비즈니스 리뷰』(1996년 10월호)도 위성 방송이 지역 상품을 중요하게 여기고 있다는 기사 가운데 일본 TV프로그램 수출이 대폭 늘어나고 있음을 보고했다. 미국 학자인 리오 칭(Ching, 1994)의 좀 과장된 표현을 인용하자면 이제 "아시아에서 일본이 유행한다"는 것이다. 아시아 시장에서 일본 대중문화가 긍정적으로 받아들여지면서 일본 미디어 산업은 자신감을 보였으며 국경을 넘는 방송 사업에 별 관심을 보이지 않던 TV업계도 드디어 본격적으로 방송 사업에 착수했다. 일본 영상 소프트웨어의 아시아 시장 진출에 관한 연구회를 발족하고 일본 퀴즈 프로그램의 포맷 판매를 추진했던 덴츠의 부장은 1997년 3월 다시 만났을 때 이렇게 말했다.

지난 몇 년 동안에 일본 TV프로그램이 해외에서도 보편성을 갖고 있음이 분명해졌죠. 다음 단계는 처음부터 세계를, 특히 아시아 시장을 염두에 둔 프로그램을 제작하는 것입니다.

이 발언을 뒷받침하듯이 1997년 스미토모상사가 TBS와 공동으로 일본 프로그램의 유료 방송 채널 JET Japan Entertainment Television를 개국했다. 이것은 싱가포르를 위성 방송의 거점으로 하여 아시아 7개국에 3개 국어(베이징어, 영어, 태국어)로 방송되는 일본 전문 방송으로, NHK를 제외하면 일본 기업이 경영하는 최초의 방송 채널이었다. 기업 광고에서 JET는 "유행에 민감한 사람들의 눈이 일본을 쫓고 있다. 일본의 패션, 유명 인사, 히트 상품, 모든 것이 새롭고 즐겁다. 이제 유행을 의식하는 아시아의 시청자들은 JET TV의 24시간 방송으로 일본의 최신 프로그램을 즐길 수 있게 되었다"고 강조했다. 이는 TV산업의 아시아 시장 전략의 일환으로, '멋진 일본'을 강조하여 일본 대중문화의 매력을 알렸음을 분명히 보여준다.

일본 문화가 아시아 시장으로 수출된 것은 최근이 아니다. 일본 대중문화는 애니메이션을 비롯하여 적어도 1970년대부터 아시아 지역으로 (대부분 해적판으로) 수출되고 소비되었다. 또 버라이어티쇼 등 일본 TV프로그램 포맷은 대만, 한국, 홍콩 등에서 많이 모방되었고 현지 가수들이 일본 대중음악을 많이 번안했다. 그러나 1990년대 이후 일본 대중문화가 확산되면서 예전에 비해 더 많은 젊은 시청자들이 생겼다. 십대 시절부터 일본 대중문화의 팬이던 이십대 중반 대만 여성은 1980년대에는 일본 아이돌 팬이 일부 '일본 애호가'들이었고 고등학생 중에도 소수에 불과했지만, 1990년대에는 고등학생이나 대학생들이 일본 아이돌이나 드라마를 일상적으로 이야기하게 되었다고 한다.

한편 아시아 지역에서 일본 아이돌 붐이 한창이던 1980년대 중반까지가 일본 대중문화의 전성기였고, 1990년대에는 그러한 '일본 열기'를 볼 수 없다는 지적이 있다. 예를 들어 홍콩의 일본어 정보 잡지인 『홍콩통신』(1996년 7월호)은 1980년대 홍콩에서 열렬한 '일본 붐'을 지지해온 현재 삼십대인 '일본 오타쿠'들을 특집으로 싣고, 최근 일본 붐이 당시에 비해 얼마나 표피적인지를 강조했다. 그 편집장은 나와 한 인터뷰에서 홍콩에서 일본 대중문화의 소비자층이 늘어났을지 모르지만 일본 붐이라고 할 수 있는 것은 1980년대에 끝났다고 단언했다. 같은 경향은 싱가포르에서도 관찰된다. 1996년 말 인터뷰에서 싱가포르 TV가이드 편집장은 1980년대 중반 싱가포르에서 일본 아이돌이 열렬히 수용되는 현상을 취재했던 때와 비교해 볼 때 최근 일본 대중문화가 수용되는 양상은 양은 늘었는지 모르지만 열렬하진 않다고 지적했다.

대만의 상황은 더욱 복잡하다. 대만은 일본 식민지 통치를 받은 경험이 있으므로 일본 문화 범람을 역사에서 따로 떼어 말할 수는 없다.[1] 예를 들어 대만의 주요 뉴스 주간지 『신신문』(1997년 4월 13-19일호)은 「조심해라! 당신의 아이가 일본인이 되어 간다」는 제목의 특집 기사에서 일본 대중문화가 범람하고 있다고 보고했다. 이 기사는 일본 것을 매우 사랑하는 사람들을 의미하는 하리즈哈日族라는 조어를 소개하고, 일본 대중문화 수용을 대만의 식민지 역사에서 생겨나 뿌리 깊게 남아 있는 모방 행동의 상징이라고 하고 있다(『중국시보』 1997년 3월 17일). 내가 타이페이에서 인터뷰를 했을 때는 일본 대중문화를 호의적으로 소비하는 대만 젊은이들이 일본의 식민지 지배를 별로 의식하지도 관심을 기울이지도 않았다. 그러나 말할 것도 없이 일본 대중문화의 대만 침투는 일본 식민지 경험과 무관할 수 없다. 대만에는 음식·주거·언어 등 일본의 문화적 영향력이 깊게 남아 있다. 특히 일본 통치 아래 자랐던 세대 가운데는 식민지 지배가 남긴 상처와 맞대면하기를 꺼리는 사람들이 적잖게 존재한다. 그리고 그들은 대륙에서 넘어 온 국민당의 압제와 탄압 아래 일본 통치 흔적마저 없애야 했던 전후 대만에서 자기 인생이 이중적으로 부정당한 데 대한 반동으로 일본 통치를 긍정적으로 생각하기까지 한다(Liao, P., 1996; 丸山哲史, 2000). 이 사람들은 일본어 라디오나 TV프로그램, 대중문화 그리고 군가 등을 그리워 하면서 소비한다. 한국과는 달리, 대만에서는 식민지 경험 이후의 독특한 역사 상황이 일본 대중문화의 유입과 수용을 비교적 쉽게 만들고 있다.[2]

그러나 전후 국민당 밑에서 교육받은 아래 세대들은 일본 통치를 경험한 세대와는 일본에 대한 견해가 크게 다르다. 영화 「토상」*은 대만 탈식민지화 상황의 어려움과 폭력성을 그리고 있는데, 일본 통치를 경험한 세대와 일본 통치를 부정하는 국민당 교육을 받은 아이들 세대 사이에는 복잡한 감정 차이가 엿보인다.3) 영화에서는 일본을 좋아하는, 언젠가 일본에 갈 것을 꿈꾸면서 죽어가는 아버지의 모습이 아이의 눈으로 묘사된다. 아버지가 '일본'에 대해 품고 있는 생각은 전후 일본의 대만에 대한 무관심과 국민당 통치로 말살된 자신의 인생과 정체성을 되찾는 것에 대한 채워질 수 없는 욕구를 반영한다. 이 영화를 만든 감독 우니엔쩐은 일본 통치를 부정적으로 배우던 학생 시절에 일본 통치에 대한 향수를 가진 아버지에게 반발심과 혐오감을 느꼈다고 고백한다(『뷰즈』 1996년 2월호). 이런 세대 차이는 일본 대중문화를 긍정적으로 소비하는 젊은 세대가 대두하면서 더욱 복잡해지고 있다. 1997년 5월 대만에서 같은 날에 일어난 두 사건은 대만과 일본의 복잡한 관계를 잘 보여 준다. 그것은 댜오위댜오 영유권을 둘러싼 일본 정부에 대한 항의 시위와, 고무로 데츠야가 이끄는 글로브, TRF, 아무로 나미에 콘서트에 열광하는 많은 젊은이들의 모습이었다. 그 '반일본'과 '친 일본'의 모습은 새로운 세대 차이를 상징하는 것으로 대만 미디어의 주목을 끌었는데 일본을 좋아하는 새로운 세대가 나타난 것은 '일본'에 대한 관심이 질적으로 변화했음을 말해 준다. 예를 들어 우 감독은 일본 대중문화를 긍정적으로 소비하는 1990년대 대만 젊은이들의 일본 열기가 이전 세대에 비해 가라앉은 것이라고 했다.

저와 아버지 세대는 일본에 깊은 애증을 갖고 있었습니다. 그러나 젊은 세대에게 일본, 미국, 유럽은 같은 존재이며 일본 문화에 특별한 애정은 없습니다.

---

* 多桑(A Borrowed Life). 대만에서 '토상'으로 발음되는데 이는 일본어로 '아버지'를 의미한다.

일본은 그저 한 선택지에 불과합니다. 대만과 일본의 관계는 물질적으로 깊어져도 애정은 더욱 희박해질 겁니다(『뷰즈』 1996년 2월호, 42쪽).

대만에서도 '일본'의 상징적 의미는 일본 문화에 대한 특별한 애정과는 거리가 멀다는 것이다.

위와 같이 동아시아에서 일본 대중문화의 수용에 대한 질적 변화(열광적 포용에서 벗어나 피상적 소비로)는 전지구적 문화의 탈근대적 소비론과 일치한다. 기호나 이미지가 범람하는 포스트모던한 소비 문화에서는 기호적 가치가 물질적 교환 가치를 능가한다(Lash & Urry, 1994; Featherstone, 1991; Baudrillard, 1981; 1983). 어떤 상품은 그 자체가 당연히 나타내는 '원래'의 의미·기능·맥락에서 분리되어 다양한 이미지를 재생산하고, 거기에 새로운 기호적 의미가 계속 부여되면서 소비된다(Lash & Urry, 1994: 15). 그리고 홀(Hall, 1991: 27-28)이 지적했듯이 전지구화 역학 속에서 이런 기호/이미지의 범람과 더불어 TV프로그램·영화·대중 광고에서는 미국 스타일의 문법을 따른 '전지구적 대중문화'가 출현한다. 미국 대중문화의 지배 시스템 아래에서 끊임없이 혼성 모방pastiche으로 불리는, 맥락을 잃은 단편적/전체적 모방이 세계 각지에서 반복되고 있다(Jameson, 1983; Baudrillard, 1983). 일본 대중문화도 피상적 소비를 위한 일회용 기호와 이미지를 계속 재생산하는 전지구적 문화 시스템 속에 흡수되고, 전세계의 동질적인 문화 상품 기호 가운데 하나로 소비되고 있다. 스미스(Smith, 1990: 177)가 말했듯이 이런 전지구적으로 퍼져 가는 문화 상품은 점차 곳곳에 흩어져 있으므로, 문화 상품의 과거 상태(곧 이문화)가 그저 코스모폴리탄적인 오합지졸의 한 예나 한 요소로 취급되면서 그 맥락을 잃어버린다.

이런 탈근대적인 '전지구적 대중문화'론은 장징(張競, 1998)의 중국의 일본 대중문화 수용론에도 나타난다. 장에 의하면 1970-1980년대에는 일본 순수 문학이나 TV드라마를 통해 '일본 문화'가 중국인들에게 많이 수용되었던 것에 비해, 1990년대에는 '일본 문화'의 유입량은 늘고 있지만 일본 TV드라마나 오락 문학이 그저 유행 패션이나 헤어스타일의 정보로 젊은 층에게 일회용처럼 소비되었다고 한다. 장의 논의는 문학 중심주의적이고 과거 중국에서 낭만화된 '일본 문화의 수용'에 대한 향수에 빠져 있는 면이 있다. 그러나 미디어 커뮤니케이션 기술의 발달과 함께 일상생활에 정보와 이미지가 비약적으로 넘치게 되면서, 다양한 문화를 변덕스러운 소비자들이 정보나 기호처럼 찰나적으로 소비하는 문화 상황을 잘 묘사하고 있다.

그런데도 이런 탈근대론적 시점은 현재 진행 중인 새로운 초국가적 문화 소비 현상을 연구 대상에서 빠뜨릴 위험이 있다. 홀이 말한 대로, 미국 문화에 의한 '세계 동질화'는 세계 각지의 문화 차이가 소멸되거나 획일적인 미국화가 진행되는 것을 의미하지 않음을 다시 한번 확인해야 할 것이다. 여기에서 말하는 '세계 동질화'는 오히려 문화 차이가 커지면서 미국 문화 패권이 전세계를 둘러싼다는 독특한 형태의 '세계 동질화'이며, 동질한 문화 포맷에 담긴 의미는 그 사회적 맥락에 대응하여 실로 다양해지고 있다. 물론 동아시아 시장에서 일본 대중문화의 유통량과 소비자층이 확대됨에 따라 일본 상품은 다른 비슷한 상품 속에 묻혀 '일본'이라는 문화적 상상체에 대한 깊은 관심과 '일본이 만든' 문화 상품을 소비하는 행위의 관계는 서서히 멀어지고 있을지도 모른다. 그러나 세계 상품 중 일본의 문화 상품이나 미디어 텍스트가 동아시아 지역의 시청자와 소비자들에게 긍정적으로 선택된다면, 전지구화에 따른 생활양식의 표준화가 초래한 표피적이고 보잘것없는 정보 소비라고 쉽게 넘어갈 수는 없을 것이다. 오히려 '전지구적 대중문화' 시대에 동아시아가 미국이나 타 지역의 미디어 상품에서는 찾아볼 수 없는 매력적인 메시지를 일본 대중문화에서 발견하고 있는지 생각해 봐야 한다. 일본 대중문화가 침투하는 현상은 과연 동아시아에서 공유하는 지역적 문화 근대성의 출현을 반영하는 것일까?

문화적 근접성

미디어 연구에서 지역적으로 형성되는 문화 공감대는 시청자가 문화적으로 '가깝다'고 느끼는 나라나 지역의 미디어 상품을 선호한다는 '문화적 근접성'cultural proximity으로 설명된다. 전지구화를 미국화와 동일시하는 견해에 대항하여 1980년대 후반부터 남미 등 비서구 지역간의 미디어 유통이나 소비 진행 상황이 연구되었다. 예를 들어 스트로버(Straubhaar, 1991)는 남미 지역에서 브라질이나 멕시코가 미국 대중문화를 지역화하고 토착화하면서 TV프로그램의 중심 수출국이 되었고, 지역 미디어 시장이 발전한 것을 지적했다. 그는 사례 조사에서 베네수엘라 등 남미 시청자들이 미국이 만든 TV프로그램보다 브라질이나 멕시코 등 이웃 나라가 만든 프로그램을 선호해 시청하는 것을 발견하고, 이 경향은 시청자들이 '문화적 근접성'을 원하기 때문이라고 설명했다. 즉 시청자들은 국산 프로그램을 가장 많이, 그 다음으로 미국보다 문화적으로 가깝거나 비슷한 다른 남미 나라들의 프로그램을 선호한다는 것이다. 스트로버에 의하면 언어를 비롯하여 종교, 의상, 음악, 유머, 행동, 줄거리의 전개 등 각 요소가 한 프로그램에서 '문화적 근접성'을 느끼게 하는 역할을 맡고 있다고 한다.

'문화적 근접성'이 시청자들의 TV프로그램 기호 형성에 큰 역할을 한다는 것에 대한 실증적 타당성을 반박하는 사람은 거의 없을 것이다. 예를 들어 남미뿐만 아니라 일본이나 홍콩에서도 현지 제작된 프로그램이 인기를 가장 많이 끄는 경향을 확연히 볼 수 있고(Lee, 1991), TV프로그램의 국제 유통을 살펴보면 문화와 언어적 지역권 내 미디어 왕래에서 브라질이나 멕시코, 홍콩, 이집트 등 지역의 중심이 맡고 있는 역할의 중요성을 알게 될 것이다(Sinclair et al., 1996b). 그러나 바로 그러한 당위성이야말로 '문화적 근접성' 개념의 세밀한 검토와 이론화를 방해하는 결과를 초래한다. 다시 말해서 '문화적 근접성'론의 문제점은 문화를 너무나 대략적이고 본질론적 으로 파악한다는 점이다. 여기에서는 문화적 근접성을 증명하기 위해 문화 적으로 '가까운' 나라에서 온 프로그램이 시청자들에게 호감을 얻을 수 있다는 경향이 관찰되면 그것만으로 충분하다고 생각하고 '문화적 가까움' 의 인식이 무엇을 의미하는지에 대한 근본적 문제는 불문에 부치는 경향이 있다. 지역 내 미디어 왕래 연구에서 중국권·인도권 등 언어와 문화에 따른 TV문화 지역의 대략적인 분류는 헌팅턴이 분류한 문명 지역권과 대부분 일치한다. 그리고 문화적 근접성론이 같은 문화/문명권의 분류에 입각하여 일반화된 시청자들의 기호 경향만을 무비판적으로 설명하려 할 때, 문화를 비역사적이고 본질적으로 파악해 버릴 위험성을 헌팅턴과 공유 하는 셈이 된다. 거기에는 시청자들의 관심을 자발적으로 촉구하는 문화적 공통성이 본래 주어져 있다는 암묵적 전제가 있고, 각 문화 시스템이 이루어 진 역사적 맥락이나 문화 내부에 존재하는 차이는 무시되어 버린다. 나아가 서 문화적 근접성론은 왜 문화적으로 가까운 지역의 미디어 텍스트 중 특정한 것만을 받아들이는지 또 그러한 미디어 텍스트가 선호되어 소비될 때 어떠한 쾌락을 얻는지에 대해서는 많은 것을 보여 주지 않는다.

동아시아에서 일본 대중문화를 호의적으로 받아들이는 것도 일본과 다른 아시아 나라들 사이의 문화적·인종적 유사성 및 동질성과 관련하여 자주 설명된다(吉岡, 1992; 石井&渡辺, 1996; 『아사히신문』 1998년 4월 14일, 2000년 7월 30일). 앞에서 살펴보았듯이 대중문화가 시사하는 일본과 다른 아시아 나라들 사이의 문화적 공통성은 일본의 국가주의자가 일본의 문화적 우위성 을 직접 주장하는 것을 위장하기 위해 역사적 상황에 따라 다르게 언급되었다. 일본과 아시아 나라들의 관계 개선을 모색하는 지식인에게 문화적 가까움은 미래의 밝은 전망을 제시하는 것으로 생각된다. 예를 들어 구마모토 신이치는(隈本, 1993a: 215) 아시아에 수출되는 일본 TV프로그램에 관한 논문에서, 일본인과 중국인이 피부색이 같아서 중국인들도 도쿄의 생활양식에 친근감을 느낀다는, 일본 TV드라마를 즐겨 보는 젊은 중국인 어머니의 발언을 언급한다. 여기에서 구마모토는 문화적 근접성이라는 인식을 더 자세히 고찰하지는 않았다. 3장에서 본 「오싱」에 관한 언설과 같이 그에게는, 일본 TV프로그램을 통해 일본과 중국이 밀접한 문화적 연결고리를 지니는 점이 다시 부각된 것은 전쟁으로 나빠진 양국 관계의 장래에 중요한 의미를 가지는 한 '사실'에 불과했다. 또 같은 전제는 의견을 전혀 달리하는 비판적 지식인들에게도 공유된다. 일본이 행하는 아시아 지역의 경제 착취와 차별적 아시아관을 계속 비판하는 무라이 요시노리(村井, 1993)는 '아시아의 일본화' 현상을 다룬 월간 잡지의 특집에서 만화 「도라에몽」 등 일본 대중문화가 아시아에 침투되는 것 자체가 일본 문화를 적극적으로 받아들이고 있음을 의미하는 것은 아니라고 경고했다.

전후 일본에서도 미국 문화와 유럽 문화를 존경하고 동경했지요. 아시아 나라들이 일본 문화를 똑같이 존경과 동경의 눈으로 보고 있는가 하면 그렇지 않습니다. 일본에서 꽃을 피운, 가깝고 편리하고 즐거운 소비문화가 전쟁을 모르는 젊은 층을 중심으로 퍼진 것입니다.

미국 문화를 일본에서 과연 존경스럽게 받아들였는지에 관해서는 여러 의견이 있겠지만, 무라이는 일본의 문화 수출은 막강한 경제력을 반영하는 것일 뿐이라고 한다. 그러면서도 (서양) 오페라 감상과 일본 가라오케 파티를 비교하면서 아시아 지역에서는 후자를 더 편안하게 느끼고 따라하기도 쉽다는 점을 강조한다. 여기서 무라이의 의견이 전제로 삼은 것도 일본 소비 문화와 대중문화가 아시아에서 수용되는 이유이기도 한, 문화적 근접성에 대한 당위성이다.

그러나 일본과 다른 아시아 나라들 사이에 존재한다는 '문화적 근접성'을 조금이라도 진지하게 비판적으로 살펴본다면 그 당위성은 저절로 무너질 것이다. 남미 각국은 적어도 일정한 언어적·문화적 공통성(그리고 공통된 피식민지 경험)을 갖고 있지만, 아시아 지역은 사회적·문화적·역사적 특성이 다양하다. 더욱이 아시아에서 일본은 문화적 근접성론은 성립하는 데 중요한 요소인 공통 언어가 없다(헌팅턴조차 일본을 단체 문명권이라고 분류했다). 물론 이 말이 문화적 근접성론이 허위에 가득 차 있고, 아시아 지역에서의 일본 대중문화가 누리는 인기와 전혀 상관없다는 뜻은 아니다. 내가 타이페이에서 실시한 조사에서도 의외로 많은 시청자들이 일본과 대만은 문화적으로나 인종적으로 비슷해서 일본 TV드라마에 빠져드는 것 같다고 말했다. 대만 시청자들은 일본 TV드라마에서 문화적 근접성을 인식하고 경험했고, 이런 의미에서 대중이 문화적 근접성을 인식한다는 것은 틀림없이 사회적인 사실이다.

결국 여기에서 필요한 것은 문화적 근접성의 본질론적인 정의에서 벗어나 대만 시청자들이 말한 일본 대중문화 소비에서 나타나는 문화적 근접성의 경험을 이해하는 것이다. 이를 위해서 우리는 시청자의 말을 그대로 받아들이는 것이 아니라 '텍스트'로 읽어 내야 한다(Ang, 1985). 시청자들이 경험한 문화적 근접성은 진정 일본 대중문화 소비의 매력과 관련이 있는 것일까? 그렇다면 이 근접성이 특정한 텍스트 속에서 어떻게 쾌락으로 승화되고, 또 어떤 역사적 맥락에서 나타나는 것일까? 물론 시청자들의 미디어 텍스트 수용이 '문화적 근접성' 인식으로 모두 설명된다는 것은 아니다. 그것은 어디까지나 시청자들이 텍스트에서 다양한 쾌락을 경험한다는, 복잡한 미디어 소비 과정의 한 측면에 지나지 않는다. 그러나 그러한 물음은 일본 미디어 텍스트에서 문화적 근접성을 느낀다는 대만 시청자들의 경험에서 일본의 초국가적인 문화 권력을 찾아낼 계기가 되지 않을까? 어떤 지역에서 유통되는 미디어 상품의 제작자가 극히 일부 국가에 한정되어 있다는 점에서 알 수 있듯이, 시청자들이 문화적 근접성을 인식한다는 것은 그들이 불균형한 역학 관계에서 결코 자유롭지 않다는 것을 드러낸다. 초국가적인 문화 권력을 문화적 우위성의 명백한 발현이나 승인이 아닌 자신과 타인의 생활공간에서 의미 구축에 중요한 영향을 미치는 이미지·상징·이야기를 만들어 내는 능력이라고 정의해 보자(Lull, 1995: 71; Thompson, 1995). 그렇다면 1990년대 동아시아에서 일본 문화 권력은 비록 부분적이나마 다른 아시아 시청자들이 '문화적 근접성'이라는 말로 표현하는, 친근함과 공감을 느낄 수 있는 대중문화를 만들어 내는 능력을 지닌 게 아닐까? 대만 시청자들의 '문화적 근접성' 경험을 동적인 과정으로 보고 다층적으로 분석한다면 동아시아 지역의 미디어 왕래에서 일본 문화 권력이 문화 거리 인식과 뒤얽힌 관계 속에서 어떻게 나타나고 있는지 파악할 수 있을 것이다.

문화적 근접성을 일반화된 형태로 규정하지 않으려면 스튜어트 홀이 말하는 '유기적 결합'articulation 개념이 유용하다. 원래 어니스트 라크라우에 의해 전개된 이 개념은 한 이데올로기가 어떤 특정한 역사적 맥락에서 어떻게 사회적·정치적·경제적 요소와 복잡하게 중층적으로 연결되어 지배적인 의미를 얻어 가는지를 설명하려고 한 것이다. 홀은 영어의 아티큘레이트articulate라는 말이 '명료하게 발화하다'와 '특정한 접점, 마디에서 연결된다'는 두 가지 의미를 가진다는 데 주목하고, 후자가 시사하는 우연성의 의의를 강조한다.

'유기적 결합'이란 어떤 특정한 상황 속에서 두 가지 다른 요소를 일체화할 수 있는 연결 과정을 의미한다. 그러나 그 연계는 필연적인 것도 아니고 예정된 것처럼 절대적인 것도 아니다. 우리가 생각해야 하는 것은 도대체 어떤 상황 속에서 그러한 연결이 일어날 수 있었을까 하는 것이다(Hall, 1996b: 141).

문화적 근접성의 사례 연구에는 임의성 또는 우연성이 나타나는 시점이 빠져 있다. 다시 말해서 문화적 근접성이라는 인식은 결코 주어진 것이 아니기 때문에 시청자들이 어떠한 역사적 맥락에서 외국 미디어 텍스트를 통해 문화적 근접성을 경험했는지를 살펴보아야 한다. 대만의 일본 TV프로그램은 일본 식민지 경험 때문에 중층적으로 결정된 것이지만 급속한 미디어 산업과 시장, 특히 케이블TV의 발달이 일본 TV프로그램을 일상적으로 보급하는 데 큰 역할을 했다. 그런 상황은 계엄령이 해제된 1980년대 후반의 민주화와 자유화, 친일적인 타이완 출신 리덩후이 총통의 출현이라는 더욱 큰 정치적 흐름 속에서 파악해 볼 수 있다. 또 고도 경제 성장으로 물질적 풍요로움을 향유하는 등 경제적·사회적 요소도 1990년대 대만 시청자가 TV프로그램을 시청하면서 대만과 일본 사이의 문화적 근접성을 경험했다고 고찰해 보는 것과 밀접한 관련이 있다.

또한 유기적 결합 관점은 TV프로그램 텍스트에서 문화적 가까움이 어떻게 긍정적으로 작용하는지 자세히 읽을 필요가 있다는 것을 시사한다. 대만 시청자들이 일본 드라마를 선호하는 것은 그저 문화적으로 가까운 나라의 것이기 때문이거나 눈에 익은 가치나 요소를 발견했기 때문이 아닐 수도 있다. 대만 시청자들이 일본 프로그램에서 대만이나 미국 프로그램이 제시하지 못한 뭔가 매력적이고 쾌락적인 것을 찾아낸다 해도, 문화적 근접성 감각은 실제 문화적·인종적 가까움이라는 인식이 그대로 투영되어 있는 것이라기보다는 외국 미디어 텍스트에 대한 긍정적 동일시를 표현한 것으로 파악할 수도 있다. 눈에 익은 문화 가치는 프로그램의 매력이 될 수도 있지만 때로는 시청자들에게 거부감을 느끼게 하기도 한다. 대만에서 일본 TV프로그램이 긍정적으로 받아들여지는 현상은 일본과 대만이 비슷한 문화 가치와 코드를 가진다는 전제 때문만은 아니다.

이 점에 대해서 좀 더 덧붙인다면 문화적 근접성 연구에 필요한 것은 시청자들의 능동적이고 창조적인 자발적 행위 시점이다. 문화적 근접성을 텍스트 안에 내재하는 것으로 볼 경우 시청자들이 텍스트에서 쾌락을 얻어내는 능동적 역할은 경시되어 버린다. 영국의 인류학자 다니엘 밀러의 문화의 진정성에 관한 의견을 빌리면, 문화적 근접성도 선천적으로 존재하는 것이 아니라 후천적으로 발생한다고 해석하는 것이 마땅하다(Miller, 1992). 외국 미디어 텍스트가 나타내는 문화적 가까움이란 어디까지나 시청자들이 주체적으로 의미를 만들어 내는 행위에 따라서만 인식되고 경험된다. 그러나 싱크레어 등(Sinclair et al., 1996a)이 지적한 것처럼 시청자들이 미디어 텍스트 수용에서 어떻게 주체적으로 의미를 구축하는가에 역점을 두는 시청자 연구는, 여전히 미국 TV프로그램 텍스트에 집중되어 있으며 다른 지역의 TV프로그램 유통에 관한 연구는 거의 이루어지지 않고 있다. 이에 대해 싱크레어 등은 비서구 지역에서 TV프로그램이 유통되는 것에는 기존의 시청자 연구에서는 파악하지 못한 우발적 요소가 크게 작용한다면서 비서구 지역의 TV프로그램 유통 연구에서는 프로그램 구입의 과정, 프로그램 편성 시간대, 프로그램 광고 등 '중간 영역 분석'middle range analysis이 더욱 중요하다고 강조한다(Sinclair et al., 1996a: 19). 나는 이런 우발적 요소들이 비서구 지역 내 TV프로그램 유통을 이해할 때 중요하다는 것에는 동의하지만, 결정론에 빠지지 않고 문화적 근접성 개념을 고찰하려면 시청자들이 특정한 프로그램 텍스트를 얼마나 가깝게 느끼고 있는지에 대한 사례 연구가 필요하다고 생각한다. 다시 말해서 아시아 지역에 일본

TV드라마가 확산된 현상을 문화적 근접성이라는 키워드로 읽어 내기 위해서는 대만 시청자들이 일본 TV드라마를 선호하게 된 역사적·정치적·사회적 맥락의 검토, '중간 영역 분석' 그리고 실증적인 수용 연구 등 모든 방법을 동원해야 할 것이다.

동아시아 미디어 시장 상황

일본 TV드라마는 동아시아와 동남아시아 시장에서 특히 1990년대 중반 이후 호의적으로 수용되었다. 『1997년 통신백서』(郵政省, 1997)에 의하면 1995년에 아시아 시장에 수출된 일본 TV프로그램은 총 수출량의 47%이고, 그중에도 TV드라마는 아시아 수출의 53%, 총수출액의 25%를 차지했다. 일본 TV드라마의 인기도는 나라마다 다르다. 일부 드라마는 동남아시아 나라들에서 호의적으로 수용되었지만 일본 TV드라마의 인기가 특히 두드러진 곳은 대만·홍콩 등 동아시아 지역이다(다른 아시아 시장에 관해서는 중국 / 張, 1998; 인도네시아 / 倉沢, 1998; 태국 / ナーワーウィチット, 1994). 일본 TV드라마 수용을 지역 시장 상황을 살펴보는 것만으로는 설명할 수 없다. 그러나 싱가포르, 홍콩, 대만을 비교하면서 우선 일본 TV 프로그램의 유통이나 판매 촉진 규제 등 시장의 구조적인 요인을 살펴보려 한다.

내가 조사한 바로는 1996년 싱가포르에서 시청률이 가장 높은 중국어 채널 TCS8은 프로그램의 절반을 외국에서 구입했다. 그중 약 50%는 홍콩, 35%는 대만, 15%는 일본에서 구입한 것이다. TCS8의 편성 담당 부장은 1991년 일본에서 방영된 「도쿄 러브 스토리」나 「101번째 프로포즈」 등의 인기로 1990년대에 들어 TV드라마를 비롯한 일본 대중문화에 대한 관심이 높아졌지만 그 경향이 계속되지는 않았다고 한다. 이 점은 미국 등 다른 미디어 상품과 달리 일본 대중문화가 지역 시장에서 광고되거나 노출될 기회가 적다는 점과도 관련이 있다고 한다.

일본 TV프로그램의 비중이 싱가포르에서 서서히 커지고 있다. 10년 전에는
거의 눈에 띄지 않았다. 하지만 지금도 일본 TV프로그램은 비중도 크지 않으며
노출도 일정하지 않다. 싱가포르 시장에서 잠재력은 있지만, 그것을 적극적으
로 팔기 위한 노력도 지금도 아직은 충분하지 않다는 생각이 든다.

서구 미디어 상품이 싱가포르에서 계속 주류인 이유 중 하나는 오랜
기간 끊임없이 상품을 공급한 시장 전략 때문이고, 이런 전략이 없는 일본
미디어 상품은 일시적인 인기를 누리는 것에 그치고 있다는 것이다.

싱가포르같이 홍콩도 두 지상파가 시장을 거의 독점한 상태지만 일본
문화의 영향이 더 강하게 나타나므로 상황은 좀 다르다. 1997년에 실시한
홍콩에서 가장 인기 높은 채널인 TVB 제이드와의 인터뷰에 따르면 1997년
2월 10일부터 일주일 동안의 프로그램 편성 중 외국 프로그램은 약 20%이
며, 그중 4분의 3은 애니메이션이나 드라마 등 일본 프로그램이 차지했다.
일본 프로그램은 1980년대 초반까지 모든 프로그램의 30% 이상을 차지했
지만 1980년대 중반 이후 그 점유율이 급속히 떨어졌고, 1990년대에 들어서
서서히 회복되고 있다는 것이다. 그 사실을 뒷받침하는 것이 바로 일본
드라마의 인기인데 1980년대에는 미국 드라마가 가장 인기 많은 해외
프로그램이었지만 이제 그 지위를 일본 드라마가 빼앗으려 한다고 했다.
그래도 일본 드라마는 현지 드라마에 견줄만한 인기를 얻은 적이 없다고
한다. TVB에서는 일본 인기 아이돌을 기용한 「긴다이치 소년의 사건부」라
는 십대를 대상으로 한 탐정 드라마를 열심히 광고했지만, 결과는 현지
인기 프로그램이 평균적으로 얻을 수 있는 30%를 밑도는 20%의 시청률밖
에 얻지 못했다. 이유는 일본 드라마의 시청자가 십대에서 이십대 젊은이에

한정되어 있어 가장 '충실한' 시청자인 사십대 이상의 주부와 아이들을 놓쳤기 때문이라고 TVB 담당자는 분석했다. 경쟁국인 ATV의 프로그램 편성자도 홍콩에서는 높은 시청률을 얻을 수 있는 드라마가 가정 드라마 일변도라는 지적을 했다. 그에 의하면 젊은이들에게 인기가 매우 높았던 「도쿄 러브 스토리」조차 40세 이상의 주부를 끌 수 없어서 현지 인기 프로그램의 목표 시청률을 달성하지 못했다고 한다. 과거 폭넓은 시청자 층을 획득한 일본 드라마는 이제 젊은 세대에게만 받아들여지고 있으므로 '반응은 매우 좋았지만 시청률은 그저 그렇다'는 결과가 되어 버린다고 한다.

홍콩에서는 일본 전문 채널인 와후케이블TV가 개국했는데 싱가포르와는 달리 일본 드라마 비디오나 해적판 VCD가 폭넓게 퍼져 있어 젊은이들이 방송이 아니더라도 쉽게 볼 수 있다는 것이다. 신화중심이라는 건물에는 그런 가게들이 난립해 있고, 일본에서 방송되고 며칠 안 되어 광둥어로 더빙된 일본 드라마가 가게 앞에 늘어선다.4) 또 일본 TV드라마나 아이돌 정보도 현지 일간지와 주간지에 항상 게재된다. 이런 점도 홍콩과 싱가포르에서 일본 대중문화가 차지하는 비중이나 수용 정도에서 차이를 만들고 있다.

그러나 일본 TV프로그램이 일상생활에서 가장 많이 유통되고 수용되는 지역은 대만이다. 앞에서도 말했듯이 일본 TV프로그램은 애니메이션을 제외하더라도 1970년대부터 아시아 각지의 소프트웨어 부족을 보완하기 위해 수출되었고 해적판도 계속 유통되었다. 그러나 1990년대 들어 그 양이 급증한 이유는 일본 방송국이 판매 전략상 맹렬히 애썼다기보다는 현지 방송국, 특히 위성/케이블 방송국들이 적극적으로 일본 프로그램을 소개한 데서 찾을 수 있다. 대만은 홍콩·싱가포르와 비교했을 때 지상파의 인기는 낮고 많은 불법 케이블과 위성 방송의 시청률이 높다. 그중에서도 스타TV는 일본 TV드라마를 적극적으로 팔기 시작한 선구적 존재다. 스타TV는 홍콩 지상파 프로그램을 대만에서 방송할 수 없기 때문에 그 대신 부족한 소프트웨어를 보완하기 위해 일본 프로그램을 많이 방영했는데, 그 점을 감안하더라도 1991년 방송을 시작한 이후 일본 프로그램, 특히 드라마는 스타TV 중국어 채널의 대표적인 인기 프로그램으로 계속해서 자리 잡고 있다. 또 스타TV는 범아시아 방송이라는 것과 인도·중국 등지의 미개척 거대 시장 개발을 강조해 왔지만, 사실 처음부터 대만은 스타TV 중국어 채널(그리고 1994년에 신설된 음악 전문 채널인 채널V)의 주된 시장이었다. 1996년에는 중국 본토에 피닉스채널이 서비스를 시작하여 스타TV 중국어 채널은 바야흐로 대만 시장의 전용 채널이 되었다. 그중에서도 일본 드라마의 인기는 높았고, 1992년부터는 「일본 트렌디 드라마」라는 제목으로 일본 드라마를 황금 시간대에 편성하여 더 많은 시청자를 끌어들이는 것을 목표로 했다. 내가 1997년에 스타TV 프로그램 편성 담당자와 인터뷰한 것에 따르면 일본 드라마는 스타TV의 대만 '지역화' 전략에 필수 불가결한 것으로 인식되었다고 한다.

그러나 대만에서 일본 프로그램의 보급을 생각할 때 가장 중요한 것은 위성TV가 아니라 케이블TV의 발달이다. 대만에서는 스타TV조차도 케이블 채널로 시청하고 있다. 대만 케이블TV는 오락 프로그램에 충실치 않았던 공영 3개 지상파 방송국(TTV, CTV, CTS, 1997년에는 민진당계 포모사TV도 개국했다)에 대한 시청자들의 불만을 반영하여, 1980년대에 불법 채널로서 비약적으로 발달했다. 그 경향은 특히 1987년 계엄령 폐지 이후의 자유화와 민주화의 물결 속에서 현저해졌고, 당시 야당이었던 민진당도 자기 당의 케이블 채널을 통해 정치 캠페인을 할 정도였다. 정부와 케이블TV업자 사이에 케이블을 절단하고 또다시 연결하는 과정이 악순환되던 끝에 1993년 정부는 드디어 케이블TV법을 제정하고 합법화했다. 그 뒤 600개가 넘는 케이블 방송국이 도태되어 그 수가 약 5분의 1로 감소했지만, 이미 그 시점에서 50%를 넘었던 가입률은 합법화된 후에도 계속 늘어나 1998년 에는 80%에 달했다. 즉 다섯 가구 중 네 가구가 70-80개나 되는 케이블 채널을 수신하며 아시아의 케이블TV 대국으로 자리 잡고 있다.

케이블TV법에서는 최소한 프로그램의 20%는 국산이어야 한다고 규정 하고 있지만 외국에서 구입한 프로그램만을 방영하는 케이블 채널도 적지 않다. 대만 케이블TV에는 ESPN, HBO, 디스커버리, CNN 등 미국 전문 채널이 대거 진출하여 과거 우세하던 미국 프로그램들이 되살아나는 듯 '재미국화'가 일어나고 있다는 견해도 있다(Lewis et al., 1994). 케이블TV가 합법화된 배경에도 해적판에 의한 저작권 침해 시정을 요구한 미국의 압력이 크게 작용했다. 그러나 동시에 일본 전문 채널들이 눈에 많이 띈다. 대만은 과거 식민지 지배국이던 일본 TV프로그램과 음악 등의 방송을 오랫동안 금지해 왔는데도, 일본 대중문화는 해적판으로 소비되었고 WOWOW나 NHK BS1 등 위성 방송도 불법적으로 시청되었다. TV시장이 자유화 되면서 대만 정부는 1993년 말 드디어 일본어 프로그램 방송을 해금했는데, 이는 일반 가정에서 일본 TV프로그램을 꾸준히 애호했다는 것을 반증하는 것이었다. 일본이 대만을 식민 지배한 흔적은 새로운 미디어 시장 개발에서 도 뚜렷하게 나타났다. 일본어 케이블 채널 회사의 설립에 관여한 대만인들 은 대부분 일본 통치를 경험하고 일본어에 능통한 고령의 경영자들이었기 때문이다. 예를 들어 보신동잉 채널의 설립은 대만인 사장과 일본 도에이 사장의 개인적 친분 덕이 컸고, 여기에서도 일본 식민지 통치사의 그림자가 여전히 일본의 문화적 비중 뒤에 자리하고 있음을 엿볼 수 있다.

일본 문화 해금 후 일본 TV 프로그램의 방송은 늘어났고, 1999년에 이미 NHK아시아를 포함해 구오싱, 웨이라이, 보신동잉, JET라는 다섯 가지 케이블 전문 채널이 있었다. 케이블 전문 채널 이외에도 지상파 방송국이나 스타TV 등 다른 케이블 채널이 일본 프로그램을 자주 방영했고, 해금 후 대만에서 일본 TV프로그램의 비중이 대폭 커졌다. 1992년에는 일본에서 대만으로의 TV프로그램 총 수출량이 약 600시간이었는데(川竹 &原, 1994), 1996년에는 TBS만 해도 1,000시간 이상이었음을 인터뷰를 통해 알 수 있었다. 소수 지상파 채널이 독점하는 싱가포르나 홍콩 시장과는 달리, 80% 이상의 가정이 약 70개의 채널을 매일 즐기고 있는 대만에서는 매일 수 시간씩 일본 프로그램을 볼 수 있는 상황이다. 대만에서도 지상파는 미국이나 일본 등 외국 프로그램이 시청률을 올릴 수 없기 때문에 국산 프로그램에 비중을 두고 있지만, 좀 더 좁은 시청자 시장을 겨냥한 케이블 채널에서는 일본 프로그램이 충분히 새롭고 매력적인 소프트웨어가 될 수 있다. 싱가포르와 홍콩에서는 볼 수 없는 대만의 다채널화 현상은 일본 프로그램이 대량 유입되는 중요한 요인이 되고 있다.

일상 속의 '일본 트렌디 드라마'

대만 케이블TV 시장의 확대와 현지 미디어 산업의 활성화로 일본 TV프로그램이 대폭 유입된 것은 부정할 수 없지만, 일본 프로그램이 인기가 있다 해도 대만 프로그램과 견줄 만큼 주류로 자리 잡은 것은 아니다. 또 채널 전체 시청률만 보면 미국 프로그램 채널이 일본 프로그램 채널을 능가하고 있다. 그러나 개별 장르와 시청자층에 주목한다면 특히 십대·이십대 젊은 층에게 일본 TV드라마가 미국이나 대만 드라마보다 호평을 받고 있다(服部 &原, 1997; 石井&渡辺, 1996). 핫토리 히로시와 하라 유미코의 조사에서는 시청자에게 나라별 프로그램 장르에 각각 최고 10점의 평가를 하게 했다. 일본 드라마는 전체적으로 봐도 현지 대만과 미국 드라마를 웃돌며 최고점을 기록했고, 특히 13-25세의 젊은 층 남녀 모두에게 가장 높은 평가를 받았다.

즉 현재 일본 프로그램을 가장 호의적으로 시청하는 사람들은 일본의 식민 통치를 경험해서 일본어를 이해하는 60세 이상 세대가 아니라 십대에서 이십대의 젊은 층, 특히 여성들이다. 그리고 가장 인기가 높은 장르는 '일본 트렌디 드라마'(대만 스타TV는 일본 우상극偶像劇이라 명명했다)다. 「오싱」 은 1994년에 대만 지상파 CTV에서 가장 중요한 시간대인 8시부터 방영되어 많은 인기를 끌었다. 그러나 현재 주로 케이블TV에서 젊은이들의 인기를 끄는 것은 이런 NHK 역사 드라마나 시대극, 홈드라마가 아니다.

케이블TV가 합법화된 직후에도 일본 TV프로그램은 광고를 별로 하지 않았지만 일본 트렌디 드라마가 재미있다는 소문이 젊은 세대에 먼저 퍼졌다고 한다. 대만 일간지 중 판매 부수가 가장 많은『중국시보』에서는 토요일마다 일본 트렌디 드라마에 관한 칼럼을 게재한다. 1996년 2월부터 시작된 이 칼럼은 일본 트렌디 드라마에 관한 독자의 질문이나 소감 등을 소개하면 기자가 질문에 답하는 식으로 진행된다.5) 이 코너를 담당하는 여성 기자 구로토리 레이코(일본 트렌디 드라마 제목인 「시라토리 레이코입니다」를 변용한 필명)와 인터뷰(1997년 1월, 타이페이)한 바로는, 당시 『중국시보』에서는 젊은 이들을 대상으로 연재 칼럼을 기획하면서 어떤 주제가 젊은이들의 관심을 끌 수 있을지를 놓고 토의했는데, 일본 트렌디 드라마가 가장 적당하다는 의견을 만장일치로 채택했다고 한다. 일본 트렌디 드라마를 보는 젊은이들 은 그 다음 날 반드시 드라마 내용에 대해 친구와 의견을 나누고, 과거 황금 시간대 드라마가 그러했듯이 현재 젊은이들 사이에 가장 공통된 일상의 화젯거리가 되었다고 한다.

일본 트렌디 드라마가 그리는 내용은 다양하다. 스타TV의 '일본 트렌디 드라마'(일본 우상극)라는 타이틀에서도 알 수 있듯이 드라마에 나오는 일본 아이돌은 화제의 중심이다. 일본에서도 그렇듯이 그들을 보고 싶어서 드라마를 보는 팬들도 적지 않다. 도쿄의 패션·인테리어·소비재·음악 등도 빠뜨릴 수 없는 화제다. 일본의 유행 정보는 TV드라마가 인기를 끌기 전부터 대만 젊은이들 사이에서 유통되어 왔다. 일본풍은 주로 일본 패션 잡지를 통해 소개되었고, 특히 『논노』의 인기는 뿌리 깊어 대만 젊은 여성들은 일본어를 몰라도 패션 사진을 보면서 도쿄에서 유행하는 것을 맛보려 했다. 1970년대 후반 처음 수입된 『논노』는 1980년대에 높은 인기를 끌었고, 지금도 여전히 인기 높은 해외 잡지로 군림하고 있다(『어드버싱 에이지 중국어판』 1993년 1월호). 『논노』를 수출하는 닛판 관계자를 인터뷰한 자료에서 정확한 숫자는 파악되지 않았지만 그 수출 부수는 1990년대, 특히 1993년경부터 현저하게 늘어났고, 이는 일본 드라마가 폭넓은 지지를 얻을 무렵과 그 시기를 같이한다. 일본 젊은이들처럼 대만 시청자도 단지 '무엇을'이 아니라 '어떻게' 옷을 입고, '어떤 식으로' 행동을 하고, '어떻게' 유행 가구들을 배치해야 멋있게 살 수 있을까 하는 소비 코드를 트렌디 드라마나 『논노』에서 찾아내려 하는지 모른다.

그러나 대만의 젊은 시청자가 친구들과 가장 열심히 이야기하는 것은 무엇보다도 드라마의 줄거리와 캐릭터이다. 일본 드라마 속 소비재가 다른 아시아 젊은이들에게 기호記号나 정보로 받아들여졌다는 견해는 결코 틀렸다고 볼 수 없지만, 숙련된 일본의 제작 기술이나 각본에 바탕을 둔 드라마의 줄거리나 캐릭터의 매력이 인기를 뒷받침했다는 부분을 경시해서는 안 된다. 일본 트렌디 드라마는 그 내용이나 설정이 다양하지만 대만에서 높은 인기를 끌고 있는 것은 거의 도쿄 중심의 현대적 설정 속에서 전개되는 젊은이들의 연애, 우정, 일, 여성의 사회적 지위 등을 주제로 잡은 드라마다. 대만에서는 이런 종류의, 젊은이들을 겨냥한 드라마가 거의 제작되지 않았기 때문에 그때까지 이런 그/그녀들의 욕구를 만족시켜 온 것은 미국 드라마나 영화였다. 그러나 그 역할을 이제 일본 드라마가 맡고 있는 상황이다. 대만 시청자들이 일본 드라마에서 소비 정보뿐만 아니라 대만, 홍콩, 미국 등의 드라마에서는 느낄 수 없는 공감대를 찾아내고 있다면, 그 이유는 고도로 근대화된 도시에 사는 대만 젊은이들에게 그/그녀들이 직면하고 있는 '현재성'이 반영되고 있기 때문일까? 내가 1997년 타이페이에서 실시한 일본과 미국 드라마의 수용에 관한 시청자 인터뷰를 통해 이를 살펴보려고 한다.

「도쿄 러브 스토리」를 본다

대만에서 처음으로 인기를 얻은 일본 트렌디 드라마는 「도쿄 러브 스토리」였다. 1부가 50분에도 못 미치는 합계 11부작의 이 드라마는 일본에서 1991년 1월부터 3월까지 방영되어 일본 드라마에 새로운 전기를 여는 작품이 되었다. 젊은이들의 지지를 받아 원작 만화를 드라마로 각색한 「도쿄 러브 스토리」는 연애에 적극적이고 자기 주장이 강한 20대 초반 아카나 리카(몇 년 동안 외국에서 살다가 귀국한 자녀로 설정되어 있다)와 착하지만 우유부단한 면이 있는 나가오 간치(별명 간치)의 연애를 중심으로 내용이 전개된다. "간치, 섹스할래?" 하는 대사로 상징되는 솔직함, 자유 분방함과 자신의 인생을 열심히 살아가려는 자세를 가진 리카의 태도에 간치는 매료되면서도 자주 대립하고 리카와의 관계 때문에 점점 힘들어진다. 그때 간치가 고등학교 시절부터 좋아한 동창 세키구치 사토미가 역시 동창인 의대생과 헤어진 후 간치에게 접근하기 시작한다. 리카는 사토미를 또다시 좋아하게 되면서 자신과 사토미 사이에서 고민하는 간치를 보고 그와 관계를 정리하고 미국으로 전근한다. 이야기는 몇 년 뒤 사토미와 결혼한 간치가 우연히 리카와 다시 만나는 장면으로 끝난다. 리카는 간치와 연애하던 때를 그리워하면서도 결코 과거에 구속받지 않는다. 리카는 끝까지 적극적이고 독립적인 여성으로 그려진다.

「도쿄 러브 스토리」는 대만에서 1992년 스타TV에서 처음으로 방영된 이후, 지상파의 TTV를 포함하여 총 6회 이상 방송되었다. 대만 국립정치대학교 학생들은 그 높은 인기에 자극받아 61명의 대학생 시청자들을 대상으로 조사를 실시했다(Li et al., 1995).6) 조사에서는 83%가 드라마를 재미있다고 평가했고, 65% 이상이 두 번 이상 봤다고 답했다. 앙(Ang, 1985: 20)이 전세계를 석권한 미국 드라마 「달라스」가 네덜란드에서 시청된 것에 관해 논한 것처럼, 대중문화에서 소비자가 얻는 쾌락이란 무엇보다도 우선 자기 감정과 잘 맞는 것을 인식하고 감정 이입하는 데서 생긴다. 그렇다면 대만 시청자들은 그 특정 드라마에 어떤 식으로 스스로를 동일시했으며 드라마는 시청자들에게 어떤 리얼리즘을 제시할 수 있었을까?

대만 시청자들, 특히 여성 시청자들은 스즈키 호나미가 연기한 아카나 리카를 매력적인 캐릭터로 강렬하게 받아들여 이 캐릭터와 심리적으로 동일시하면서 드라마의 인기는 급증했다. 내가 시청자들을 인터뷰한 바로는, 리카는 자신감에 넘치고 자립심이 강한 현대 여성의 바람직한 모델로 긍정적으로 수용되고 있었고, 캐릭터의 특성 중에서도 개방적이고 적극적이면서 끝까지 한 남자를 사랑하는 태도는 많은 젊은 시청자들의 공감을 얻고 칭찬을 받았다. 다만 많은 대만 시청자들이 리카에게 공감하는 것은 반드시 자신의 현재 삶을 반영하는 객관적인 리얼리즘은 아니다. 이는 동일한 인터뷰 대상자들에게서 "리카는 내가 되고 싶어 하는 이상적인 여성상"이라는 의견과 "나는 리카처럼 당당하고 용감하게 살 수 없다"는 상반되는 의견이 갈리는 것에서 볼 수 있다. 이상형 리카의 매력이야말로 앙이 '정서적 리얼리즘'이라고 부른 시청자의 심리적 동일시를 낳는다. 사토미가 더 의존적이고 가정적이며 수동적인 모습을 보여 주기 때문에 '리얼한' 존재일지도 모르지만, 시청자는 현실적인 사토미를 혐오하고 리카와 동일시했다. 사토미의 실증적 리얼리즘은 오히려 부정적 존재로 자리 잡고 시청자는 정서적으로 더 확실히 리카와 동일시했다.

이상형을 심리적으로 동일시하는 이런 현상은 리처드 다이어(Dyer, 1992: 18)가 말하는 미디어 텍스트의 유토피아주의라고 볼 수 있다.

엔터테인먼트는 도피할 수 있는 뭔가 더 좋은 상태 또는 일상생활에서는 맛볼 수 없는 아주 매력적인 상태를 제시한다. 거기에서 표현되는 현실과 대안, 희망, 욕망 등은 일이 더 잘될 것이라는, 눈앞에 있는 생활과는 다른 것들을 상상하고 실현할 수 있다는 유토피아적 사고방식을 조장한다.

다이어의 논의는 엔터테인먼트가 유토피아의 구체적인 모델을 제시한다는 것은 아니다. 엔터테인먼트는 유토피아가 어떻게 구성될 수 있을지가 아니라, 얼마나 멋진 것일지를 시청자와 관객이 체감하게 한다. 다이어는 유토피아 감각을 자극하는 비언어적 수단으로, 음악을 효과적으로 사용한다거나 등장인물들의 인간관계, 감정을 단순화하거나 격렬하게 만들어 보여주는 기법의 중요성을 강조한다. 다이어의 논의는 특히 뮤지컬에 관한 것이지만 「도쿄 러브 스토리」 말고도 일본 트렌디 드라마는 전반적으로 이런 비언어적 효과를 잘 사용해 왔고, 그것이 일본 트렌디 드라마를 새로운 장르의 TV드라마로 대만 시청자의 눈에 신선하게 비치게 한 원인이 되기도 했다. 예를 들어 일본 트렌디 드라마는 예전 TV드라마와는 달리 인기 가수의 최신 테마곡과 오케스트라까지 동반한 배경 음악을 영화처럼 매번 클라이맥스에서 효과적으로 삽입하여 시청자의 감정 이입을 증폭시켰다는 점도 긍정적으로 지적되었다. 이런 비언어적 요소는 대만 시청자가 일본 트렌디 드라마를 '낭만적이고 아름다운 연애 이야기'로 느끼는 데 큰 역할을 하고 있다. 그리고 대만이나 미국 드라마는 보통 50부 이상의 긴 시리즈인데 비해, 일본의 민간 방송 드라마는 거의 11-12부에서 끝난다. 내가 인터뷰한 대부분의 시청자는 대만 드라마가 불필요하게 이야기를 길게 끈다고 불만을 토로했다. 그에 비해 일본 트렌디 드라마는 상대적으로 짧은 내용으로 줄거리나 인물·관계 설정이 단순하면서도 집약되어 있고, 언제 끝날지 명확하기 때문에 줄거리의 극적인 전개를 예상하면서 드라마를 집중하여 즐길 수 있다는 의견이 많았다.[7]

또 대만에서 「도쿄 러브 스토리」가 많은 인기를 끈 이유는 리카가 살아가는 모습에서 유토피아의 환상을 경험할 뿐만 아니라, 드라마에서 일어나는 사건이나 인간관계에서 현실의 이미지 또는 손에 닿을 듯한 매력적인 이미지를 발견한다는 점에도 있다. 즉 시청자의 감정 이입을 가능하게 한 것은 리카의 모습이 바람직한 꿈에 그치지 않고 현실화될 수도 있다는 인식이다. 「도쿄 러브 스토리」는 내일의 꿈이라기보다는 오늘 될 수 있는 모습, 지금 여기에서 일어나고 있는, 일어날 수 있는 삶을 제시한다. 예를 들어 홍콩의 이십대 남성은 「도쿄 러브 스토리」의 매력을 자신의 홈페이지에 이렇게 적고 있다.

> 「도쿄 러브 스토리」에 그려진 도시의 이십대 젊은 회사원들의 인생과 연애 과정은 현실의 아시아 여러 곳에서 매일 비슷한 장면과 마주하는 우리 젊은 세대에게 전에 없던 공감을 불러일으켰다. 「도쿄 러브 스토리」는 남의 이야기 같지 않아서 매력이 있다. 우리 세대, 주위 사람들, 내 이야기다. 리카나 간치의 모습을 내 친구들과 내 속에서 쉽게 찾을 수 있다.[8]

대만 시청자들도 '우리 이야기'라는 느낌을 강하게 공유하고 있었다. 앞에서 말한 국립정치대학교 학생들의 조사에서도 전체 60%, 여성에 한하면 75%가 「도쿄 러브 스토리」에서 그려진 연애 관계가 자기 주변에서도 일어날 수 있다고 답했다. 이 응답은 드라마의 리얼리즘이 시청자들을 매료시켰음을 시사한다. 물론 이것은 현실에서 반드시 리카나 간치의 연애 관계 같은 일이 일어나고 있다거나 아무나 리카처럼 될 수 있다는 객관적 리얼리즘을 의미하지는 않는다. 다시 말해 '우리 이야기'라는 리얼리즘은 반드시 일어나는 사건 하나하나와 시청자들이 일상생활에서 경험하는 객관적 사실이 그대로 부합된다는 것을 의미하지는 않는다. 많은 경우 시청자들이 드라마에서 구체적으로 전개되는 연애에 관한 갈등과 희로애락을 상징화·일반화하는 수준에서 인식한 뒤에 자기 일상생활과 대치하여 심리적 동일시하는 쾌락을 추구하고 있다(Ang, 1985: 41-47). 국립정치대학교 학생들은 「도쿄 러브 스토리」가 젊은이들의 연애·일, 여성의 삶을 지금까지 없던 새로운 스타일로 그렸기 때문에 인기를 끌었다고 분석한다. 일부 대만 젊은이들은 대만의 도시 공간에서 일상적으로 일어나고 있는 일을 다룬 TV드라마 중에 「도쿄 러브 스토리」만큼 그/그녀들의 공감을 불러일으킨 것은 없었다고 한다.

정서적 리얼리즘과 문화적 근접성

이제부터는 일본 드라마가 불러일으키는 '정서적 리얼리즘', '우리 이야기'라는 느낌이 일본과 대만이 문화적으로 공통점이 많다거나 비슷하다는 인식과 과연 어떻게 관련되어 있는지를 다루려고 한다.

문화적 거리의 인식은 상대적이다. 내가 대만에서 일본 트렌디 드라마 팬들을 인터뷰했을 때도 거의 대부분의 팬들은 일본 트렌디 드라마가 현실적이고 받아들여지기 쉽다는 것을 설명할 때 미국에 비해 일본과 대만의 문화가 비슷하다는 점을 지적했다.9) 더빙을 선호하는 홍콩과 달리 대만에서는 일본 드라마를 대부분 자막으로 보기 때문에 확실히 '외국' 드라마임을 인식하면서 시청한다. 그러나 같은 외국 드라마라 해도 미국 드라마와 달리 일본 드라마는 문화적으로 가깝고, 등장 인물의 용모나 피부색이 매우 비슷하다는 점이 호의적으로 받아들여지고 있었다. 이십대 초반의 여성이 말했듯이 일본은 완벽하게 똑같진 않지만 매우 가까운 존재로 인식되고 있다.

물론 일본이 외국이라서 일본 프로그램이 대만 것보다 좋게 보이는 점도 있다고 생각한다. 그러나 용모로나 문화로나 일본에 대해서는 거리감이 적어서 편안한 느낌이 든다. 그런데 미국은 완전히 남이라는 느낌이 든다.

또 다른 이십대 중반의 일본 드라마 팬도 일본 드라마의 매력을 놓고, 대만과 일본, 대만과 서구의 문화적 거리를 말했다.

일본 드라마는 한번도 본 적이 없는 데서 오는 신기함은 없다. 그렇지만 내 감정을 이토록 제대로 표현해준 드라마는 처음 보았다. 서구는 우리와 거리가 너무 멀고 생활 감각이 너무 달라서, 미국 드라마에는 감정 이입이 잘 되지 않는다.

그녀는 특히 일본 드라마에 그려진 가족 관계와 연애 방법이 대만과 가깝기 때문에 정서적으로 동일시하기 쉽다고 한다.
미국의 인기 드라마 「비버리힐즈의 아이들」과 「도쿄 러브 스토리」의 수용을 비교해 보면 미국 드라마에서는 주관적인 혹은 객관적인 리얼리즘 그 어느 쪽도 얻을 수 없다는 의견이 명확해진다. 예를 들어 20세 여성이 미국 드라마에 나타나는 생활양식이나 연애를 보면서 재미를 느끼기는 하지만 설정된 생활수준이 너무 부유하고 남녀 관계도 너무나 개방적이기 때문에 일본 드라마와 같은 '현실감'이 없고 감정 이입하기가 어렵다고 한다. 한 여자 고등학생도 「비버리힐즈의 아이들」 세계는 자신들의 경험과는 너무나 거리가 멀다고 했다.

일본 트렌디 드라마야말로 우리들의 현실을 반영하고 있다는 생각이 든다. 「비버리힐즈의 아이들」은 뭔가 너무나 자극적으로 만들어진 느낌이 든다. 부잣집 남자와 여자가 계속 만나고 헤어지고 한다. 그러나 그것은 우리들의 현실도 아니고 동경하는 바도 아니다.

내가 「도쿄 러브 스토리」 같은 일본 드라마도 현실과 일치하는 것은 아니지 않느냐고 물어봤을 때, 그녀는 "그럴지도 모르지만 리카와 간치 같은 연애라면 내게도 일어날 수 있다. 적어도 내게 일어났으면 하고 기대하는 것"이라고 답했다. 대만의 일부 젊은이들에게 「비버리힐즈의 아이들」은 현실적이지도 않고 주관적으로 경험하고 싶은 내용도 아니다. 「비버리힐즈의 아이들」은 「도쿄 러브 스토리」에서 찾을 수 있는 실증적·정서적 리얼리즘이 가져오는 매력을 경험할 수 없다.

이런 발언들을 보면 마치 일본과 대만의 문화적 가까움의 인식 때문에 대만 시청자가 일본 드라마를 보고 정서적 동일시를 하는 것 같기도 하다. 그러나 앞서 말했듯이 프로그램의 매력을 단순히 문화적 근접성으로 환원하는 데는 문제가 있다. 문화적 근접성을 인식한다는 것은 일본 드라마 텍스트에 자주 나타나는 시청자들의 시선을 의식한 친밀함과 일상성의 중시와도 관계된다. 예를 들어 미국 드라마는 비현실적일 정도로 부유하고 화려한 세계를 자주 그려 내지만, 앞에서 보여 준 의견에서도 나타나듯이 「비버리힐즈의 아이들」처럼 지나치게 부유한 드라마 설정은 대만 시청자들이 심리적으로 동일시할 수 없게 하는 요인이 되었다.[10] 여기서 미국 시청자들이 「비버리힐즈의 아이들」을 얼마나 자기 이야기라고 생각하고 있는지는 매우 홍미로운 문제다. 맥킨리(McKinley, 1997: 93)는, 미국 시청자에게 「비버리힐즈의 아이들」의 비현실적인 부유함이 쾌락의 대상은 될 수 있을지언정 현실감이 없다는 것을 발견했다. 앙이 말하는 것처럼, 미국 시청자들 역시 등장인물 캐릭터에 현실성이 있어야 드라마를 정서적으로 동일시한다. 그리고 「비버리힐즈의 아이들」에서 그려진 세계가 너무 부유하여 일부 대만 시청자가 현실감을 느끼지 못한다면 부유함 자체에 대한 위화감이라기보다는 드라마에 나오는 인물이나 인간관계에 공감을 할 수 없는 탓에 이차적으로 발생한 것이라는 해석이 더 타당할 것이다. 「비버리힐즈의 아이들」과 「도쿄 러브 스토리」를 볼 때 친근감의 차이가 더 크게 느껴지는 것은 일본 드라마가 미국 드라마보다 '현실적'인 생활수준을 그리려는 경향이 강하기 때문이다.

있는 그대로를 그리려는 일본 드라마 텍스트의 경향은 드라마를 그리는 시선에도 나타난다. 미국 응급 의료 현장을 다큐멘터리 형식으로 다룬, 세계적으로 인기 높은 「ER」은 대만에서도 제작의 완성도가 높다는 이유로 호의적으로 받아들여졌다. 그러나 앞에서 말한 『중국시보』 기자에 따르면 고도로 전문적이고 생생한 의료 현장을 본 시청자들은 그곳에 가서 참여하고 싶다는 감정 이입을 하지 못한다. 그에 비해 일본 의대생의 삶과 그 속에서 분투하는 모습을 그린 「빛나는 계절 속에서」를 보면서 많은 대만 젊은이들이 의사가 되고 싶다는 친근감을 느꼈다. 「ER」의 일본판이라 할 수 있는 1999년에 시작된 「구명병동 24시」에서도 「ER」 이상으로 여성 레지던트의 좌절과 성장에 이야기의 중심을 두었고, 일본 드라마 텍스트가 있는 그대로의 평범함을 그리는 데 중점을 두고 있음을 알 수 있다. 자세한 조사 없이 결론을 말할 수는 없지만 이런 예들은 일본과 대만의 문화적·인종적 가까움의 인식이 일본 트렌디 드라마 텍스트의 특징과 복잡하게 얽혀 있음을 보여 준다.

다음으로, 문화적으로 가깝다고 해도 실제 그 내용은 모호한 것이 아주 많은데, 피부색이나 용모를 제외하고 구체적으로 시청자들이 열거했던 것은 인간관계, 가족 관계가 비슷한 점, 애정 표현이 미국보다 직선적이지도 과장되지도 않고 미묘하고 섬세한 점 등이었다. 특히 후자는 일본 드라마가 낭만적이고 정교한 애정 표현을 드러낸다는 긍정적 평가로 연결된다. 이십 대 중반 여성은 일본 드라마의 섬세함은 마음속 깊은 곳에 있는 감정을 그려 내는 점에 있다면서, "여성이 울 때나 남녀가 헤어질 때에도 그 감정은 훌륭하게, 예를 들어서 손가락 동작만으로도 표현된다"고 평했다. 다른 이십대 중반 여성도 비언어적 연출의 정교함을 강조했다.

「도쿄 러브 스토리」에서 인상적인 장면은 연인들의 이별이 뒷모습으로 매우 잘 표현되어 있던 장면이다. 그런 장면은 대만이나 미국 드라마에는 없었다. 섬세한 표현 기법은 내가 일본 드라마를 좋아하는 가장 큰 이유다.

어떤 시청자는 「도쿄 러브 스토리」에서 리카와 간치 둘이서 간치가 살아온 인생을 되짚어 보며 촛불을 하나씩 끄는 장면이 여태껏 본 것 중 가장 멋진 생일 축하 방법이라고 평했다.

일본 트렌디 드라마가 동아시아에서만 수용되고 있는 것을 생각하면 일본 드라마의 매력은 문화적 근접성에서 나온다고 생각하기 쉽지만, 일본 문화에서 자주 눈에 띄는 비언어적 커뮤니케이션, 표현의 섬세함, 사회·인간관계를 잘 보이게 '포장'하는 장치들은 서구에서도 평가를 받고 있다 (Hendry, 1993). 그리고 대만 시청자가 말하는 일본 트렌디 드라마가 지닌 문화적 근접성은 어디까지나 미국 드라마와 비교했을 때 상대적인 인식이며, 일본과 대만을 비교하면 비슷한 점보다 다른 점이 강조된다는 것에도 주의를 기울여야 한다. 18세의 한 여성은 일본 트렌디 드라마와 비교할 때 대만 드라마는 질이 너무 낮다고 이야기했다.

대만 드라마는 필요 이상으로 이야기를 과장한다. 언제나 울고 불고 또 울고. 일본 트렌디 드라마 같은 섬세한 심리 묘사는 전혀 볼 수 없다.

내가 대만에서도 일본 트렌디 드라마와 같은 것이 앞으로 만들어지지 않겠는가 하고 질문했을 때 그녀는 단호하게 부정했다.

아니다. 대만은 일본 트렌디 드라마 같은 낭만적인 러브 스토리는 만들 수 없을 것이다. 대만은 일본처럼 섬세하게 감정을 표현할 수 없다. 드라마 제작 기술이나 노하우의 문제가 아니라 일본과 대만의 문화적 차이가 크기 때문이다.

즉 대만 시청자들에게 일본 트렌디 드라마의 섬세함이나 아름다움에 대한 찬미는 일본과 대만의 문화적 차이에 대한 인식과도 깊은 관련이 있다.

그리고 일본과 대만이 공유하는 '아시아적' 문화 가치관을 시청자가 찾아냈다고 해도 그것은 본질적인 속성으로 파악할 수 없다. 앞서 말한 국립정치대학교 학생들의 조사에서는 「도쿄 러브 스토리」에서 리카의 연애 태도는 너무 개방적이고 상대가 자주 바뀌는 미국 드라마와도, 수동적이고 순종적인 대만 드라마와도 다르다는 것이 호의적인 평가의 강조점이었다. 간치에 대한 리카의 분방하면서도 진지한 태도를 신선하게 또 긍정적으로 받아들인다. 대학원에 다니는 이십대 대만 여성에게, 귀국 자녀로서 다소 '미국화'되어 있는 인물로 설정된 리카의 '분방함'과 미국 드라마 속의 여성상에 대해 물어보았다.

대만의 많은 젊은 여성들이 미국 드라마 주인공들보다 리카에 공감하는 것은 리카의 피부색이나 검은 머리나 말에서 알 수 있듯, 같은 아시아 여성이기 때문이라고 생각한다. 드라마에서 리카가 미국에서 귀국했다는 부분은 별로 부각되지도 않았고, 그녀의 모습과 이야기에서 미국화된 무엇이 짙게 느껴진 것도 아니다. 다만 리카가 미국풍의 여성상을 보여 준다고 생각되는 부분은 뭔가 중요한 것을 성취하려 할 때였다. 그러나 리카는 아시아 여성상이기도 하다. 그녀가 한 남자를 성실하게 한결같이 사랑할 때 대만 여성들이 진한 공감을 느꼈다. 즉 리카는 미국과 아시아의 여성상을 동시에 가진 새로운 시대의 여성상이다.

미국 드라마는 등장인물의 연애 상대가 바뀌면서 이야기가 진행되는 것이 많기 때문에 대만 시청자에게 '연애 게임'의 인상을 준다는 것이 내가 실시한 인터뷰에서도 자주 들을 수 있던 의견이었다. 이 대학원생의 의견은 한결음 더 나아가 닮은 용모와 연애의 진지함을 '아시아적'이라고 보고 있고, 「도쿄 러브 스토리」를 시청할 때 일본과 대만의 문화적 근접성을 인식하고 있음을 시사한다. 그러나 시청자가 미디어 텍스트에서 귀에 익은 문화적 가치관을 볼 수 있다는 것이 반드시 그 프로그램의 호의적 수용을 보증하는 것은 아니며 대만과 일본의 문화적 '가까움'이 실제로 시청자들의 '쾌락'을 일으킨다고도 할 수 없다. 예를 들어 대만 드라마에서는 자주 여성의 헌신·정절·충성이라는 전통적 가치관이 강조되는데(Chan, 1996: 142) 바로 이것이 「도쿄 러브 스토리」에서 미움을 사는 사토미의 캐릭터에서 찾아낼 수 있는 가치관이고, 시청자에게 프로그램의 매력은 리카의 '비전통적'인, 적극적이고 현대적이며 진지한 애정 표현이었다. 리카의 연애에 대한 개방적이고 적극적인 태도는 그녀가 '한결같은' 성격이라는 점에서 미국 드라마와 구별되는데, 그 '한결같음'과 '성실함'은 대만 시청자에게

206

서구와는 다른 '우리'의 현실을 반영한 것이고 감정적으로 깊이 빠지게 할 요인이 됐을지 모른다. 그러나 이런 점에서 「도쿄 러브 스토리」라는 일본 드라마가 역시 동아시아의 '전통적' 가치관을 나타내고 있고, 그 공감이 '한결같음'이란 가치관을 공유한다는 본질론적인 문화적 유사성을 근거로 했다고 단정할 수는 없다. 대만에서 공감을 얻어내는 리카의 '적극적인 한결같음'은 곳곳에 밴 미국화 요소를 표현한다는 점에서 전지구적이면서도 동시에 일본/동아시아라는 지역에서 탄생한 '새로운 시대의 여성상'이 지닌 특징이며, 일본에서 현대 문화의 근대성이 생기는 과정에서 만들어졌다는 점이 강조되어야 한다. 즉 한 문화적 가치관이 특정한 TV드라마 텍스트에서 어떻게 생산 또는 재생산되는가는 1990년대 근대화되고 도시화된 동아시아라는 역사적·사회적 맥락에서 동적이고 중층적인 과정으로 보아야 할 것이다.

문화적으로 가까워진다는 것, 근접성·동시성의 유기적 결합

대만에서 일본 트렌디 드라마의 수용 상황을 보면, 세계적으로 미국 문화의 지배적 지위에 변화가 일고 있다는 것을 알게 된다. 미국 대중문화는 오랫동안 전세계에서 '현대적'인 이미지를 다양한 형태로 안겨 주었다. 미국 문화의 소비는 곧 미국의 자유롭고 현대적인 생활양식에 동경을 느끼는 것을 의미했다. 미국 문화는 세계의 중심 문화와 동일시하는 매력을 전세계 소비자들이 경험하게 함으로써 젊은이, 미, 낭만, 자유, 사치 등 어디서나 이식할 수 있는 이미지의 공급자가 되었다(Featherstone, 1995). 1970년대 후반 도쿄에서 친구들과 내가 KFC에서 치킨을 먹으면서 '미국'의 일부가 되는 쾌감을 만끽한 것이 생각난다. 그러나 이제 시대는 변했다. 도쿄에서 친구의 일곱 살 아이가 TV를 보면서 "아, KFC가 미국에도 있네" 하고 놀라는 것을 보면서, 소비주의적 민주주의라는 이미지의 '미국'(예를 들어 맥도날드)은 여전히 러시아나 중국의 근대화와 시장화를 상징하는 것으로 미디어에 그려질 때가 있지만, 일본처럼 어느 정도 산업화된 자본주의 국가에서는 아메리칸 드림이 지역으로 흡수된 감이 있다.11) 미국 대중문화도 세계에 널리 퍼지면서 토착화되어 그 '미국다움'을 잃고 '무색 무취' 상태가 되었다는 생각이 든다.

톰린슨은 '전지구화'와 '문화 제국주의'를 다른 나라나 지역을 지배하려는 의지의 유무로 구별한 다음, 권력 중심의 강제를 포함한 '문화 지배' 개념은 이미 세계의 문화 유통을 고찰하는 데 적당하지 않다고 말했다.

전지구화는 제국주의와 달리, 일관성이나 문화적 목표가 매우 결여된 과정이다. 경제적·정치적 의미에서 모호한 점은 있지만, 제국주의는 적어도 한 권력의 중심이 세계를 향해 사회 시스템을 확장하겠다는 의도된 목적으로 시도된 개념임을 시사한다. 그러나 전지구화 개념은 지구상의 상호 연결, 상호 의존이 목적을 거의 지니지 않은 채 진행되고 있음을 보여 준다. 이는 경제적·정치적 활동을 통해 생기는 작용이며, 그 자체로는 의도하지 않았지만 결과적으로 지구상의 통합을 추진해 버리는 것이다(Tomlinson, 1991: 175).

첸(Chen, 1996)이 비판했듯이 이와 같은 전지구화 언설은 극소수 나라들을 중심으로 한 권력 관계가 여전히 존재한다는 사실을 덮어 버릴 위험이 있다. 또 미국은 이슬람 원리주의자 등 반미 세력에게는 여전히 막강한 문화 제국주의자로 군림하고 있다. 그러나 명확한 정치적 목적으로 자국의 대중문화를 세계에 내보낸 미국의 절대적인 문화 권력이 점차 탈중심화되고 있음을 부정할 수는 없다. 이것은 물론 미국의 문화 권력이 사라진 것이 아니라 1장에서 말했듯이 미국화의 의미가 새로운 단계로 옮겨 갔음을 뜻한다. '미국'이 만들어낸 다양한 근대성의 개념과 이미지는 한 형태나 시스템으로 전세계에 더욱 침투해 간다. 한편으로는 미국화가 각각의 특정한 역사적·사회적 맥락에서, 세계 각지의 일어나는 일상적 행위들에 의해 다양한 방식으로 상호 작용하고 지역화되고 있는 것이다. 그 결과 '미국'이 오랫동안 자본주의 소비문화의 상징으로 굳혀 왔던 젊은이·미·낭만·자유·사치 등의 이미지가 '미국'과의 예전과 같은 직접적 연결(Frith, 1982: 46)을 잃고 미국화는 점차 그 자취를 잃는다. 마르크스주의 경제 결정론을 비판적으로 발전시킨 알튀세의 '중층적 결정론'에 관한 바일하츠(Beilharz, 1991)의 이론에 따르면, 미국화는 어쩌면 잠들어 있는 경제 기반처럼, 영원히 작동하지 않는 최종 결정 요인이라는 허세로 변했는지도 모른다. 비서구 사회에서 자본주의 소비 문화의 근대성이 재생산되는 과정은 미국화의 절대적 결정력에서 벗어나 비교적 자율적으로 변화했다.

벤야민은 세속화된 근대에서는 시간이 허무하고 동질적인 것이 되었다고 말했지만, 전지구화는 문화적 근/현대성에 관한 다양한 개념들을 동질적이고 공허한 것으로 만들고 있는지도 모른다. 공허하고 동질적인 시간이 근대 국민 국가의 '상상의 공동체'(Anderson, 1983) 구축과 깊이 관련되어 있다면 전지구화가 초래하는 것은 동질적인 전지구적 공동체가 아니라 문화적 다양성이나 차이의 증식이다. 윌크(Wilk, 1995: 118)는 전지구화의 문화 패권은 지역적 다양성을 촉진하면서 그 다양성을 전지구적 문화 시스템으로 흡수하는 '공통된 차이의 구조' 속에서만 찾아낼 수 있다고 한다.

새로 출현한 전지구적 문화 시스템은 차이를 억압하지 않고 촉진하지만 그 차이는 특정한 틀에서 만들어진다. 전지구적 문화 시스템의 패권은 그 내용이 아니라 그 '틀'에서 찾아볼 수 있다. 즉 전지구화의 구조는 동질성을 복제하지 않고 다양성을 조직화한다.

그러나 최근 대만에서 일본 트렌디 드라마가 수용되는 상황은 공통된 차이를 낳는 '틀'의 전지구적 확산이, 한 지역 내에서 유통되는 문화 소비를 통해 문화적 근접성 경험을 활성화하고 있다는 것을 보여 준다. 가르시아 칸크리니(García Canclini, 1995: 229)가 말하는 것처럼 초국가적인 문화 왕래가 활발해지면서 한 문화가 가진 '자연'스러운 지리적·사회적 영역 사이의 연결은 서서히 사라지는 반면, 세계 각지의 다양한 이미지나 상징이 불균형적인 상태로 상호 작용하는 가운데 문화적 생산은 새로운 맥락에서 재지역화된다. 즉 어떠한 '틀'에 맞춰지는 내용이나 이미지는 '미국'에서 탈지역화되면서 '동아시아' 등에서 재지역화되고 있다.

　　세계 곳곳이 미국화되면서 오히려 미국의 문화적 패권은 희미해지고, 이미지의 재영역화로 인해 새로운 문화 권력 관계가 생기지만, 특정한 절대적 중심이 출현하지는 않는다. 이 점에 관해서 미국 드라마의 열렬한 시청자였다가 일본 트렌디 드라마 팬이 되었다는 이십대 중반 여성은 일본 트렌디 드라마의 영향력에 관한 내 질문에 흥미로운 발언을 했다.

　　일본 드라마의 표현에 보이는 섬세함이 미국 것보다 감정 이입하기 쉽고 내 감정에 더 잘 맞는다. 그러나 일본 드라마의 영향력은 글쎄… 별로 없다고 생각한다. 아마 우리에게 일본은 거울 같은 것이고 결국 항상 뒤쫓아 가고 있는 것은 미국일 것이다.

　　일본 트렌디 드라마 팬의 처지에서도 일본은 과거 미국 같은 수준의 '동경'의 대상은 아닐 수도 있다. 트렌디 드라마를 비롯한 일본 대중문화는 대만 젊은이의 소비 행동과 정체성 구축에 적지 않은 영향력을 미치고 있겠지만 앞서 『중국시보』 기자가 내게 말했듯이 일본은 너무나 가까운 존재라 동경의 대상은 되지 않는 것 같다. 일본 이미지의 매력은 동경에서 오는 게 아니라 가까워서 감정 이입하기 쉽다는 점이다. 미국 스타는 아주 먼 존재의 영화 속 인물이지만, 일본 스타는 이웃집에서 살고 있는 아이돌이다. 미국 영화나 드라마는 멋지게 만들어져 즐기면서 볼 수 있지만, 일본 것은 우리 주변에서 일어날 수도 있고 친구들과 줄거리를 이야기하고 싶은 것이다. 미국은 어디까지나 꿈꾸고 동경하는 개념을 나타내지만, 일본 것은 본따면 곧 자신도 할 수 있을 것 같은, 될 수 있을 것 같은 '리얼리즘'을 제공한다. 즉 대만 시청자들에게 일본 대중문화는 미국 대중문화가 이제까지 상징했던 이미지와는 달리, 동아시아의 맥락 속에서 구현된 '사용 가능'한 이미지를 제공한다.

일본과 대만 사이의 문화 흐름이 아직 일방통행이며, 대만에서는 많은 젊은이들이 '일본'을 열심히 소비한다(예를 들어 哈日, 2001). 그러나 대만 시청자의 반응을 보았을 때 거기에 개입되는 문화 권력은 단순히 중심-주변이라는 관계로 파악할 수 없다. 대만에서 일본 대중문화가 확산된 것은 동시대를 공유하는, 살아 있는 '동시간성'coevalness (Fabian, 1983)에 대한 확신이기도 하다. 파비안은 서구 근대가 비서구 타자의 동시간성을 어떤 식으로 부정해 왔는가를 주장하면서 '동시성'synchronicity과 '동시대성' contemporariness이라는 상관되는 개념을 언급했는데, 전지구적 커뮤니케이션 기술의 발전은 미디어 이미지와 정보의 동시성을 높이는 한편 비서구의 동시대성을 더욱 부정하게 만드는 효과를 갖고 있다. 예를 들어 한 인류학자에 의하면 네팔에서 겪은 근/현대성의 경험은 끊임없이 퍼져 가는 서구 대중문화의 소비를 통해 상상과 눈앞에 있는 현실, 즉 'ㅇㅇ이 되는 것'과 'ㅇㅇ인 것' 간의 격차가 절망적으로 확대되는 것이라고 분석한다(Liechty, 1995). 즉 서구 근대와의 정치적·경제적·문화적 격차를 그대로 둔 채 정보와 이미지의 공급이 시간적 차이를 없애 버림에 따라 비서구가 서구를 뒤쫓는 것은 불가능하다는 것을 새삼 깊이 인식하게 되는 결과를 초래할 수 있다

(Morley & Robins, 1995: 226-227).

그러나 고도의 근대화를 달성했고 경제적으로 부유하게 된 대만 시청자에게는 이미 그 관찰이 적당하지 않다. 이십대 전후의 여성은 내게 이렇게 말했다.

대만은 이제까지 경제적으로 일본을 뒤따라왔다. 항상 10년 전의 일본이라고 인식되었다. 그러나 이제 그 차이는 거의 없어지고 우리는 같은 시대를 살고 있다. 이제 시간 차이는 소멸했다고 생각한다. 내 주변을 보면 이런 감각이 대만에 퍼진 것은 3,4년 전부터다. 그때쯤부터 일본 대중문화에 관심을 가진 사람들의 범위가 넓어진 것 같다.

대만의 일본 케이블 채널의 매니저도 이런 변화를 예리하게 지적했다.

대만이 아직 가난할 때, 우리는 현대식 생활양식에 대한 꿈을 갖고 있었다. 그것은 아메리칸 드림이었다. 그러나 부유해진 현재, 우리가 갖고 싶은 것은 단순한 꿈만이 아니라 이 꿈을 어떻게 현실화할까 하는 것이다. 그것을 위해서는 아메리칸 드림이 아니라 일본의 현실이 더 좋은 견본이 된다.

물질적 부유함으로 뒷받침된 근/현대성이 이제는 살아 있는 현실 상황이 된 대만에서는, 그 부유함을 가장 많이 누리는 도시 젊은이들에게 'ㅇㅇ이 된다'의 모방 대상도 더욱 구체적으로 변화한 것이 아닐까? 그런 맥락에서 일본 TV드라마는 「도쿄 러브 스토리」에서 리카의 적극적이고 한결같은 성격처럼 미국 문화가 결코 표현하지 못했던 동아시아의 문화적 근/현대성의 한 형태를 제시하는 것은 아닐까?

이렇게 보면 '문화적 근접성'이란(여전히 이 개념을 사용한다면) 본질적인

정적 속성이 아니라 동적인 'ㅇㅇ이 된다'는 견지에서 다루어야 한다는 것을 알 수 있다. 대만 시청자들이 일본 드라마에서 느끼는 편안한 거리감과 친근함은 두 나라의 경제 격차가 미미해졌다는 의식에서 나온 동시간성의 공유 의식 때문이기도 하다. 즉 미디어 텍스트의 수용을 통해 '문화적 근접성'의 경험을 고찰하는 데 공간 축뿐만 아니라 시간 축 그리고 '문화적 동시성'이라는 관점도 고려할 필요가 있다. 일본 식민지 지배 역사를 사회에 깊이 새기면서도 경제 격차의 소멸, 전지구화의 진행에 따른 정보와 상품의 동시 유통, 미국의 전지구적 문화 패권의 질적 변화, 미디어 산업의 비대화·국제화, 소비력 있는 젊은 중산층의 출현, 여성의 지위·의식의 변천 등 어느 정도의 경제 발전을 이룬 자본주의 국가가 공통으로 경험하고 있는 것들이 대만에서 일본과 같은 시간에 살고 있다는 느낌을 낳게 했음을 간과해서는 안 된다. 즉 과거 식민지 지배의 경험에서 중층적으로 결정된, '문화적 근접성·동시성'은 세계를 동질화시키는 역사적이고 구조적인 큰 흐름인 근대화와 전지구화 과정에서 1990년대 후반 대만이 일본의 TV드라마를 수용한 것을 계기로 유기적으로 결합되었다.

이 장에서는 타이페이에서 실시한 일본 TV드라마의 수용 조사를 통해 문화적 근접성의 시공간적 인식과 그와 관련된 초국가적인 문화 권력의 유기적 결합에 대해 고찰해 보았다. 여기서 말한 일본 트렌디 드라마에 대한 대만 팬의 수용을 대만 전체 나아가 동아시아 지역 전체의 문화 왕래로 일반화할 수는 없고 또 그것이 이 장의 목적도 아니다. 대만에서 일본 트렌디 드라마에 관심이 전혀 없는 젊은이들도 많이 존재하고, 동아시아에서 미국 대중문화의 지배적 지위는 여전히 여타 문화의 추종을 불허하고 있다. 거듭 말했지만 문화적으로 가깝다는 인식은 대만에서 일본 드라마가 호의적으로 수용되는 현상을 일부 설명하는 것에 불과하다. 또 고도로 상품화된 소비 문화와 물질문화의 초국가적 흐름이 가져오는 새로운 사회

차별, 즉 일본을 중심으로 한 동아시아 지역 내 근/현대성의 왕래와 대화가 대만 그리고 다른 아시아 지역의 많은 가난한 사람들을 제외시키고, 새로운 젠더 차별이나 민족 차별을 재생산하고 있다는 문제도 여기에서는 다룰 수 없다. 이 점을 무시하고 소비주의적 근대의 동일 경험을 강조하는 것은, 일본 식민주의의 역사를 망각하려는 일본과 아시아 지역의 공통성을 모색하는 국가주의자들에게 본의 아니게 도움을 주는 결과가 될 수도 있다.

다시 말해서 그러한 문화 왕래나 대화도 역시 불균형과 불공평이란 특징을 지녔고, 동아시아에서 일본 미디어 산업이 홍콩을 능가할 정도로 지배적인 역할을 하고 있는 점에 유의해야 한다. 우리는 전지구화가 어떻게 비서구 지역 사이의 불균형한 문화 유통을 활발하게 하고 동시에 새로운 문화 권력 관계를 만들어 냈는지를 진지하게 분석할 필요가 있다. 앞에서 밝혔듯이 전지구화가 가져오는 탈중심화 역학 속에서 일본의 초국가적인 문화 권력은 '미국화' 언설에서 볼 수 있는 '동경'이나 '문화적 우월성'으로는 논의할 수 없다. 그러나 이웃 나라의 소비자와 시청자들이 문화적 친밀성·근접성·동시성을 느낀다는 것은 일본의 문화 권력이 존재한다는 사실을 드러내는 것이고, 이 불균형은 반대되는 흐름, 즉 일본에서 다른 아시아 지역의 대중문화가 수용되는 것을 지켜보면 더 명확해질 것이다. 최근 일본에서 보이는 홍콩 영화의 인기와 영화, TV프로그램 공동 제작의 활성화, 아시아 다국적 팝 그룹의 출현 등이 시사하는 것처럼 동아시아 지역, 특히 일본, 대만, 홍콩, 한국 사이의 문화 흐름은 서서히 쌍방향으로 진행되고 있다(『아에라』 1997년 1월 20일호 「홍콩, 대만, 일본은 대중음악 공영권」). 그러나 그런 왕래는 일본이 양적으로 압도적인 비중을 차지하는 특징을 지니고 있다. 그리고 대중문화 소비를 통해 이문화에서 '낯익은' 문화 차이를 인식하는 것은 대등한 문화적 소통과 연결되는 동시간성의 공유 감각을 반드시 근거로 하지는 않는다. 대만 시청자들이 경험한 일본과의 동시간성은 대만 기자가 지적한 것처럼 '드디어 일본을 따라잡았다'는 허영심에 근거를 둔 것일지도 모르기 때문이다(『신신문』 1998년 4월13-19일호, 70쪽). 다음 장에서는 이와는 대조적으로 일본에서 아시아 대중문화 소비가 어떤 식으로 시공간의 감각을 생산하고 있는지를 고찰함으로써 동아시아의 문화 왕래에 불공평한 역학 관계가 시청자들의 소비 현장에서 어떻게 생산 또는 재생산되고 있는지를 살펴보고자 한다.

6

일본에서 소비되는 아시아 대중문화

이 장에서는 앞장과 반대되는 문화의 흐름, 즉 1990년대 일본에서 대중문화
차원에서 활발해진 '아시아' 소비를 분석하면서, 동아시아 지역에서 문화
왕래에 대한 불균형이 미디어 언설과 수용의 장에 어떤 방식으로 나타났는지
를 살펴보려고 한다. 물론 아시아 대중문화에 대한 일본의 관심은 이제
막 시작된 것은 아니다. 예를 들어 1970년대부터 브루스 리로 대표되는
홍콩 쿵후 영화는 폭넓게 수입되었고 수많은 가수가 일본에서 데뷔하고
활동해 왔다. 또한 이제까지 여러 형태의 '아시아 붐'이 일본 소비 시장에서
몇 차례나 일어났다(『아크로스』 1994년 11월호). 일본이 다른 아시아 지역에
대중문화를 수출하는 비중에 비해 일본으로 유입되는 양은 여전히 적지만,
1990년대에 들어 아시아 영화나 대중음악은 전례 없는 규모로 일본 미디어
들의 관심을 끌었고 일본 소비자를 사로잡았다.

일본이 다른 아시아 지역 대중문화에 보이는 관심은 너무나 다양하므로
이 장에서 모두 다루기는 힘들 것이다. 지금부터는 주로 두 가지 테마에
초점을 두어 일본과 다른 동아시아의 불균형한 문화 왕래의 모습과, 일본의
아시아 소비가 내포하는 모순과 양면성에 주목하려고 한다. 그중의 하나는
주로 일본 지식인이나 비평가들이 다른 아시아 지역의 대중문화에서 일본과

는 다른 비서구의 근/현대성을 찾아내고 평가하려는 시도다. 특히 이 장에서는 1990년 전후의 월드 뮤직 붐 속에 드러난, 싱가포르의 대중 가수 딕 리를 둘러싼 언설을 중심으로 논하려고 한다. 여기에서는 일본 사회에서 여전히 '아시아'를 일본보다 시공간적으로 뒤떨어진 것으로 보는 지배적인 언설은 부정되고, 아시아는 같은 근대 타자로 인식되고 있다. 그러나 4장에서 본 것처럼 아시아 지역의 경제 발전에 따라 일본 미디어 산업이 아시아 시장에 진출하면서 바로 그런 진보적·자성적 언설을 압도하기라도 하듯이 서서히 오리엔탈리즘을 담고 있는 아시아관이 고개를 들기 시작했다. 1990년대 중반부터 일본의 많은 '주류' 미디어를 떠들썩하게 한 것은 경제 발전이 한창인 아시아 사회가 가진 에너지와 활기에 대한 향수였다. 거기에는 일본이 경제 부진과 사회 불안에 직면하면서 잃어버렸거나 잃고 있는 미래에 대한 희망을 아시아 사회에서 찾아내려는 경향이 보인다. 여기에서 '아시아'는 부정적으로 인식되지 않은 것처럼 보이지만 그 안에는 일본과 '아시아' 사이의 메울 수 없는 발전 격차가 존재하며 동시간성을 공유할 수 없다는 태도가 암묵적으로 내포되어 있다.

그러나 1990년대 중반 홍콩 영화나 그 영화에 출연하는 홍콩 남성 스타에 빠진 일본 여성 팬이 급증한 현상을 자세히 살펴보면, '홍콩'이라는 구체적인 아시아 문화의 이미지가 그리운 동경의 대상이면서도 동시대를 살아가는 아시아 타자로 인식되는 경향을 알 수 있다. 여성 팬들은 서구적 근대화 과정을 각각 다르게 겪었기 때문에 현재 일본과 홍콩의 차이가 존재한다는 것을 실감하고 있다. 이 여성 팬들에게는 지식인들이 모색한 것처럼 동시대를 사는 '아시아'와 만나고 다른 아시아 근대를 평가하면서 일본 사회의 근대 경험을 다시 검토해 보려는 태도가 엿보인다. 물론 이것이 역사적으로 만들어진 일본의 오리엔탈리즘적 아시아 인식을 곧바로 깨뜨리는 기회가 된다는 것은 아니다. 그럼에도 우리는 일본에서 홍콩 미디어가 소비되는 현상에서, 일본이 다른 아시아 지역의 대중문화를 소비하는 것이 그들의 아시아 인식과 역사적으로 관련이 깊다는 것을 읽을 수 있다. 또한 일본에서 다른 아시아 지역의 대중문화가 소비되는 장에는 부분적으로 결렬되기도 하고 유기적으로 다시 결합되기도 하는 다양한 역학이 얽혀 있다는 것이 드러난다.

문화 공통성과 시간 차이

일본의 아시아 소비를 연구할 때 가장 눈에 띄는 현상은 아시아 또는 아시아 대중문화에 관한 서적이 폭발적으로 늘어난 것이다(ε no, 1996;『아사히신문』1994년 9월 17일 석간). 소위 '아시아 책'이라고 불리는 일련의 출판물은 야마구치 후미노리의『홍콩 여행의 잡학 노트』(1979)나 세키가와 나츠오의 『서울 연습 문제』(1994)가 많은 독자를 매료시킨 1980년 전후에 늘어나기 시작했다. 이 책들의 특징은 그때까지 일본 아시아학의 주된 주제였던 아시아 지역의 '전통' 문화나 빈곤, 그에 관한 일본의 전쟁 책임과 경제 착취에 대한 비판(鶴見良行, 1980; 1982; 村井, 1988; 村井 외, 1983)에서 조금 거리를 두고 한 개인의 여행기 형식으로 다른 아시아 지역의 일상생활을 현지에서 보고하는 기법이다(前川&大野, 1997). 아시아에 가서 직접 걸어 보고 싶다는 의식은 일반 젊은 독자층의 지지를 받아 개별적으로 아시아 지역을 여행하는 사람들이 증가하기도 했다.『세계를 간다』가 발간된 것은 1981년이었지만 그 후에도『아시아 낙원 매뉴얼』,『아시아 컬처 가이드』, 『원더랜드 트래블러』등 많은 여행 안내서가 발간되었다.

다른 아시아 사람들의 눈높이에서 아시아의 일상생활과 만나려는 이런 '사적 르포'나 '여행 안내서'는 가난한 배낭 여행자를 위한 가이드북을 많이 양산하게 되는데(예를 들어 구라마에 진이치나 시모카와 유지 일련의 저작)

동시에 그것은 다른 아시아 도시 문화에 대한 관심을 돋우었다. 이런 경향은 아시아 지역이 서서히 고도의 경제 발전을 이루기 시작한 1980년대 후반, 특히 1988년 서울 올림픽 무렵부터 확산되었고 1990년대에 들어 소위 일부 '아시아통' 층이 두터워지면서 더욱 많은 작가와 독자들이 도시의 소비 문화를 다룬 '아시아 책'을 찾게 되었다. 여기에서 다룬 주된 관심은 음식·패션·미용에서 미디어에 이르기까지 여러 분야에 걸쳐 있는데 도시의 이런 소비 문화는 이따금 일본과 다른 아시아 사회의 문화적 차이를 두드러져 보이도록 유도하면서도, 그때까지 아시아 지역에 별 관심을 두지 않았던 일본인에게 양자 사이에 무언가 공통점이 있음을 발견하도록 했다. 예를 들어 1994년 베스트셀러가 된 『아시아 기행』에서 저자 무레 요코는 그때까지 서구 문화에 몰두하여 후진국 이미지가 가득한 아시아에는 관심이 없었다고 고백한다. 그러나 홍콩·마카오·서울 등을 여행하면서 그 근대성에 놀라고, 동아시아 도시에서 만난 왠지 낯익은 풍경에 매료된다. 그녀는 미국을 여행했을 때는 일본과는 확연히 다른 문화적 차이를 즐겼지만, 동아시아에서는 동질성을 기반으로 한 어딘가 낯익은 차이를 발견했다고 한다(群, 1994). 일본과 다른 아시아 나라들이 실제로 무엇을 공유하고 있는가 하는 의문은 별도로 하고, 여기서 흥미로운 것은 이 낯익은 문화들 간의 미묘한 차이에서 오는 매혹이 과연 일본의 아시아적 정체성을 어떻게 만들며 일본과 아시아 나라들의 관계를 어떻게 새로이 상상하고 창조해 낼까 하는 것이다. 문화적 공통성을 인식하면서 아시아 지역에서 일본의 우위를 재인식하는 것으로 매듭지을 것인가, 아니면 다른 아시아 나라들을 같은 계열로 보는 새로운 상상력을 불러일으킬 것인가? 일본 대중들의 '아시아주의' 언설과 미디어 소비를 분석하면 시공간적인 동질성과 이질성이 연계되어 나타나는 '아시아'를 향한 복잡다단한 일본의 욕망이 드러난다.

소비 문화 중에도 대중음악은 일본의 아시아적 정체성을 불러일으키는 것으로 자주 일컬어져 왔다. 예를 들어 1990년에 나온『팝 아시아』(『WAVE #27』)의 표지에는 매우 흥미로운 영문이 적혀 있다. "아시아 대중음악은 일본인이 아시아인임을 일깨운다." 이 잡지 특집호에서는 많은 일본 음악 평론가들이 다양한 방식으로 일본과 다른 아시아의 대중음악 교류를 평하고 있는데, 그 내용을 살펴보면 일본의 아시아적 정체성을 불러일으키는 것으로 두 요소를 들고 있다. 하나는 주로 서구에서 만든 대중음악을 지역에서 혼종화한다는 공통의 근대화 경험이다. 또 하나는 다른 아시아 지역에서 나타나는 일본의 문화적 영향력이다. 여기서 어떠한 요소가 강조되는지는 지역에 따라 다르다.『팝 아시아』에서 몇 명이 지적했듯이 일본은 대중음악 제작과 교류에 관한 한 동남아시아보다도 동아시아 문화권에 속해 있어서, 서구화된 일본 대중음악이 동아시아에서 영향력이 크다(斎藤明人, 1990a: 22). 예를 들어 시노자키 히로시(篠崎, 1990a)는 아시아 지역에서「스바루」와「북쪽나라의 봄」이 수용 면에서 차이가 난다고 지적하면서, 동남아시아에서는 영어권 대중음악의 직접적 영향이 강하지만 동아시아에서는 일본에서 여과된 다음, '아시아'적으로 배열된 대중음악이 더 호응을 얻는 것 같다고 했다. 말하자면, 서구의 것을 토착화해온 일본 대중음악에서 일본이 동아시아에서 발견한 낯익은 이질성이 드러나고 있는 것이다. 그러나 일본의 영향력이 별로 미치지 않는 동남아시아 대중음악의 경우는 일본의 아시아적 정체성을 좀 다르게 받아들이고 있다. 즉『팝 아시아』의 부제, "귀에서 아시아가 들려오면 잠자고 있던 짬뿌르*의 피가 솟아오른다"는 말처럼 오히려 토착적 요소와 교배하여 독자적인 지역 문화를 만들어 간다는 공통점을 강조한다. 서구 대중음악의 영향권 내에서 지역성과 혼종되었다는 점에서 일본과 동남아시아가 공통성을 보이는 한편, 동남아시아 대중음악이

---

* Campur. 인도네시아나 말레이지아 등 동남아시아에서 여러 재료를 비벼서 먹는 음식의 통칭.

일본 청중들을 사로잡은 것은 일본과는 다른 토착 문화와 이문화의 혼합 정도가 빚어내는 독자성 때문이다(斎藤明人, 1990a: 23). 이 점에서 볼 때 동남아시아 대중음악의 혼종화는 일본과 동남아시아 사이의 낯익은 이질성을 이국성이라는 형태로 드러낼 위험이 있다. 그러나 일본과는 다른 문화적 근대성의 형태가 아시아 지역에 존재한다는 사실을 알려주기도 한다.

이 둘 중에 어느 쪽이 전면에 나타날지는 역사적 맥락에 따라서도 달라진다. 1980년대 후반에는 일본과 다른 아시아 대중음악의 제작 능력에 명백한 차이가 있었으므로 일본과 다른 아시아 지역의 문화 교류를 논할 때 자연히 일본의 문화적 영향력에 주목하곤 했다. 예를 들면 모리에다 다카시는 1988년 『충감도*에서 본 아시아』에서 아시아 도시 문화를 살펴보면서 이제까지 '전통적' 아시아를 소개하는 접근 방법에서 벗어나려 했다. 그 책에서는 일본이 영화나 소비재를 통해 미국에 친근함을 느껴온 것처럼 소비 문화와 대중문화를 통해 다른 아시아를 이해하는 것에 대한 중요성이 강조되었다. 그러나 모리에다가 목격한 '아시아'는 TV프로그램, 대중음악·패션·음식 등 일본의 문화적 영향력의 흔적이 여기저기서 발견되는 곳이었다. 그 결과 그는 일본이 과거 아시아 나라들을 침략한 것과 현재 진행 중인 경제 착취를 자주 언급하고, 일본과 다른 아시아 사이에 정보가 일방통행인 것을 문제시하면서도 결국은 민간 차원에서 관심이 더 높아졌으면 한다는 식의 희망 표명으로 책을 끝맺는다.

어려운 이야기를 하고 싶지는 않다. 대만과 홍콩의 젊은이들 중에는 나카모리 아키나나 안젠치타이, 쇼넨타이의 팬이 많이 있고, 한국에서는 다꾸앙(단무지)

---

* 虫瞰図. 조감도에서 빌려온 표현. 창공이 아닌 지상에서 새의 '눈'이 아닌 벌레의 '눈'으로 자세하게 관찰 대상과 세부 요소를 살핀다는 뜻으로 사용.

을 먹고 있고, 태국에서는 도라에몽이나 오싱이 인기를 끌고 있음을 아는 것만
으로도 친밀감이 들끓지 않는가? 이런 차원에서 관심이 넓어졌으면 하는 것이
내 작은 바람이다(森枝, 1988: 235).

그가 그리는 아시아는 일본의 영향을 깊게 받은 곳이므로 일본과 다른
아시아 나라들의 불균형한 정보 왕래를 조금이라도 시정하려는 의도가
오히려 아시아에서 일본 문화의 중심적 지위를 인정해 버리는 아이러니를
보여 준다.

또한 이 시기에는 대중음악을 재료로 일본과 아시아의 역사적 관계를
더욱 비판적으로 논하려는 시도가 시작되었다. 당시 서구 도시를 중심으로
높아진 월드 뮤직 붐이 미국이나 서구 중심의 음악관과 문화관에 대한
안티테제로 파악된 것처럼, 일본의 저널리스트나 비평가들은 일본과 다른
아시아의 착취적 관계나 일본의 문화적 우위성을 당연한 것으로 여기는
언설을 교정하는 수단으로 아시아 대중음악에 주목했다. 예를 들면 음악에
관한 논평을 활발하게 발표하는 아사히 신문 기자 시노자키 히로시는 『카세
트 가게에 가면 아시아가 보인다』(1988)에서 대중음악을 통해 아시아 사회의
정치·경제·사회·역사가 끌어안고 있는 다양한 문제점을 찾아낸다. 시노자
키도 특히 동아시아에서 일본이 가진 문화적 영향력을 지적하고는 있지만,
그의 관점은 주로 일본의 아시아 침략사와 여전히 계속되는 경제 착취,
그리고 당시 사회 문제로 대두된 일본의 매춘 관광 등을 시종일관 비판하면
서 일본과 다른 아시아 나라들을 직선적 발전 축에 놓고 대비하는 것을
의식적으로 거부하고 있다. 그는 다른 아시아의 대중음악을 들었을 때의
감동이 어딘가에서 느낀 적이 있던 감정이었음을 언급하면서도 곧이어
이 낯익은 감정은 결코 일본의 과거를 그리워하는 역사 감각에 근거한
것이 아니라고 덧붙인다.

이제는 아시아의 현재를 몇 년 전의 일본에 대비하여 이해하고 싶지 않다⋯
역사는 늘 같은 과정을 거쳐 반복되는 것은 아니다. 오히려 나는 아시아가 일본
과는 다른 역사를 밟았으면 한다. 아시아는 일본을 많이 닮았으면서도 전혀
다르다는 점에서 매우 만만치 않은 이국이다. 그만큼 나는 아시아를 어디까지
나 있는 그대로의 모습으로 동시대에 일어난 사건으로 바라보고 싶다(篠崎,
1988: 235).

시노자키는 그가 느낀 낯익은 감정을 일본과 다른 아시아 나라들 사이의
문화적 유사성과 연결하면서도, 발전적 차이라는 인식에서 벗어나 아시아의
대중음악을 어디까지나 일본과의 동시간성 속에서 파악하려 하고 있다.

'아시아는 하나다'?, 딕 리의 혼종적 대중음악

시노자키가 경종을 울린 것처럼 일본의 과거와 아시아의 미래를 동일시하
는 듯한 오리엔탈리즘적인 견해가 일본과 다른 아시아 지역의 명백한 음악
제작 능력의 차이를 반영한 것이었다고 한다면, 1990년 전후의 싱가포르
뮤지션인 딕 리가 일본에서 상업적으로 성공했다는 사실은 이런 인식을
뒤집었다. 또한 이것은 일본과는 문화 혼종의 형태가 다른 동남아시아
대중음악이 일본의 아시아적 정체성 언설의 중심에 자리 잡는 계기가 되었
다. 리 음악의 매력은 서구 대중음악과 다양한 아시아 전통 음악을 자유롭고
유창하게, 창조적으로 융합한 것이라고 지적되었다(篠崎, 1990b; 久保田,
1990). 리는 특히 화제가 된 두 장의 앨범 「나는 매드 차이나맨」(1989)과
「아시아 메이저」(1990)로 아시아의 다양한 전통 음악과 악기, 그리고 현대
서구 대중음악과 최신 음악 기술을 정교하게 융합함으로써 싱가포르인이자
아시아인이라는 정체성의 '불순함'을 표현하려 했다. 리의 혼종적 음악은

고도로 세련된 대중음악으로, 아시아 음악이 뒤처져 있다는 인식을 깨고 일본의 비평가와 청취자들을 사로잡았다.[1]

일본에서 리의 음악이 큰 반향을 부른 것은 폐쇄적이고 자기 완결적인 현대 일본 문화 시스템과는 다른 방식으로, 아시아의 여러 토착 문화를 뒤섞어 새로운 음악을 보여 주었기 때문이다. 리는 "서양을 흉내 내며 달려온 일본 음악가들이 만들지 못한, 서양의 감각과 동양의 감각이 만나는 신선한 사운드"를 만드는 대단한 작업을 혼자서 훌륭하게 해냈다고 평가받았다(葭原, 1994: 188; 篠崎, 1990a). 다시 말해서 리의 음악은 일본과는 근본적으로 다르게 아시아 음악과 서구 음악을 혼종하여, 그때까지 일본이 해낸 것보다 훨씬 더 범세계적인 음악을 만들어 냈다는 평가를 받았다. 나카자와 신이치(中沢, 1990)는 리의 음악을 "작은 공간 속에서 이질적인 것들이 공생하고 있는" 방황기 싱가포르의 문화 교차점이라는 포스트모던적 상황에 견준다. 반면에 일본이나 중국은 '공동체 내부의 흡인력'이 너무나 강하기 때문에 다양한 문화가 국수화되지 않은 채 만나고 섞이고 통과하는 교차점이 될 수 없다고 한다. 딕 리가 구현한 음악에서는 다양한 음악들이 "모두 같은 권리를 갖고 공존하고 있다."

그러나 여기에서 실현하고 있는 음악은 잡탕밥도 아니고 짬뽕도 아니다… 아시아인인 딕 리가 만드는 음악은 일관된 다중 구조를 갖는 데 처음으로 성공했다. 그의 음악은 우리에게 복수 리듬의 혼재도 가능하지 않을까 하고 느끼게 한다. 그러나 싱가포르인인 그는 YMO*를 괴롭힌 대지의 흡인력에서 벗어날 수 있었기 때문에 계속 부유해야 하는 불행과 부유할 자유가 주어진 것이다(中沢, 1990: 218).

---

* Yellow Magic Orchestra. 일본의 테크노 그룹.

나카자와는 일본의 대중음악이 오랫동안 해외(서구) 음악을 토착화하고 지역화하려고 씨름했는데 그것은 해외에서 가져온 원형을 없애고 '일본화'하는 과정이었다고 말한다. 그러나 리의 음악에서는 다양한 음악 형태와 특징들이 그 매력을 잃지 않은 채 융합한다. 일본이 혼종화를 통해 문화를 소위 국적이 없는 것으로 만들어서 '일본다움'을 역설적으로 지켜온 것에 반해, 리의 음악에서는 오히려 다국적화의 면모가 보인다(齋藤明人, 1990b).

물론 이 언설은 서구 제국주의가 강제로 이룬 싱가포르의 복잡한 문화 정치 상황을 충분히 파악하지 않고 리의 혼종적 음악과 싱가포르의 문화 상황을 무비판적으로 예찬할 위험이 있다. 싱가포르 학자들이 논하고 있는 것처럼 범아시아 정체성을 노래하는 리의 음악은 단지 상업적인 단발성 성공을 노려 다양한 음악을 땜질했을 뿐 문화적으로 피상적인 것이고, 또 그가 아시아인이라는 정체성을 강조하는 데에는 싱가포르 정부의 다인종 정체성을 내세우려는 권위주의적 국책이 공모하고 있다는 비판도 충분히 가능하다(Kong, 1996; Wee, 1996).

그런데 이 견해는 일본에서 거론되는 리에 관한 언설에서 그다지 고려되지 않는다. 이 점에서 일본에서 보인 딕 리 언설은 미디어가 타자를 그려내는 방식과 소비의 문제를 드러낸다.[2] 미디어 커뮤니케이션 기술의 발전에 따라 문화적 타자와의 만남은 예전에 비해 더 자주 이루어지고 있다 (Meyrowitz, 1985). 그 결과 문화적 타자는 지역의 정치적 맥락과 더 단절되고 그때마다 쉽게 소비된다. 뒤에서 상세히 논하겠지만 미디어 이미지가 국경을 넘어 유통되면서 문화적 타자를 비인간적으로 열등하게 보는 오리엔탈리즘의 시선이 끊임없이 재생산되고 있다(Said, 1978; Morley & Robins, 1995: 125-146).

그러나 일본에서 리의 음악에 관한 언설이 그런 경향과 관련되어 있다고 해도, 단순히 리나 싱가포르를 이국적인 아시아 타자로 업신여기고 있다고 말하는 것은 무척 일방적인 태도다. 미디어에 의한 타자 소비의 위험성에 주의를 기울이면서도 리의 음악을 통해 일본과 다른 문화적 근대성을 찾아내고 일본의 문화 상황과 아시아 인식을 비판하려는 시도는 평가받을 만한 것이다. 여기에는 타자를 상호성과 동등성의 관점에서 인식함으로써 자기 주체성을 적극적으로 변혁한다는, 더욱 건설적인 타자 소비의 가능성이 내포되어 있기 때문이다. 이런 견해는 우에다 마코토의 논문 「탈근대, 탈구 탈아, 탈일본」(1994)에서도 볼 수 있다. 우에다는 서구 문화에 깊이 새겨져 있는 아시아인의 순수하지 않은 바나나 정체성(노란색 피부와 서구화된 하얀 속을 가진 아시아인)을 긍정하는 리의 음악을, 오랫동안 일본의 아시아관을 지배해온 서구—아시아라는 이분법적 구도에서 벗어난 것으로 재평가한다. 우에다는 오카쿠라 텐신의 '아시아는 하나'론을 언급하면서, 오카쿠라가 '사랑'愛을 문화적으로 다양한 아시아 속에서 공통적으로 흐르는 것으로 간주해 버리고 아시아를 서구와 본질론적으로 대립시켜 정의하고 있다면서 그 무가치함을 비판한다.[3] 이에 대해 우에다는 딕 리의 음악은 결코 동양과 서양을 상호 배타적인 것으로 보고 있지 않다고 평가하고, 「원 송」을 예로 들면서 리의 음악이 다양한 아시아 음악의 전통과 서구의 영향력을 부정하지 않고 어떻게 혼합하려 했는지 논했다.

딕 리의 '한 노래를 부르자'는 메시지는 오카쿠라 텐신의 '아시아는 하나'라는 주장과 표면적으로는 닮아 있지만 지향하는 것은 좀 다르다. 딕 리의 메시지는 동사적인 데 비해 오카쿠라 텐신의 주장은 명사적이다. 전자는 서구적인 요소를 배제하지 않고 탐욕스레 서구를 흡수해 가면서도 아시아인임을 강하게 지향한다… 아시아의 노래를 부르려는 이가 만일 서구인이라 하더라도 딕 리는 그 노래를 함께 부를 것이다(上田, 1994: 46).

오카쿠라는 일본이 중국이나 인도로부터 깊은 문화적 영향을 받은 것을 인정하면서도 동양의 이상을 그리는 데 일본을 아시아의 중심에 두었다. 오카쿠라는 아시아 다른 지역에서 사라진 아시아의 많은 문화 예술이 아직 일본에 존재하고 있으며, 일본은 아시아 문명의 미술관으로 아시아의 숭고한 이상을 표출할 수 있는 유일한 주체라면서 일본에 역사적 사명을 부여했다(Ching, 1998; 柄谷, 1994). 이런 오카쿠라의 주장은 후에 일본의 아시아 침략 이데올로기에 이용되고 만다.4) 그러나 딕 리의 '아시아'에서는 이분법 속의 '서구'라는 공통의 문화적 타자도, 일본이라는 중심도 설정하지 않았다. 리가 제창하는 아시아인의 아시아 정체성은 지배적인 서구 문화와 접촉하는 과정에서 항상 만들어지는 것이다. 「모던 아시아」라는 곡에 나타나 있듯이 리의 음악은 "근대가 침투한 아시아에서 같은 경험을 가진 사람들이 서로 공명하는 것"을 지향하고 있다(上田, 1994: 51). 일본은 그러한 리의 음악에 공감함으로써 자신이 아시아에서 진행되는 끊임없는 문화 혼종화에 기여하는 한 존재에 지나지 않음을 깨닫게 되는 것이다.

범아시아적 문화 융합 충동의 재발

그러나 리 음악이 일본에서 긍정적인 평가를 받은 것은 잠시였고 그가 주장하는 아시아 문화 혼합은 그 후 일본의 음악 산업에서 왜곡된 형태로 변질됐다. 동아시아의 혼종적 대중문화가 중화권 중심의 윤곽을 드러내자 일본은 음악 산업에서 리의 음악에 긍적적인 평가를 내림으로써 주도권을 쥐고 싶었던 것이다. "리의 음악이 싱가포르의 문화·정치 상황의 흐름을 직접 반영하고 있지는 않더라도 적어도 징후를 보여 준다"면(Wee, 1996: 503) 리가 일본에서 각별한 성공을 거둔 것은 범아시아적 문화 융합을 촉진하는 데 중심이 되려는 일본의 제국주의적 욕망이 다시 일어나는 한 징후로 볼 수 있을 것이다.

1991년의 앨범 「오리엔탈리즘」에서 리는 이전에 낸 두 장의 앨범 개념에서 발전한, 현대를 살아가는 '바나나 인간'형 음악을 표현하려 했다. 그러나 결국 그는 자신의 음악이 "모양은 아시아 과자인데 맛은 서양 비스킷"이며, 서구의 뮤지션도 아시아의 전통 음악과 서구 모던팝을 교묘하고 멋지게 융합하여 새로운 대중음악을 만들어낼 수 있다는 것을 느꼈다고 한다.

> 과거의 유명한 아시아 곡을 서양식으로 요리하면 평론가들에게도 인기를 끌 수 있고 CD도 잘 팔린다. 그래도 나는 그렇게 해서 가짜 아티스트가 되고 싶지는 않았다. 우리는 솔직하게 자신이 하는 음악이 서구화된 것이라고 인정할 수밖에 없다. 지금 우리는 자신이 생각하는 만큼 아시아인답지 않음을 인정해야 한다. 그러므로 서양 흉내라도 좋다는 의미를 넘어, 새로운 아시아다움을 추구해야 한다(『닛케이 엔터테인먼트』 1992년 2월 5일호, 12쪽).

「오리엔탈리즘」에서 리는 문화적으로 순수하지 않은 바나나인이 연주하는 "양과자로 보이지만 먹어보면 아시아 맛이 나는" 듯한 음악을 "자신의 마음에 있는 그대로 솔직하게" 표현하려 했지만, 이전 두 앨범에 비해 잘 팔리지 않았고 팬들을 실망시켰다. 우에다 마코토(上田, 1994: 49)가 지적한 것처럼 바나나 정체성을 너무 긍정한 나머지 서구 근대성과 아시아 전통의 멋진 양립은 그림자를 드리우고 대신에 세련된 '서구 대중음악'으로만 받아들여진 것이다. 그리고 리의 음악은 월드 뮤직 인기의 추락과 때를 같이하여 아시아의 이국성을 점차 잃으면서 일본에서 그 언설적 가치를 잃었다(上田, 1994; 『닛케이 엔터테인먼트』 1992년 2월 5일호). 이처럼 귀에 익은 서양 대중음악은 일본 청취자들에게는 더는 신선하지 않았고 일본의 혼종주의에 관한 안티테제로서 매력을 잃었던 것이다.

일본에서 리가 인기를 끌었다가 사그라진 것은 1990년대 초반부터 경제 발전과 함께 서양 대중음악(그리고 일본 대중음악)의 영향을 흡수하고 크게 발전한 동아시아 시장의 잠재력에, 일본 음악 산업이 서서히 눈을 돌리기 시작한 시기와 맞물린다. 리의 음악은 두 방향으로 일본 음악 산업을 자극했다. 하나는 서양 대중음악과 아시아 전통 음악을 융합한다는 새로운 가능성을 일본의 음악 산업에 제시한 것이고, 다른 하나는 초국가적인 아시안 아티스트가 탄생할 수 있고 범아시아 음악 시장이 열릴 수 있다는 잠재성에 눈뜨게 한 것이다(『닛케이 엔터테인먼트』 1992년 9월 9일호, 12쪽). 리의 혼종적 대중음악은 일본을 중심으로 한 범아시아적 문화 융합이라는 발상을 비판하는 데 유력한 개념이었다. 동시에 리의 앨범 타이틀 「아시아 메이저」가 동아시아를 둘러싼 일본 음악 산업의 초아시아 전략의 구호가 된 것처럼(『닛케이 엔터테인먼트』 1992년 9월 9일호), 이런 역동적인 범아시아주의는 모순적이게도 일본의 주도 아래 아시아 대중음악의 융합을 실현한다는 욕망을 품는 계기가 되었다.

　일본 음악 산업의 이런 의도는 일본 미디어가 아시아 대중음악을 그려내는 데에도 짙게 배어 나온다. 전통 문화와 단절된 새로운 아시아 대중문화의 창조와 탄생을 일본과 아시아의 새로운 접점이라고 긍정적으로 그리면서도, 거기에는 이미 일본의 지도적 역할이 암묵적 사실처럼 되어 있다.5) 그리고 아시아 대중음악이 마치 오카쿠라 미술품처럼 일본에서 채집되고 진열장에 장식되고 소개되는 것을 볼 때 '아시아는 하나'라는 발상도 그 깊은 뿌리가 드러난다. 많은 미디어에서 아시아 지역의 문화적 다양성을 매우 의식하면서 '아시아'라는 이름으로 묶어 다루는데, 여기에 일본은 포함되지 않는다. 그러한 TV프로그램인 「아시아 N비트」에 대해 이치카와 다카시(市川, 1994: 171)가 지적한 것처럼 '아시아는 하나'라는 발상은 여전히 일본에서만, 일본을 위해서만 존재한다. NHK의 음악 프로그램 「아시아 라이브 드림」

(1996년 12월 26일)에서는 아시아 지역의 여러 가수들을 소개하는데, 어떤 코너에서는 그들에게 일본의 인기 애니메이션 「도라에몽」의 캐릭터로 분장한 사람들과 함께 그 주제가를 부르게 했다. 일본이야말로 아시아 대중문화를 하나가 되게 한다고 말하는 듯하다.

리는 그 후에도 동서 음악의 융합을 통한 아시아의 정체성을 계속 모색하면서도 동아시아 음악 시장의 확대에 따른 변화에 민감하게 반응했다. 그가 예전에 거부했던 광둥어판 음반을 제작한 것은 그 전형적인 예일 것이다(Wee, 1996). 또한 일본 음악 산업이 자신에게 무엇을 기대하는지 충분히 인지한 다음, 동서 문화의 융합에 관한 자신의 소신을 강하게 이어나갔다. NHK의 「21세기 비틀즈는 아시아에서」(1997년 3월 8일)는 미래의 아시아 록이 세계 음악을 바꿀 가능성을 찾는 프로그램이었는데, 그 안에서 리를 중심으로 한 동남아시아의 혼종적 음악은 이미 볼 수 없었다. 프로그램의 주요 관심사는 서양 대중음악을 흡수하면서 급속한 경제 발전과 사회 변혁이 가져오는 다양한 사회 모순과 문제를 표현하고 있는 중국을 중심으로 활동하는 록 그룹이나 뮤지션들에 관한 것이었다(중국 록스타 최건에 관해서는 橋爪, 1994). 그러나 여기에서도 리는 동서의 양자 대립 구도를 깨야 할 필요성을 해설하는 역할을 맡았고 '웨스트'West와 '이스트'East를 합한 '웨이스트'WEAST라는 신조어를 만들어 일본 TV프로듀서의 기대에 부응했다. 일본 음악 산업이 리의 음악적 가치에 쏟은 평가는 그가 1998년 소니 아시아 부사장에 취임하면서 극점에 달했다고 할 수 있다. 리는 이제는 공공연하게 일본 자본의 전지구적 미디어 산업 아래에서 아시아와 서구의 문화 융합을 촉진하는 역할을 하고 있다.

자본주의적 발전 축으로 흡수되다

시대의 흐름은 리의 음악으로 대표되는 동남아시아의 이국적이고 혼종적인 근대성에서 동아시아 대중음악의 좀 더 낯익은 근대성으로 바뀌어 가기 시작했고, 이와 맞물려 일본과 아시아의 관계를 이야기하는 어휘에도 변화가 생겼다. 아시아 지역에서 생성된 문화적 근대성의 여러 형태에서 일본과 다른 아시아 나라들 사이의 문화적 차이를 찾아내고 평가하려는 시도는 그 후에도 많이 진행되고 있다. 그러나 1990년대 후반부터 이야기의 좌표축이 동시적 공간 축에서 통시적 진화 축으로 서서히 퇴보하는 것이 눈에 띈다. 자본주의적 발전 시간이 그 중심 시점을 차지한 것이다.

이 경향은 종래 일본의 아시아 인식에 비교적 비판적이던 지식인 사이에서도 나타났다. 예를 들어 저널리스트 이치카와 다카시는 『아시아는 거리에서 물어봐』(市川, 1994)에서 '아시아의 진수는 농촌에 있다'는 패러다임에서 벗어나 아시아를 이해하기 위해 도시로 눈을 돌린다.[6] 여기에서도 대중음악이 일본과 다른 아시아 사회, 특히 중화권의 새로운 관계를 고찰하기 위한 재료로 쓰였고, 다른 아시아 나라들이 서구와 일본의 영향을 어떻게 흡수하면서 독자적인 대중음악 제작을 급속하게 발전시키고 있는지가 논의되었다. 이치카와는 다른 아시아 나라들이 '미국 문화의 물보라'를 맞으면서 "일본과는 겨우 한두 시간의 시차로, 일본과 동시간을 살며 세계사를 써나간다"(市川, 1994: 5)고 하면서 일본과의 발전적 시간 차이가 근소하다는 것을 보여준다. 그러나 그는 이 근소한 차이를 아시아 다른 지역의 후발 주자들이 곧 따라잡을 것을 알아차리고 일본의 대중음악 제작 능력이 우수하다는 견해에 경종을 울린다. 그는 개발 경제학 등에서 쟁점이 되고 있는 도약적 발전 구조를 응용하여 대중음악 제작에 적용한다. 일본이 착실하게 내딛으며 근대화를 달성했다면, 다른 동아시아 지역은 한 시점에서 최고 기술을 한꺼번에 흡수해 버리는 식으로 근대화를 이루었다. 일본이 서양 대중음악을 단계적으로 흡수하고 일본화해온 데 비해, 다른 동아시아에서 나오는 수많은 일본 번안곡에서 보듯이 일본이 노력하여 따낸 결실을 쉽게 얻어 단숨에 독자적인 대중음악 문화를 발전시킨다는 것이다.

이런 비약적 발전은 일본이 경험한 것보다 훨씬 다양한 발전 시간과 이문화 영향이 동시간적으로 밀집된 근대 경험을 다른 아시아 사회에 전해준다. 예를 들어 와시다 기요카즈(鷲田, 1996: 41-42)는 상하이의 도시 공간에서 이를 발견한다.

상하이라는 공간에서 내 몸에 감겨 있던 시간의 매듭이 풀리는 최초의 순간을 맞았다. 지금의 도쿄라면 어디에라도 있을 듯한 빌딩과 쇼와 20년(1946년)대 일본 거리 그 어디서라도 볼 수 있었을 여름 밤의 광경. 내가 거쳐온 시간의 수많은 그림들이 그때 내 몸속에서 한꺼번에 되살아나는 듯한 느낌이었다. 그때까지 내가 경험한 시간이 교차된다. 만화경처럼 겹친다. 여러 시차의 소멸, 경이로운 동시성을 느낀다… 그래, 그것은 마치 우리들이 경험한 전후 50년을 거리 곳곳에 배치해 놓은 듯한 느낌이다. 이런 모습은 물론 일본 대도시에도 있다. 그렇지만 그것을 이 정도로 압축한 공간은 드물다.

이치카와와 와시다의 견해를 일본의 발전적 우위성을 뒤집는 시도로 읽을 수 있다. 많은 발전 시간이 동시에 공존하는 아시아 도시에서 보이는 근대 경험과 근대성은 일본의 그것과는 명확히 다르며 삼단뛰기라는, 마치 이제까지의 발전 양식을 부정하는 듯한 근대 경험의 새로운 패러다임을 아시아에 제시한다. 그러나 이런 논의는 비서구 사회를 포스트모던이라고 위치시켜 온 서구 중심의 논의를 떠오르게 한다는 것에 주의를 기울여야 한다. 여기에서는 뷰엘(Buell, 1994: 335)이 말한 것처럼 포스트모던이 모던 뒤에 온다고 하지 않는다.

포스트모던은 불완전한 근대화와 외부에서 강요된 근대화가 초래하는 것이다.
주변의 문화 상황에서는 식민주의와 오리엔탈리즘이 조성한 시간틀이나 개발/
발전/진화 논의와 동떨어진 다양한 시간들이 함께 흐르고 있다.

그리고 뷰엘도 주변의 문화 상황 속에서 종래 진화에 대한 논의 방식의
끝을 찾으려 하지만, 중심에 위치하는 이런 '특권자'의 견해는 전지구적
자본주의 근대의 불균형적이고 불평등한 권력이 비서구의 포스트모던 상황
을 초래했다는 것을 과소평가해 버릴 위험이 있다. 슬럼이나 가난한 노점상
이 고층 빌딩군이나 세련된 대중음악과 같이 아시아 도시의 근대를 구상하는
'동시간적' 요소임을 간과할 수는 없을 것이다. 그러나 그런 사실을 인식한다
고 해도 와시다(鷲田, 1996: 42)가 상하이를 보며 "빈부의 격차는 앞으로
분명 해결될 것"이라고 한 것처럼 슬럼이나 노점상이 자본주의적 발전에
따라 필연적으로 사라지는 도시 경관으로 취급된다면, 아시아 도시에 공존
하는 다른 발전 시간에 관한 언설은 직선적인 경제 발전의 형태를 부정하면
서도 그것을 더욱 굳힐 수 있다. 그 언설에서는 한걸음씩 다음 단계를
밟아가는 발전 형태는 소홀하게 취급되고 아무도 그 발전의 방향성이나
목적에 관해서 근본적인 의문을 던지지 않는다.

일본의 지식인을 매료시키는 아시아 도시 공간에서 보이는 많은 발전
시간의 공존은 아시아에서 대규모의 경제 발전이 현재도 진행되고 있다는
인식과 밀접하게 관련되어 있다. 그렇기 때문에 아시아의 도시 공간이
나타내는 근/현대성에서 낯익은 문화적 차이를 찾아내려는 일본의 시도는
과거 회상처럼 되어 버린다. 예를 들어 이치카와는 한 나라의 이문화 수용
능력을 특정한 경제 발전 시기와 연결짓는다. 그것은 일본에게는 이미

지난 일이지만, 다른 아시아에게는 현재 경험하고 있는 시간과 단계로 인식된다. 일본의 대중문화는 1970년대까지 열심히 서구 문화를 흡수했고, 1980년대에는 구심력 때문에 국수적으로 변했다고 자주 지적되지만(川崎, 1993; 水越&ペク, 1993), 이치카와(市川, 1994: 176-177) 역시 일본의 이문화 수용 능력이 가장 많이 발휘된 시기는 이제 끝난 것이 아닌가 하고 말한다. 홍콩에서 일본 번안곡의 흥망은 홍콩의 문화 제작 능력이 결여되어 있음을 보여 주기보다는 뛰어난 이문화 수용 능력을 보여 주는 것이며, 또 역으로 현재 일본 문화 시스템이 정체되어 있음을 나타낸다. 이치카와의 목적은 일본과 다른 아시아의 시간 차이를 강조하는 것이 아니지만, '아시아'의 현재는 일본의 활기 넘치던 근대화와 경제 발전이라는 과거를 회상하는 계기로 파악되고 만다. 이런 아시아의 경제 발전을 향수에 젖어 바라보는 경향은 '아시아'와 아시아의 대중문화를 그려 내는 일본 미디어에서 더욱 선명하게 드러난다. 자기 비판적인 일본 비평가와 지식인들이 전개하는 아시아 대중문화 언설은 일본과 다른 아시아 지역 사이에 흐르는 동시간성을 부정하는 미디어 언설에 눌려 버린다.

아시아에 대한 자본주의적 향수

과거에는 아주 심한 향수병의 징후로 생각되던 향수는 현대 문화 상황을 이해하는 중요한 개념이 되었다(Davis, 1979; Stewart, 1993; Frow, 1991). 프레더릭 제임슨(Jameson, 1983)은 향수가 혼성 모방 등의 표현 기법과 함께 포스트모던 또는 후기 자본주의 문화 이미지의 중심을 차지하게 되었음을 이야기한다. 모더니즘에서 향수는 과거를 경험적으로 드러내는 리얼리즘이 상기시켰지만, 포스트모던 시대에서는 세련된 함의를 갖고 과거를 차용하여 화려하고 보기 좋은 이미지에 따라 '과거다움'을 재현한다(Jameson, 1983: 19).

234

또 전지구적으로 통용되는 미디어 이미지나 기호가 넘쳐나고, 관광 여행이 빈번해져 이문화 타자들과 만나는 경험이 크게 늘면서, 향수 개념이 전지구적 수준에서 제도에 녹아들었다(Robertson, R., 1990: 53). 과거라는 이미지는 어떤 특정 사회의 맥락에서 벗어나 자유롭게 다른 사회의 과거와 현재를 차용하고 인용함으로써 다양한 향수 어린 소망을 늘려 간다. 그런 이미지의 남용은 '상상된 향수'나 '차용된 향수'를 떠오르게 한다. 상상된 향수란 어떤 사회에서 사람들이 늘 간직하고 있을 법한 '과거'에 대한 향수를 광고 등의 미디어를 보면서 떠올리는 것이다(Appadurai, 1996: 77). 차용된 향수는 어딘가 다른 사회가 경험한 문화 구성물을 미디어가 소비할 때 기억이 구성되고 과거가 떠올려지는 것이다. 뷰엘(Buell, 1994: 342)이 말하듯 "현재 우리들의 자기 이미지는 타자와 밀접한 관계를 맺으면서 구성될 뿐만 아니라 서로의 기억과 과거가 공공연하게 교차한다"고 한다.

초국가적 향수를 불러일으키는 문화 정치학은 '우리'의 과거가 '그들'의 현재에 겹쳐져 서로의 발전적 시간 차이가 동결되었을 때 선명하게 나타난다. 예를 들어 터너(Turner, 1994: 116)는 호주 영화 「크로커다일 댄디」에 그려진 호주 오지에 대한 미국과 호주 사이에 존재하는 시선의 불균형에 주의를 기울인다. 물론 그 영화 속의 호주는 호주 영화 제작자가 미국 관객을 의식하여 그린 것일 수도 있다. 그럼에도 미국 관객이 영화를 보면서 그리운 아메리카 개척 시대를 떠올린다면, 이 영화는 세계 패권을 쥐고 있는 강대국 미국의 자기만족에 너무 쉽게 이용되어 버리고, 호주의 사회 문화적 차이는 정당하게 평가받지 못한다고 터너는 지적한다. 여기에서 문화적 차이를 인식한다는 것은 바로 우수한 자/열등한 자, 선진/후진이라는 불평등한 상상 지도 속에서 곡해될 위험이 있다.

이런 오리엔탈리즘적 향수는 일본이 아시아를 그리면서 잃어버린 순진 무구함과 꿈을 '낙후된 아시아'에서 발견하려는 태도에도 나타난다. 미국

인류학자 도린 콘도(Kondo, 1997)는 1990년 일본 잡지 기사에서 아시아에 투영된 두 종류의 남성주의적 향수를 발견하고 있다. 하나는 아직 도시화 물결에 훼손되지 않은 발리섬 자연에 대한 향수다. 콘도는 부유한 일본 관광객이 발리를 정신적으로 재생할 수 있는 장으로 소비하고 있다고 지적한다. 또 하나는 근대화가 무르익지 않은 태국 사회의 순진함의 상징이다. 그 향수로부터 콘도는 로잘도(Rosaldo, 1989: 108)가 '제국주의적 향수'라고 이름 붙인, 서구가 주도하는 근대화 길을 더듬어갈 때 비서구 '미개' 사회가 잃어가는 '전통'이나 '자연'에 대한 서구의 위선적인 안타까움을 읽어 내고 있다. 그것은 "가끔 서구 제국주의 지배 상황에서 보이는 특수한 종류의 향수이고, 서구 관객은 스스로 타파하고 변용하고 소멸해 버린 것을 애도한다"(Rosaldo, 1989: 108). 이런 향수는 얼핏 보면 악의가 없는 것 같지만 실은 관찰자 자신이 서구가 비서구를 경제적·문화적으로 깊이 지배하는 일에 관여하고 있음을 숨기고 만다. 우수한 서구는 비서구가 '우리'처럼 문명화·근대화하기 위해서는 전통 문화를 잃을 수밖에 없다고 확신하면서도, 거만하게도 그 문화적 상실을 한탄하고 아쉬워한다.

이와 같이 일본은 과거 틀림없는 제국주의자였고 현재도 많은 개발도상국을 착취하고 변용하는 전지구적 자본주의의 중심 역할을 담당하고 있다는 점에서, 일본이 향수에 젖어 아시아를 그리는 것도 제국주의적이고 자본주의적이라고 할 수 있다. 일본의 자본주의적 향수는 아시아 지역이 잃게 될 전근대성을 단순히 한탄하고 있다기보다는 '낙후된 아시아'가 앞으로 겪게 될 운명과 일본 자신이 잃어버렸고 또 잃고 있는 것을 오버랩하면서 애도하고 있다.

(일본 잡지에서 태국의 꽃과도 같은 순진무구한 웨이트리스는) 일본화·서구화·도시화 등 저항할 수 없는 다양한 힘에 떠밀려 순결을 잃고 대담하고 위협적

인 창녀로 변해 간다는 식으로 그려지고 있다. 일본의 저널리스트는 태국 여성의 운명을 한탄하며 태국 전체의 미래를 우려하고 있다. 그는 그것을 통해 일본 사회가 경험해온 근대화가 가져온 황폐와 정체성의 상실을 느끼고 있다 (Kondo, 1997: 88).

그러나 그런 향수는 아직까지 훼손되지 않은 발리의 자연을 동경하는 것처럼 일본이 다른 아시아에 비해 의심할 여지없이 물질적으로 우위에 있고 유복하다는 인식을 전제로 한다. 그 상실감은 경제적인 여유에서 왔기에 절박하지 않다. 정신적 상실을 가져다준 고도로 발달한 현재 자본주의의 쾌적함을 포기하지 않으면서도 자신이 잃어버린 것을 일시적으로 그리워하게 만드는 것은 '일본의 신식민주의 경제 지배'라 할 수 있다(Kondo, 1997: 94). 여기에는 일본과 아시아의 진지한 대화가 아닌, 경제적 특권자가 심신 회복과 상쾌함이라는 순간의 쾌락을 얻어 다시 유복하게 근대적인 생활로 돌아간다는 아시아 소비가 지닌 일면이 보인다.

콘도가 분석한 잡지 기사가 나온 1990년은 일본의 거품 경제가 절정에 이른 때였고 많은 일본인이 세계 속 일본 경제의 절대적인 지위를 믿고 즐긴 시기였다. 그러나 1990년대 중반 일본이 경제 사회적으로 정체된 상황은 아시아에 대한 향수를 불러오는 데 깊은 영향을 끼쳤다. 오랜 경기 후퇴로 일본 경제가 어려움을 겪고, 한신 대지진이 고베 지역을 덮고, 옴 진리교의 사린 대량 살인 사건이나 잔혹한 십대 살인 사건이 계속 발생하는 등 일본 사회가 어두운 분위기에 휩싸이면서 아시아에 대한 향수 어린 동경이 더는 향락적이지 않게 되었다. 일본은 '아시아'와 동일시함으로써 자신이 잃은 '본래' 모습을 찾기 시작한 것이다.

이 경향은 발리 등의 리조트 지역에서의 기분 전환뿐만 아니라 더욱 신비하고 빈곤하며 혼돈된 아시아 지역, 예를 들어 인도 바라나시나 카트만두에서 고행 및 자기 찾기를 경험하는 아시아 지역 여행이 젊은이들에게 인기를 끈 것에서 드러난다. 1990년대 중반에 아시아 배낭 여행자들을 위한 여행 안내서가 아시아 관련서로 큰 관심을 불러일으켰다. 이런 여행기 중에서 1986년 3부작으로 발표된 홍콩에서 런던까지의 히치하이킹을 기록한 사와키 고타로의『심야 특급』(沢木, 1986a; 1986b; 1992)이 가장 유명한데, 이 책에 나오는 여정과 여행법이 1990년대 중반 다시 각광받았다. 1997년에서 1998년에 걸쳐 TV아사히에서는 나고야TV 설립 35년 기획으로『심야 특급』을 다큐멘터리 드라마로 재현했고, 포토 저널리스트 고바야시 기세이가 사와키의 발자취를 따라가며 쓴『아시안 재패니즈』(小林紀晴, 1995)는 이런 여행기로는 매우 드물게도 5만 부를 돌파하는 판매고를 기록했다(『아에라』1996년 11월 18일호, p35). 이 책은 고바야시가 '아시안 재패니즈'라고 부른 아시아를 떠도는 젊은 일본인 배낭 여행객을 다룬 포토 논픽션이다. 고바야시는 스포츠 신문사 사진부의 규격화된 일에 싫증이 나서 퇴직한 다음, 미디어가 만사를 좌지우지하면서 가상적으로 바뀌어 가는 도쿄를 벗어나 동남/남아시아로 간다. 그는 그곳에서 자신처럼, 있는 그대로의 아시아의 현실 생활을 마주하면서 진정한 자아를 찾으려는 일본 젊은이들을 만난다. 고바야시는 그/그녀들의 '아름다운 모습'에 끌려 셔터를 누르고 그/그녀들의 자아 찾기를 글로 풀어낸다.『아시안 재패니즈』는 풍요로운 일본 사회에서 가난한 아시아 지역으로 일시적인 현실 도피하는 것을 미화한다고 비판받았지만(斎藤美奈子, 1997; 園田, 1997) 고바야시는 도피임을 어느 정도 인정하면서도 도피가 왜 나쁜지를 되묻는다. 도피도 일본 사회에 대한 강렬한 저항이면서 훌륭한 방법이며 그는 '도망치면서 싸운다'고 스스로 변론한다. 그를 지지하는 이들도 '아시안 재패니즈'는 단순히 도피하고 있는 게 아니며, 지저분한 아시아 길들이 단순하고 인간다운 생활을 가르쳐 준다면서 계몽적·고행적 요소를 강조한다. 한 여성이 말했듯이 아시아는 그녀를 때때로 꾸짖어준 '본디' 부모 같은 존재인 것이다(『아에라』 1996년 11월 18일호, 35쪽).[7]

이렇게 전근대적인 아시아 여행을 통해 뭔가를 붙잡으려는 시도는 요즘 시작된 것은 아니다. 전후만 해도 적어도 1960-1970년대부터 일본 젊은이들은 일본에서는 얻을 수 없는 뭔가를 찾아 다른 아시아 지역으로 떠났다(野村, 1996). 물론 이런 여행은 고도로 발전한 자본주의 사회인 일본의 모습에 대한 비판적 거리를 둔다는 점에서 긍정적인 측면도 있다. 그러나 문제는 『아시안 재패니즈』가 오리엔탈리즘의 시선에서 벗어나지 못하는 것을 고바야시 자신은 깨닫지 못하고 있다는 것이다. 미개한 비서구 타자를 보는 서구의 시선과는 달리, 아시아를 보는 일본의 오리엔탈리즘적 시선은 문화적으로 또 인종적으로 유사하다는 인식과 밀접하게 관련되어 있다. 예를 들어 고바야시는 미국과 유럽이 아닌 아시아를 여행하는 이유를 이렇게 기술한다.

일본에서 바다를 건너는 순간 이전의 현실은 지워진다. 모든 것이 새로운 것, 새로운 어떤 것의 시작이다. 나도 몰랐던 자아의 일부가 되살아난다. 아시아는 어디까지나 일본의 연장선상에 있다. 일본을 중심으로 하여 실을 끌어당기고 있는 느낌이다. 선진국을 여행하면 어디에선가 일본을 느끼고 만다. TV도 전화기도 최신 음악도…. 그것은 이미 정보로 알고 있다. 그러나 아시아에 대해서는 아는 게 아무것도 없다. 전혀 모른다(小林紀晴, 1995: 4-5).

여기에는 일본과 아시아가 어디에선가 묶여 있다는 느낌이 역사적인 동시간성의 부정과 모순을 일으키지 않고 양립해 있음을 알 수 있다. 고바야시는 아시아와 서구에 각각 대조적으로 거리감과 친근감을 표시한다. 서구는 문화적으로나 인종적으로는 별 공통점이 없지만 일본처럼 고도로 발달한 소비주의와 미디어 속에서 사는 데서 오는 지루함이라는 현대성으로 묶여 있다. 한편, 일본에게 아시아는 본질적으로 무엇인가를 공유하면서 아시아의 전근대성이 고바야시에게 다른 차원의 공간이 지닌 매력을 선물하는 존재로 간주된다. 여기에서는 일본과 아시아 사이의 발전적 시간 차이는 메우지 못한 채 문화적·인종적 가까움이 편안하게 느껴지고,[8] 아시아는 어디까지나 일본인이 꿈꾸는 '진정한' 자기 찾기에 몰두할 수 있는 신비적인 공간 또는 혼돈으로 소비된다. '아시안 재패니즈'에게 아시아는 숨 막히는 일본을 뛰쳐나와, 훌쩍 떠나고 싶을 때 향할 수 있는 치유의 장이기도 하지만 일본의 '지금'과 결코 교차하지 않는 외부 공간, 일본의 일상과는 영원히 무관한 곳이다.

잃어버린 근대화의 에너지

1990년대 중반에 일시적인 심신 회복 장소이던 아시아가 리조트에서 배낭 여행자의 고행지로 옮아가는 한편, 일본이 향수에 젖어 그리워하던 아시아 상징에도 중요한 변화가 있었다. 일본에서 사회·경제적 위기감과 미래에 대한 비관론이 짙어지면서 일본인들은 아시아 지역의 괄목할 만한 경제 성장에 주목했다. 고도의 근대화를 급속하게 이루고 있는 아시아 지역에 숱한 일본인들이 투사한 향수 어린 심정은 과거 일본이 경제 발전을 이룩하며 뿜어내던 열기와 미래에 대한 찬란한 희망이었다. 예를 들어 주간지에 이런 부분이 있다.

방콕이나 홍콩 등을 걸으면 그곳 사람들의 에너지가 넘치는 것을 느낀다. 아마 고도 성장기의 일본이 가지고 있었을지도 모르는 생의 에너지가 아닐까(『다임』 1993년 9월 16일호, 19쪽).

아시아가 내뿜는 근대화/산업화의 활력을 그리워하는 것은 미디어 텍스트에도 많이 보인다. 1996년 10월부터 12월까지 방송된 인기 TV드라마 「도크」(후지TV 제작)에서는 주인공인 이십대 일본 여성이 베트남 여행을 계기로 따분한 자기 삶에서 한걸음 나아가기로 결심한다. 드라마는 회사를 그만두고 도쿄에서 일본어 교사가 된 주인공과 베트남 청년의 러브 스토리인데도, 그 광고 문구는 "아시아의 꿈은 반드시 이루어진다. 그녀는 일본어를 가르치고 그는 꿈과 희망을 가르친다"이다. 1부의 하노이 장면에서 주인공 일본 여성은 혼잡한 시내에서 길도 혼자 건너지 못하는 자신에게 초라함을 느끼고, 활력 넘치는 베트남인의 모습에 매료된다. 그것은 그녀의 일상과는 너무나 대조적인 것이었다. 하노이에 사는 친구의 말에 그녀는 흠칫한다.

이 나라 사람들은 말야, 뭔가 대단해. 에너지가 있다고나 할까. 어쨌든 낙천적이고 밝아. 앞만 바라보고 있는 듯한 느낌. 지친다는 걸 아예 모르는 것 같아. 함께 있으면 왠지 나까지 그 기운을 받지. (지나가는 소녀의 미소 짓는 모습을 보면서) 이쁜 미소지? 그치? 저런 식으로 웃고 싶지 않니? 몇 살이 되어도, 언제까지나.9)

베트남인의 활력은 일본이 잃어버린 것이면서 동시에 되찾고 싶은 것이다. 그리고 베트남 청년 도크에게 도움을 받고 하노이 거리를 건너가는 장면이 상징하는 것처럼, 주인공 일본인 여성은 일본에 유학 온 도크와 만나면서 자기 삶에 새로운 기운을 받으려 한다. 그러나 여기에서도 그 에너지나 미래를 향한 희망이 경제적 빈곤과 함께한다는 것은 가려지고 일본이 누리는 유복함이나 일본과 베트남의 착취 관계는 은폐되고 만다. 베트남이 보여 주는 '아시아'가 전근대로 파악되고 있지는 않지만, 여전히 같은 시간을 살고 있다고 인식되지 않는다. 그것은 "타자와 동일시하면서도 그 동시간성을 부인하는 듯한 공감이고 타자를 동양화할 때 근간을 이루고 있는 종류의 것"이다(Dirlik, 1991: 46). 추억 속 일본은 끊임없이 성장하고 있는 아시아라는 경관 속에서 발견되고 그 안의 아시아는 영원한 시간차이 속에서 삶을 이어간다.10)

산토리의 우롱차 TV광고에서도 이런 향수가 드러난다. 산토리는 1991년부터 일본 옛 유행가의 중국어판에 맞추어 중국의 소박하고 목가적인 생활을 그린 광고를 제작했지만 1997년의 시리즈는 순진 무구한 중국 신참 스튜어디스의 생생한 신선함을 그렸다. 익숙하지 않은 화장, 기내의 어색한 몸놀림, 급속하게 도시화된 상하이의 혼잡한 거리를 활보하는 장면에서 신참 스튜어디스 두 명은 희망찬 밝은 표정을 짓는다. 이 시리즈의 테마송은 1960년대 일본에서 일세를 풍미한 애니메이션 「우주 소년 아톰」의 중국어판으로 "푸른 하늘 저 멀리 랄랄라 힘차게 날으는 우주 소년…"이란 귀에 익은 부분이 사용되고 있다. 마치 일본의 과거 모습처럼 활기차게 비상하는 중국 여성의 모습에서 근대화의 희망과 활기에 찬 생활에 대한 선망과, 일본이 저지른 것 같은 과오를 반복해서는 안 된다는 자본주의적 향수가 배어난다.

이와이 순지 감독의 인기 영화 「스왈로우테일 버터플라이」(1996)에서는 일본의 무법자로 용감히 살아가는 아시아(중국계) 이민자의 모습에 향수가 투사되어 있다. 막강한 일본 경제에 끌려 일확천금을 꿈꾸며 일본에 왔지만, 일본 사회에 받아들여지지 않아 좌절하고 도쿄 주변의 무법 지대 '엔 마을'Yen Town에 사는 중국 이민자들에 관한 이야기다. 이 영화의 모티브는 이런 상황에서 어떤 일을 해서라도 살아남아 성공하겠다는 중국 이민자들의 삶의 모습이다. 영화에서는 일본의 다문화적 혼돈 상황이 묘사되고 중국어, 일본어, 영어 그리고 이민자가 말하는 가공의 혼종 언어가 무질서하게 뒤섞인다. 일본 엔은 일본 사회의 차별적인 시스템 속에서 가진 자와 가지지 못한 자의 격차를 절망적으로 확장하고 이민자 사이의 폭력과 항쟁을 가속화하는 불평등하고 파괴적인 전지구적 자본주의를 상징하는 듯이 보인다. 그러나 그런 일본의 다문화적 상황이 그려지고 있음에도, 영화에서는 실제 '일본인'과 '아시아 이민자'의 삶이 섞이는 일은 거의 없다. 아마 그러한 리얼리즘은 이와이 감독에게는 상관할 바 없는 것이고, 오히려 문화적 타자인 이민자에게서 일본과 자신이 '잃어버린 생기'를 그리워하며 연민을 느낀다.

한때 도쿄는 뭐든 다 치료해 주는 병원 같은 곳이라고 생각했다. 생물이 본래의 자기 방어 본능을 전혀 발휘하지 못해도 어쨌든 살 수는 있다. 그러한 도쿄에서 너무 숨 막혀 뭔가 다른 돌파구가 없을까 맘먹었을 때 엔을 찾아 나라를 버리는 사람도 있고 가족을 위해 오는 사람도 있다는 것을 깨달았고 그들의 활기를 단순히 동경했다. 그것을 얘기하고 싶었다(『키네마순보』 1996년 10월 상순호, 44쪽).

「스왈로우테일 버터플라이」는 사실 '우리' 이야기로, 이와이가 말한 것처럼 '엔 마을'은 이와이 자신이 즐거운 한때를 맛본 일종의 '놀이 공원'이다. 그곳에서 가공의 이민자는 좌절하면서도 꿈이 넘치고 생기에 찬 생활을 보내는데, 그 꿈도 실은 일본인이 잃어버린 것이다. 이 향수는 다른 상징과 같이 과거 일본이 활기찬 '아시아'였을 때로 향해 있지만 그 활력이야말로 다른 아시아 나라들을 군사적으로, 경제적으로 침략하고 착취한 원천이었다. 그 관계는 여전히 지속되고 있지만 은폐되어 버린다. 결국 '아시아'는 동등한 대화자로서도, 역사적인 종속자로서도 그 타자성이 이중으로 부인되고 만다. 영화의 처음과 끝 장면에서 세피아색 도쿄 풍경을 배경으로 '예전에 엔의 영향력이 매우 막강했을 때…' 하는 독백이 자막과 함께 나온다.

미래적이면서도 동시에 너무나 향수 어린 이 영화에서, 엔은 일본의 문화 타자로서 일본이 잃어버린 꿈의 낙원을 순식간에 재현해줄 소비 기호에 지나지 않는다.

이렇듯 근대화의 활력에 대한 향수는 동아시아의 팝 아이돌을 그리는 모습에도 짙게 나타난다. 1990년대 들어 일본의 미디어 산업이 아시아 시장에서 활동을 펼치면서 각 지역에서 보이는 대중음악의 인기가 일본 미디어(특히 남성 잡지)에 자주 소개되었다. 여기에서도 마찬가지로 아시안 아이돌의 출현은 일본 경제의 추락과 대별되는 다른 아시아 나라들의 경제 성장과 맞물린다. "아이돌은 활력 있는 사회에서 출현한다. 일본과 아시아의 아이돌 시장의 차이는 일본 경제와 사회의 침체를 보여 준다. 경제면에서 그러했듯이 아시아의 아이돌은 일본 아이돌 시장을 위협하고 있다"(『다임』 1995년 10월 5일호, 『뷰즈』 1994년 3월 23일호, 『데님』 1994년 4월호, 1995년 9월호, 『하나코』 1995년 4월 13일호). '활기찬 아시아'가 아시아 대중음악의 키워드가 된 것이다.

여기에는 1980년대 중반 전성기를 누린 일본의 아이돌 시스템과 가요곡이 그 뒤 급속도로 쇠퇴하고, 더욱 직접적으로는 서구 대중음악의 영향을 받은 밴드 음악이나 댄스 음악에 장을 뺏겨 버린 배경이 있다. 그런 와중에 일본 미디어에서는 다른 아시아 시장의 활기찬 음악을 2-3년에 불과하지만 결코 메울 수 없는 일본과 '아시아'의 시간차로 이해하고, 어디선가 들어본 적이 있는 것으로 회고조로 거론했다. 그런 견해는 다른 아시아 지역의 여성 아이돌을 향한 남성 중심의 시선과 연결된다. 음악 평론가 우치모토 준이치(內本, 1995: 20)는 일본인이 아시아의 여성 아이돌 가수에 끌린 이유를 노래 제목이 '새로우면서도 그립기' 때문이라고 했다. 일본 음악이 잃어버린, 일본 정서에 호소하는 듯한 '노래다운 노래'를 부르기 때문에 일본인 가슴에 와 닿는다는 것이다.[11] 『바트』(1993년 6월 27일호)의 특집 기사에서도 너무나 서구화되어 버린 일본 대중음악은 아시아의 향기와 애수를 잃어버렸지만, '일본이 잊어버린 아시아 노래'를 다른 아시아 여성 가수들이 부르고 있다고 소개한다. 일본이 잊어버린 노래를 다른 아시아 여성 가수가 이어받는다는 도식은 '아시아'의 현재가 쉽게 일본의 과거와 동일시되고, 오리엔탈리즘적 시선에서 여성화된 타자로 나타나며, 다른 아시아 대중음악을 정당하게 평가하지 못하게 만든다.

지금까지 이 장에서는 주로 일본에서 출현한 아시아와 아시아 대중음악을 나타내는 두 가지 유형을 이야기했다. 한 유형은 다른 아시아 지역의 문화 혼합을 일본과 대등한 관계로 파악하는 것이다. 서로 다른 근대성의 모습을 인식하고 일본에서 만든 일본 대 아시아라는 양자 대립 구도를 없애, 일본이 경험해온 근대성을 자성적으로 다시 파악하려는 시도였다. 그러나 그런 시각에 대비되는, 아시아를 영원히 뒤쳐진 것으로 파악하려는 오리엔탈리즘적 견해도 집요하게 고개를 들고 있다. 이 경향은 아시아 경제가 성장하여 일본의 '주류' 상업 미디어가 '아시아'를 활발하게 언급하고 일본에서 아시아 문화 소비의 폭이 넓어지면서 두드러졌다. 앞장에서 이야기했듯이 대만 시청자들이 일본 TV드라마에 느낀 공감은, 줄어드는 경제 격차와 순식간에 국경을 넘어 유통되는 미디어 발전의 맥락에서 동시대를 살아간다는 느낌과 문화적·인종적으로 비슷한 점이 많다는 인식이 맞물린 데서 나왔다. 일본에서 아시아 대중음악과 사회 및 문화가 나타내고 있는 것은 이웃 나라의 근대성이 이와는 극도로 다른 형태의 시공간적인 인식과 함께 소비되고 있다는 점이다.

일본 팬들이 홍콩 대중문화를 소비하는 것으로 눈을 돌려보면 이 도식은 매우 복잡하다. 여기에는 향수적 감정이 엿보이면서도 위의 두 가지 '아시아 언설'의 방식이 분리되지 않은 채 뒤얽힌 형태로 혼합되고 있다.

'멋진 홍콩'을 판다

향수 어린 아시아 표상과 함께 일본에서 나타난 1990년대 중반의 아시아 대중음악의 소비 경향은 홍콩 대중문화가 많이 알려졌다는 것이다(『닛케이 엔터테인먼트』 1997년 12월호). 동아시아 지역의 미디어 산업이나 시장이 상호 연계해 가는 가운데 대만에서 소비된 일본 드라마처럼 홍콩 대중문화도 일본 미디어 산업의 판매 촉진 전략의 대상이 되었다. 그러나 홍콩 문화의 주된 광고 문구는 향수가 아닌 현대적이고 '멋진' 이미지가 강조되는 경향이 있었다. 이런 이미지는 홍콩이 발달된 경제력과 뛰어난 영화 제작 능력을 이미 지니고 있었음을 나타낸 것이라 할 수 있다. 동시에 이는 소비자층 확대에 심혈을 기울여온 일본 미디어 산업이 그때까지의 쿵후 영화 같은 어딘가 '세련되지 않고 촌스러운' 홍콩의 이미지를 없애기 위해 전개한 시장 전략 때문이기도 했다. 홍콩 영화 배급사인 프레넌 아쉬의 전략은 이 점을 전형적으로 드러냈다. 1995년 프레넌 아쉬는 영화 「중경삼림」(왕자웨이 감독)을 일본에 선보여 아시아 영화로는 경이적인 성공을 거두었다. 홍콩을 무대로 남녀 4명의 연애를 참신한 촬영 기법과 음악(「캘리포니아 드리밍」)으로 경쾌하게 그린 옴니버스 영화 「중경삼림」은 아시아 영화로는 처음으로 아시아색 이국 정서에 호소하지 않고 파리 등 유럽 선진국 도시를 보는 것 같은 '최신 유행' 감각을 느끼게 해주면서 일본이나 서구 시청자와 비평가들의 지지를 얻었다(枝川, 1997). 그 성공 뒤에는 작품 자체의 높은 질과 함께 기존 '홍콩 영화'의 이미지 대신 현대적이고 멋진 이미지를 만들어낸 프레넌 아쉬의 광고 전략이 있었다(『닛케이 엔터테인먼트』 1997년 12월호, 53쪽). 프레넌 아쉬는 일본에서의 제목으로 2,000여 개의 후보 가운데 원제목과는 전혀 다른 「사랑하는 혹성」이라는 명칭을 선택하여 사용했고, 예전에 홍콩 영화를 보려 하지 않았던 사람들의 관심을 끌기 위해 애썼다.

또 프레넌 아서는 「홍콩 음차飲茶 클럽」이라는 홍콩 영화 팬클럽을 운영하고, 도쿄 아오야마에 「시네시티 홍콩」을 개점하여 멋진 분위기 속에서 홍콩 영화 정보를 즐길 수 있는 공간을 제공했다.

1997년 홍콩이 중국에 반환되는 역사적 사건이 임박하면서 일본에서는 왕자웨이가 만든 세련된 콜라쥬 영상이 흥행하고 멋지고 현대적인 홍콩 대중문화 이미지가 널리 강조되었다. 화장품 회사 시세이도는 신상품 이미지 모델로 두 명의 홍콩 스타 리자신와 천후이린을 일본인 여배우와 함께 기용했다. 이 둘은 일본인과 닮았으면서도 분위기는 어딘가 다른, 적당한 거리감을 주는 '현대적인 아시아의 미'를 매력적으로 내보이는 상징이었다 (『엘르 일본판』 1997년 8월호). 천후이린은 시대의 첨단을 달리고 싶은 이십대 여성을 겨냥한 새 월간지 『긴자』의 표지 모델로도 기용되었다. 그러나 홍콩 대중문화에 대한 관심은 남성주의적 시선이 독점한 것이 아니었고, 오히려 여성들이 그 소비의 중심이 되었다.[12] 왕자웨이 영화에는 장쉐유, 류더화, 장궈룽, 진청우 등 남성 대중 가수가 출연했지만, 일본 팬이 늘어나면서 그들은 자주 일본 미디어에 등장하게 되고 1995년부터는 홍콩 4대 천왕 장쉐유·류더화·리밍·궈푸청이 계속해서 일본에서 콘서트를 열었고 장내를 가득 메운 팬들을 사로잡았다. 일본 기획사 아뮤즈는 진청우 등 홍콩과 대만 스타와 매니지먼트 계약을 맺었고, 이 계기로 그들은 일본 미디어에 자주 출연했다(『닛케이 트렌디』 1997년 6월호). 또 1995년에는 두 가지 아시안 대중음악 잡지인 『팝 아시아』와 『아시-팝』이 창간되었다. 두 잡지의 판매 부수는 점차 늘어났지만(『아시-팝』 2만 부, 『팝 아시아』 4만 부) 그것은 주로 잡지명에 '아시아'를 붙이면서도 실제로는 홍콩 남성 스타를 중심에 두는 편집 방식이 성공한 것이었다. 『팝 아시아』는 아시아 전체의 음악을 다루지만, 1998년 편집자와 한 인터뷰에 의하면 여성 독자층의 확대를 목표로 편집 방식을 홍콩 스타 중심으로 바꿨다고 한다. 그 결과 여성 독자는 전체의 85%를 차지하게 되었다(『아에라』 1998년 3월 9일호, 52쪽).

그에 따라 여성 잡지도 홍콩 남성 스타를 멋진trendy 존재로 소개하기 시작했다(『크레아』 1996년 1월호, 1997년 1월호, 『클리크』 1996년 5월 20일호, 『하토요!』 1996년 5월호. 신문에서는 『니혼케이자이신문』 1994년 7월 7일, 1995년 10월 21일, 1997년 4월 19일, 『아사히신문』 1997년 5월 24일 등). 예를 들어 『엘르 일본판』은 1997년 아시아 남성 스타에 관한 두 가지 특집을 실었다. 하나는 홍콩의 중국 반환을 눈앞에 두었던 6월호다. 그리고 11월호에서는 「아시아의 섹시한 남자들」이란 제목으로 홍콩 스타의 매력에 관한 기사가 게재되었다. 여기에서는 태국·인도네시아·필리핀 스타들도 다뤄지고 있는데 초점은 홍콩 스타에 맞추어져 있다.

늠름하고 섹시하고 그러면서 모성 본능을 자극하는 섬세함이 있고… 멋있는 남자의 조건을 다 갖추고 있는 게 바로 아시아 스타들이다. 아시아 지역뿐만 아니라 전세계가 주목하는 그들은 스타가 지니는 압도적인 매력과 넘치는 에너지가 있다(89쪽).

홍콩 및 아시아 스타들에 대한 관심은 일부 마니아만이 아니라 젊은 일반 여성들에게도 옮겨간다. 일본 여성들은 주변에서 페미오* 등의 여린 남자밖에 볼 수 없게 된 현실에 질리고 있다. 특히 시대 흐름에 민감한 여성들은 경제 성장과 함께 갈수록 아름답고 멋있어지는 아시아 남성들을 보면서 일본인에게는 없는 남자의 매력을 느낀다(95쪽).

---

* 1990년대 중반에 유행한 말로 '페미닌'과 '남자(오토코)'가 합쳐진 조어. 그들의 용모나 행동을 보고 미디어에서는 대개 '중성적'인 남성이라 했다.

홍콩 스타들을 향한 이런 찬미는 아시아에 대한 관심이 동남아시아에서 동아시아로, '순수함'에서 '현대적인 멋'으로 옮아갔다는 것을 보여 준다. 예를 들어『크레아』1994년 11월호에서는 발리나 푸켓의 매혹적인 청년이 특집으로 등장했다. 그들의 매력은 발리나 푸켓의 자연미와 겹쳐져 '순수하고 착한 눈빛', '조용하게 자연과 대화한다', '도시의 잡음에 오염되지 않은 순수한 마음' 등으로 그려지고 있다.13) 같은 식으로『엘르 일본판』도 1994년 3월 5일호에서 '아시아를 향한 뜨거운 시선!'이라고 이름 붙이며 아시아 영화와 음악을 특집으로 했고 아시아의 매력을 '소박한 부드러움', '혼돈 속의 에너지'라고 표현했다. 그러나 1997년 기사에서는 그러한 자본주의적 향수는 보이지 않는다. 대신 강조되어 있는 것은 새로운 유행을 상징하는 홍콩 남성들의 현대적인 매력이다.

내가 1997년과 1998년에 도쿄에서 실시한 홍콩 대중문화 팬에 관한 현장 조사에서도, 일본 미디어에 나타난 이런 홍콩 대중문화의 선전 방식은 그 수용 방식에 다양한 영향을 미쳤다. 그중 하나는 홍콩을 현대적이고 멋지게 강조하면서 소비자에게 무언가 새로운 것의 가치를 느끼게 하는 것이었다. 홍콩 영화나 스타에 대한 관심 뒤에는 부분적이나마 그녀들이 유행의 첨단을 달리는 세련된 기호嗜好를 갖고 있음을 나타내고픈 욕구가 있는 것 같았다. 이 점에서 주목할 만한 것은 왕자웨이 영화가 비교적 폭넓은 관객층의 지지를 얻은 데 비해, 홍콩 대중문화의 주된 소비자는 일본 미디어의 선전에도 불구하고 소수 열렬한 '팬'들에 한정되었다는 점이다. 일본 미디어가 홍콩 대중문화에 대한 정보를 자주 다루어도 그 정보는 일본 아이돌의 정보에 비해 여전히 극소수에 지나지 않는다. 그렇기 때문에 더욱 섬세한 정보를 획득하고 많은 미디어 상품에 접하기 위해서는 다양한 팬클럽에 가입하고, 홍콩 대중문화 상품을 파는 전문점에 다니면서, 인터넷 등으로 정보를 얻어야 한다. 그러한 노력과 돈을 투자함으로써 홍콩 또는 대만 대중문화의 팬인 것을 스스로 인정하게 되고, 또 '좋은 취향'을 공표하게 된다(다양한 팬클럽의 정보에 관해서는 『팝 아시아』 20호, 1998년 참조).

일본의 홍콩 팬들이 같은 취향을 가진 사람들과 영화나 스타들을 이야기하고, 함께 정열을 자극하는 것에 쾌락을 느끼고 있다는 점에서는 대만에서 소비된 일본 TV드라마와 같다. 그러나 대만에서는 학교 친구들이나 직장 동료와 일상적으로 이런 대화를 할 수 있는 데 비해, 일본의 경우 홍콩 영화나 스타에 대해 같은 취미나 화제를 주변 사람들과 공유하기가 쉽지 않으므로 팬클럽 등에 가입하여 같은 취향을 가진 사람과 만나는 것이 필요하다. 젠킨스(Jenkins, 1992)는 미국 「스타 트랙」 팬을 관찰하면서 알게 된 팬 커뮤니티에 가입하는 심리적 욕구를 이렇게 논한다.

팬은 동호회원들과 함께 관심을 공유하고, 팬이기 때문에 생기는 다양한 문제에 직면하여 그룹의 일원임을 깨달아 가면서 정신적으로 강해지고 용기를 얻게 된다. 팬으로 인정할 때 사회의 문화 위계의 하부에 속한다고 간주되며 늘 주변 사람들에게서 모욕을 당하거나 비판받는 것은 각오해야 한다. 그러나 그렇게 함으로써 집단의 정체성을 갖고 발언하게 되고, 다른 팬들과 함께 취미를 옹호하여 변태적이라든가 이상하다는 낙인도 제거할 수 있다(Jenkins, 1992: 23).

사회적 커뮤니케이션의 확립은 일본의 홍콩 팬 커뮤니티에서도 중요하다. 많은 팬들은 나와 한 인터뷰에서 친구나 동료에게는 홍콩 영화 스타의 매력을 이해시키기가 어렵고, 그들을 좋아한다고 하면 주변에서 이상한 취미를 갖고 있다고 생각한다는 것이다. 그러나 사회에서 낙인찍힌 팬 커뮤니티의 연대감을 낭만화하는 젠킨스의 논의는 일본의 홍콩 스타 팬들에게는 해당되지 않는다. 톰슨(Thompson, 1995: 222)은 미디어가 고도로 발전한 현대 사회에서 뭔가의 미디어 텍스트, 장르, 배우 등을 열심히 소비하는 것은 우리의 일상생활의 일부가 되어 있고, 그런 의미에서 '팬'이라는 것은 지극히 흔해졌다고 한다. 이 설은 좀 과장되긴 해도 인터넷 등 미디어 기술의 발달로 인해 다양한 미디어를 통한 상품 소비 시장이 존재하는 가운데, 취미의 '특이성'을 지닌 다양한 팬이 미디어의 충실한 '주류'에서 거리를 두려는 행위가 자주 보이는 것은 사실이다. 피스크(Fiske, 1992: 33)에 따르면 "팬이라는 것은 문화적 결핍감을 보완하고, 문화적 자본에 관한 사회적 위신이나 자부심을 심는" 기능을 하고 있으며 팬을 자인하는 사람들은 이렇게 하여 사회·문화적인 구별 짓기를 시도한다(Bourdieu, 1984).

　이렇듯 일본의 팬들도 아직은 비주류인 홍콩이나 아시아 문화를 재빨리 평가한 것을 자랑스러워했다. 취미의 '특이성'은 '선진성'으로 전환된다. 예를 들면 홍콩 대중문화가 '주류'로 되어 가는 것을 지켜보는 일본 팬들의 복잡한 심경에 이것이 잘 나타나 있다. 그녀들은 많은 사람들에게 홍콩 스타들의 매력을 전하고 싶어 한다. 이는 곧 자신의 취미가 훌륭함을 의미하기 때문이다. 그러나 한편, 자신들의 매혹 대상을 비밀로 하고 싶어 하는 감정을 가진 이도 많다. 이 욕망은 일회용 아이돌을 잇달아 제조하는 일본의 주류 엔터테인먼트 시스템에 대한 불신을 반영한 것이다. 홍콩 스타들이 일본 미디어 산업에 의해 상품화되면 그 매력은 겉핥기로 소비될 것이다. 그녀들은 스타들의 '원래'의 '맛'이 손상되는 데 위기감을 느낀다. 일본인과 대만인의 부모를 가진, 홍콩 영화계에서 활약하는 진청우 팬인 이십대 후반 여성은 1997년 일본에서 제작·판매된 사진집을 언급하면서 이 점을 역설한다.

　그 책에서 진청우는 그냥 외모가 멋질 뿐, 그뿐이다. 그의 좋은 점은 좀 멍하지만 늠름해 보이는 것인데 사진집에서는 그 매력을 전혀 찾을 수 없다. 일본

출판사는 진청우의 진짜 매력을 이해하지 못하고 있고 그를 값싼 상품으로 만들고 말았다.

주된 팬층이 조악한 취미를 즐거워하고 선악 판단에 서툰 십대 여성들로 확대되면서, 진청우가 일회용 상품이 되어 버리는 것에 대한 그녀의 위기의식은 더욱 커진다. 그녀는 십대 여성을 대상으로 한 잡지인 『올리브』가 진청우 특집을 게재했고, 또 다른 십대 잡지에서도 그가 독자가 선택한 가장 멋진 아이돌 4위였던 것에 충격을 받았다.

진청우는 『올리브』 같은 잡지에 나오면 안 된다. 아직 고등학생 독자들은 너무 어려서 그의 진짜 매력을 절대 알 수 없다. 고등학교 애들은 진청우와 일본의 다른 아이돌을 구별하지 못하고 있다.

이런 엘리트주의 견해는 홍콩 스타가 일본 미디어 산업의 주류에서 거리를 두게 되면서 소수의 '좋은 취미를 가진' 팬이라는 자부심이 생기고 있음을 보여 준다. 일본에서 유명해지기 전에 홍콩이나 다른 아시아 스타들의 팬이 되는 것이 얼마나 중요한가 하는 이야기는 널리 알려져 있다. 홍콩이나 아시아 대중음악을 좋아하는 이십대 초반 여성의 얘기도 이 점을 선명하게 드러낸다.

홍콩을 비롯한 아시아 대중음악에 관심이 쏠리는데, 음악 자체를 공감하는 것과는 별개예요. 매스 미디어가 주는 것과는 다른 나만의 세계를 만들고 싶은 거죠. 모든 것이 표준화된 일본 사회에 있으면 왠지 개성을 잃는 것 같아서요. 그래서 뭔가 소수파에 속할 필요성이 있는 거지요. 다른 많은 사람들이 아직 추구하지 않고 있는 것에 빠져들어, 개성을 유지하고 싶은 거죠.

252

뭔가 특별하다는 의식과 자신의 개성을 확인하고 싶은 욕망 때문에 아시아 대중문화 팬으로서 여러 일들을 해내게 된다는 것을 여기에서 확인할 수 있다. 아니 오히려 정보 수집, 팬클럽 가입, 일본에서는 방송되지 않는 미디어 텍스트 수집 등 팬이기 때문에 겪는 어려움이야말로 매스미디어 추종자들과 스스로를 구별하는 기준이 되고, 문화적으로 세련된 자가 된다는 기쁨을 더 높이는 셈이 된다.

그러나 실제로는 그녀들이 멸시하는 추종자들과 그녀들의 미디어 소비 행동 사이에 어떤 차이가 있는지 의문이 든다. 많은 홍콩 팬들은 미디어의 관심이 왕자웨이 영화와 1997년 중국 반환에 집중된 것에 호응하듯이 1995년경부터 홍콩 대중문화에 관심을 기울이기 시작했다(足立, 1998: 16-22). 미디어에서 홍콩이 자주 등장하면서 좋은 취미와 시대를 앞서가는 것에 대해 마니아 여성들의 자부심이 높아졌다. 홍콩의 중국 반환 직전인 1997년 4월에 이십대 후반 여성은 이렇게 말했다.

> 홍콩의 중국 반환이 이제 미디어에 자주 나오고, 홍콩에 관심이 집중되어 있지요. 따라서 나는 여태까지 무명이던 홍콩이나 대만 스타를 훨씬 전부터 알고 있었다고 자랑하게 되는 거죠.

세련되지 않은 소비자와 구별 짓는 시도는 주류 미디어가 주는 정보에 좌우되며, 그 동기 자체도 '주류' 미디어의 동향에 따라 형성되기 때문에, 현대 미디어 시스템에서 완전히 자유로울 수는 없을 것이다.

아시아 근대성에 대한 향수

일본 문화 산업의 광고로 미디어에 노출된 홍콩 대중문화가 신기한 것을 재빨리 구매하려는 팬 심리를 자극했음은 일면 부정할 수 없다. 그러나 홍콩 대중문화에 반한 일본 여성 팬들은, 하위 문화 애호가들이 말하는 뻔한 이야기, 미디어 사회에서 어떻게든 스스로를 구별짓고 싶다는 내용만을 언급하지는 않았다. 홍콩 영화나 남성 스타를 선호하는 일본 여성 팬층은 비교적 나이가 많은 편이다. 정확한 통계는 없지만 팬 층은 십대부터 오십대에 걸쳐 있고, 그 중심은 이십대 후반부터 삼십대로 생각된다(原, 1996; 足立, 1998). 이십대 후반에서 삼십대 여성이 주축을 이루는 큰 이유는 일본 아이돌 시장에는 주로 십대들이 많지만 홍콩 스타들은 삼십대가 주축을 이루기 때문이며, 그 여성 팬들 중에는 십대와 이십대 때 경험한 홍콩 스타들의 매력을 일본 아이돌 시스템 전성기에 오버랩시키는 사람이 많다. 그리고 여기에서도 젠더가 뒤바뀌어 있기는 하지만 일본이 타자에 대한 향수 어린 시선으로 아시아를 소비하고 있음이 보인다.

이 '멋'과 '그리움'이 양립하는 모순된 상태는 앞서 말한 『엘르 일본판』에서 홍콩을 드러내는 데서도 볼 수 있었다. 여기에는 (홍콩과 일본의) 시간차가 아닌 현대적 동시대성이 강조되어 있지만, (홍콩의) 현대성은 이전에 일본에도 존재했던 것으로 표현된다. 예를 들어 '여린 페미오가 많아진 상황에서 일본 남성들에 질린 일본 여성'이라는 문구는 아시안 스타의 매력을 경제 성장과 연관짓는 담론 속에서 일본의 상실을 암시한다. 이는 다시 일본이 더 차원 높은 경제력을 얻는 과정에서 잃은 일본 남성의 남성다움과 연결된다. 그 의미에서 홍콩과 일본 사이에는 홍콩이 현대적으로 세련되었다고는 하지만 발전적 시간 차이가 엄연히 자연스럽게 생각된다.

현대적 홍콩 문화를 향수에 젖어 소비한다는 측면은 여성 팬들과 인터뷰하면서도 명확해졌다. 여성 팬들이 홍콩 스타의 매력으로 가장 많이 꼽은 것은 스타의 카리스마였다. 그들은 홍콩 스타들이 진정한 프로페셔널이라고 한다. 노래와 춤을 연마하고 늘 자신이 스타임을 의식하여 자신을 꾸미고

팬과 청중에게 프로 연예인으로서 많은 서비스를 제공한다. 홍콩 스타가 팬 한 명 한 명을 매우 소중하게 생각하고, 싫은 내색 없이 호의적으로 친밀하게 대하는 것도 참된 스타의 요소로 높이 평가되고 있었다. 이는 바로 일회용 상품임에도 팬 서비스를 별로 중요시하지 않는 일본 아이돌과 일본 엔터테인먼트에 대한 안티테제라 할 수 있다. 4장에서 아이돌과 스타를 구별하는 요인이 미디어를 통해 느껴지는 친근함에 있다고 했지만 그녀들에 의하면 미디어에서 이웃집 남자라는 이미지를 강조하면서도 일본 기획사는 지나치게 아이돌을 보호하기 때문에 실제로 팬 미팅이 흔한 일이 아니고, 결코 호의적이지 않다는 것이다. 일본 미디어 산업이 만들어 내는 겉으로만 친밀한 척하는 아이돌의 모습은 이십대 후반 이상의 여성들에게는 이미 얄팍하고 인위적인 것으로만 보인다.

많은 팬들은 '본래' 스타성은 과거 일본에도 존재했다고 한다. 예를 들어 삼십대 중반 여성은 홍콩 스타에 관심을 갖게 된 것이 1990년 즈음이었다고 말한다. 그 시기는 일본 아이돌 음악이 후퇴하는 대신에 밴드와 댄스 뮤직이 주류가 된 때였고, 여기에 거리감을 느꼈다고 한다. 그때 그녀는 급속하게 발전한 홍콩 음악계에서 자신이 1980년대 중반까지 좋아하던 그리운 일본 아이돌의 가요 세계를 찾아내고 매우 기뻐했다. 홍콩 스타들에게는 일본 연예인이 잃어버린 스타성이 있다. 그녀는 그 스타성이 자신이 몰두했던 시간을 재현하고 싶은 욕망을 만족시켜 줬다고 한다. 리밍의 팬클럽 회장이 말하는 것처럼 "홍콩 스타들은 우리 세대가 잊고 있던 히어로를 다시 떠올리게" 해주었다. 잃어버린 히어로는 "요즘 음악보다 과격하지 않은 곡조, 부끄러워하지 않고 자신의 세계를 만드는 자기만족감, 친근하면서도 팬의 이상에 어긋나지 않는 캐릭터"이고(花岡, 1997: 63), 젊은 시대에 경험한 이런(어린 팬들은 모르는, 전설적인) 과거 일본 아이돌의 황금시대를 현재 홍콩 스타들이 다시 일으켰다는 것이다(原, 1996; 村田, 1996).

홍콩 남성 스타가 불러일으키는 향수적 분위기는 일본 사회에 대한 환멸과 불만과도 깊은 관련이 있다. 일본 미디어 표상에서처럼 여성 팬들은 홍콩 영화 스타의 매력을 일본 사회가 잃은 활력, 힘, 인간다움 등과 관련지어 이야기했다. 어느 이십대 후반 여성과 삼십대 후반 여성은 이렇게 말한다.

일본 TV드라마는 가끔 보고 즐기는 것은 좋지만 꿈이나 열정이 없잖아요. 일본 배우들도 멋있지만 홍콩 스타들에 비해 기본적으로 능력이나 인생에 대한 갈망이 없어 뭔가 부족해요(이십대 후반).

왕자웨이 영화는 항상 인간이야말로 얼마나 멋있는 생명체인지, 우리가 살아가는 데 연애나 타인에 대한 애정이 얼마나 중요한지를 가르쳐 줍니다. 이런 것들은 우리 일본 사람들이 어딘가에서 잃어버린 것들이 아닐까요(삼십대 후반).

또 다른 이십대 중반, 삼십대 후반 여성은 홍콩 대중문화를 소비하면 일상에서 잃었던 힘이나 희망을 되찾을 수 있다고 말한다.

홍콩 사람들은 정말 인생을 긍정적으로 생각합니다. 당장 죽는다는 선고를 받아도 결코 비관하지 않을 것 같은 이미지를 줍니다. 이는 현재 일본과 대조되는 점이죠. 그래서 홍콩 영화나 대중 가수들의 비디오를 보면 힘이 생기는 거에요. 홍콩이나 홍콩 영화는 내게 '힘의 원천' 같은 존재입니다(이십대 중반).

장귀룽을 보고 있으면 포기했던 것들이 되살아나고 내가 대단한 존재임을 깨닫게 됩니다. 내가 잊고 있던 것, 이십대에 못한 것을 장귀룽에게서 다시 찾지요… 에너지를 불러오는 뭔가가 있어요. 장귀룽은 내게는 마약이에요(삼십대 후반).

홍콩의 지금을 일본이 상실한 과거와 연결하려는 이런 태도는 앞에서 말한 미디어 표상처럼 양자가 동시간 속에 살고 있는 것을 부정하는 태도다. 그러나 나는 팬들의 이야기를 들을수록, 소멸한 대중음악의 스타일이나 사회 활력에 대한 욕망이 반드시 시간 차 인식에 뿌리를 두고 있지 않음을 알게 되었다. 이는 여성 팬들이 홍콩과 일본 사이에 존재하는 문화적 근대성 체계의 차이를 느끼고 있음을 나타낸다. 즉 '일본이 잃어버린 것'에 대한 향수와 '일본 근대성이 결코 안겨 주지 못했던 것'에 대한 동경이 섞이면서, 상이한 아시아의 근/현대성에 대한 향수 어린 욕망이란 양면성을 나타내는 것이 아닐까? 그들이 말한 문제는 일본의 상실뿐만 아니라 결핍도 포함한다.

인터뷰한 대부분 홍콩 대중음악 팬들은 대만의 일본 드라마 팬들과 마찬가지로 용모나 문화적 가까움 때문에 홍콩 스타가 할리우드 스타보다 감정 이입이 쉽다고 했다. 서구 대중문화는 자신들 일상과는 거리가 있다고 생각하는 것 같았다. 그러나 대만 경우와는 달리, 문화적·인종적 근접성을 인식하는 것은 일본 여성 팬들에게 일본과 홍콩의 문화적 차이를 다시 강조하게 한다. 그리고 여기에서 중요한 것은 일본과 홍콩 사이의 발전적 시간 차이가 사라지고 있는 현실이 바로 그런 인식을 조장한다는 것이다. 예를 들어 이십대 후반 여성의 이야기를 들어보자.

홍콩 영화는 매우 힘 있고 활발하잖아요. 홍콩 사람은 겉모습은 일본 사람과 닮았지만 문화적으로는 전혀 달라요. 홍콩도 일본식으로 고도 경제 성장을 했지만 이제 더는 일본에 없는 활기를 갖고 있으니까요.

그녀는 홍콩이 '우리들'과 비슷할 정도의 경제 발전을 이미 달성했음에도 여전히 활기찬 모습을 보여 주기에, 소중한 것을 잃고 '우리들'처럼 된다는 것을 생각할 수 없다는 것이다.

이렇게 인식되는 홍콩과 일본의 문화적 차이는 본질적인 것도, 직선적 발전 축에 놓여 있는 것도 아니다. 오히려 홍콩과 일본의 차이는 근대화 과정에서 유기적으로 결합된 것이고, 서구 근대와 접촉하는 방식에 나타나 있다고 받아들여진다. 최근 일본에서 홍콩 문화에 대한 관심이 높은 것은 양자의 문화 체계가 '차용의 미학'으로 일관되는 것에 공감하는 젊은이들이 서서히 늘고 있음을 보여 준다는 견해가 있다(樋口, 1997). 그러나 내가 일본의 홍콩 팬들을 대상으로 한 조사에 한정해 말한다면, 그들이 홍콩 대중문화 속에서 긍정적으로 찾아낸 것은 일본과는 다른 형태를 지닌 아시아 근대성이다. 이는 그들이 일본 근대성 형태에 강한 위기감을 느끼고 있음을 드러낸다. 예를 들어 서구 문화 흡수에 대한 일본의 태도에서 그런 위기감을 엿볼 수 있다.

일본은 서구를 너무 의식하고 있다. 많은 사람들이 아시아를 비웃고 있지만 이는 현실과 맞지 않는다. 일본 문화는 서구 영향이 너무나 강하기 때문에 독자 적인 길을 잃었다. 그러나 홍콩은 여전히 자기 스타일이나 시스템을 갖고 있는 듯 보인다. 그러한 의미에서 홍콩은 문화적으로 일본의 한수 위라는 생각도 든다.

이십대 후반 여성의 이런 견해를 접했을 때 일본 비평가들이 딕 리에 매료된 상황이 떠올랐다. 즉 서구 근대와 접촉하여 나타난 홍콩의 문화적 근대성은 아시아 토양에서 독자적인 향기를 잃어가는 것을 거부하지만, 일본은 그런 향기도 없고 완전히 서구처럼 되지도 않는다. 일본은 외관만을 근대적으로 갖추고 있는 것에 불과하다고 여겨진다. 다른 삼십대 초반 여성이 말했듯이 홍콩은 경제 발전을 한 뒤에도 전통적이고 좋은 것과 근대적인 것이 사이좋게 양립하지만, 일본은 전통적인 좋은 것을 버리고 모든 것이 서구를 모방한 듯하다.

　나아가 일본의 서구 문화 수용 방식은 일본 사회나 문화를 스스로 고립시켰다고도 생각되었다. 그에 비해 홍콩은 매우 '범세계적'이고, 그것은 홍콩 스타가 일본 스타에 비해 아시아 전지역에서 널리 활동하는 것에서도 드러나 있다고 한다. 이십대 후반 여성에 의하면,

　　일본이 홍콩보다 우월하다고는 생각지 않는다. 오히려 그 반대다. 홍콩에서는 동서양이 항상 접촉하는 가운데 서로 구별되면서도 잘 혼합되어 있지만, 일본은 서구 문화를 흡수하고 '일본화'한 결과 일본 문화는 폐쇄되었고 다른 문화와 만나는 접점이 없어졌다. 나는 이렇게 해서는 안 된다고 본다. 일본은 이제 폐쇄 상태이고 뭔가 미래가 없어 보인다.

　여기에서도 앞에서 말한 일본 문화 프로듀서나 지식인의 해석이 반복되고 있는 것을 알 수 있다. 싱가포르처럼 오랫동안 영국 통치 아래 있던 홍콩은 이문화를 '강제'로 만날 수밖에 없었지만, 일본은 이문화를 동질하게 하여 국경의 틀 속에 흡수하려고 했다. 일본 여성 팬들은 서구 식민지 지배의 폭력 때문에 홍콩이 '개방성'을 갖게 되었다고는 거의 알아차리지 못하면서도, 일본 문화의 근대성은 서구 문화를 교묘하게 토착화한 결과로 홍콩과 견줄 수 없게 되었다고 생각한다. 그들은 일본 국가 정체성인 혼종주의에 강한 의심을 드러내는 동시에 홍콩 대중문화를 접하면서 편협한 일상에서 벗어나 외부와의 연계를 가지고 더욱 범세계주의자가 되려고 한다. 일본과 다른 아시아 나라들의 관계에 대한 자성은 일본 지식인만 실천하는 것은 아니다. 그것은 '일반' 홍콩 대중문화 소비자도 체감하고 있다. 홍콩 대중문화 소비를 통해 일본의 여성 팬들은 일본이 홍콩 등 다른 아시아 사회보다 우월하다는 교만한 견해가 '정치적으로 옳지 않을' 뿐 아니라 정서적으로나

문화적으로도 현실에 맞지 않다는 것을 알고 있다.

여기서 강조하고 싶은 것은 일본 여성 팬들이 홍콩 대중문화 소비를 통해 홍콩에 대해 느끼는 동시간성이, 일본 근대를 비판적으로 되돌아보며 자기 변혁을 일으키는 형식으로 나타나고 있다는 것이다. 이런 자세는 톰슨(Thompson, 1995: 175)이 말한 것처럼 자신이 경험하는 것과 다른 생활, 문화 이미지, 정보가 미디어에서 넘치는 가운데, 자신이 처한 생활의 시공간적 맥락에 일상적으로 기호학적 거리를 느끼고 있음을 보여 준다. 전지구적으로 다양한 나라·지역·문화의 정보, 이미지, 아이디어가 넘치는 현상은 자신이 위치한 사회나 문화에 대해 건전하고 자성적인 거리를 유지할 것을 촉구한다(Appadurai, 1996). 삼십대 초반 여성은 홍콩 대중문화를 통해 대중문화를 보는 시각이 어떻게 달라졌는지를 역설했다.

물론 홍콩에 100% 빠지는 것은 무리지요. 홍콩 영화나 스타를 소비하는 저 자신을 냉정하게 바라볼 때도 있어요. 나는 거기에서 지금의 지루한 회사 생활에서는 맛볼 수 없는 뭔가를 찾으려 하지요. 그러나 홍콩 영화를 보고 팬이 되면서 나는 예전보다 적극적이고 긍정적으로 될 수 있었어요. 일본에 대한 견해도 많이 달라졌지요. 우리가 눈앞의 것만을 보며 왔다는 것, 부유해졌지만 소중한 많은 것을 희생해 왔다는 것도 알게 되었어요… 이제 광둥어를 배우는 데 그치지 않고 일본의 전쟁사나 홍콩이나 다른 아시아에 대한 편견을 더 공부하고 싶어요.

물론 이 팬 한 사람의 의견을 일반화할 수는 없다. 또 그녀는 실제로 발리 등 다른 아시아 사회에 이주한 사람들과는 달리, 현실에서 있는 그대로의 아시아의 문화 타자와 직접 만나 자기 변혁을 수행하려 하지도 않는다(山下, 1996; 野村, 1996). 그렇지만 여성 팬 중에는 홍콩 대중문화와 접하면서 일본의 근대 경험이나 제국주의 역사에 비판적 시각을 갖게 된 사람이 적지 않다. 그에 따라 개인적인 생활 감정과 일본 제국주의 역사가 비록 미미하지만 겹치는 순간이 생긴다. 그리고 홍콩의 문화적 근/현대성을 동시간적으로 평가하는 시선은 제3자적 관찰에 그치지 않고 내성적 자기 변혁을 위한 사회적 실천을 동반한다.

동아시아의 자본주의적 동시간성

앞에서 살펴보았듯이 1990년대 일본에서 아시아를 드러내는 방식과 소비는 일본이 잃어버린 것을 어떻게든 조금이라도 재현하고 싶다, 되찾고 싶다는 충동을 동반한 것이었다. 실제로 일본이 과거 그런 사회 활력을 갖고 있었는지는 의문으로 남지만 궁극적으로 별 문제가 안 될 것이다. 향수적 시선의 대상은 반드시 과거에 있던 사건이나 그 양태를 충실히 반영하는 것만이 아니다. 오히려 현재에 사회적·문화적 불확실성이나 고뇌가 향수를 불러일으키고, 현재 이야기 속에서만 존재하는 과거를 만들어 낸다는 의미에서 매우 이데올로기적인 것이다(Davis, 1979; Stewart, 1993).

급속한 근대화와 경제 발전이 전지구적으로 퍼지면서 향수는 일본의 문화적 진정성이나 국가 정체성의 유지 및 구축에 중요한 역할을 해왔다. 이런 과정에서 일본의 매우 큰 문제는 서구와의 문화적 만남이 너무 잦아졌다는 것이고, 그로부터 발생한 향수는 "전근대, 즉 서구 이전의 시간과 파괴적 서구화가 진행되기 전의 일본에 대한 동경"(Ivy, 1995: 241)을 불러일으켰다(Robertson, J., 1998b; Creighton, 1997; Graburn, 1983 등). 이와 같은 충동은 전근대 아시아 배낭 여행기에서도 볼 수 있는데 홍콩 대중문화 소비에서 향수가 투사되는 대상은 지극히 가까운 '과거'이므로 그것은 서구 이전이 아니라 서구 이후, 더 정확하게는 이미 서구에 흡수되었거나 서구를 흡수한

'현재, 지금 여기'다. 여기에서는 서구의 문화적 영향을 모두 불식하고 원래 '일본'을 되찾는다는 국가주의적 충동은 볼 수 없다. 오히려 문제는 서구 주도의 자본주의적 근대성 가운데 어떻게 살아갈 것인가, 현재 일본 사회 속에서 어떻게 하면 자신의 삶을 희망이 있는 인간다운 것으로 변화시킬 수 있는가 하는 절실한 요망이다. 그 절박감은 왜 현재의 다른 아시아 사회나 문화에 향수를 기울이게 되었는지를 부분적이나마 설명한다. 경제 불황과 사회 불안 속에서 미래 전망을 잃고 있는 일본에서 새로 상상하게 된 '아시아'는, 질식 상태이고 폐쇄적이고 경직된 일본 사회와는 대조적인 이상향으로 나타난다. 그리고 이 아시아는 단순히 일본의 과거 모습이라는 의미에서 낭만화되는 것이 아니라 자기 변혁을 향해 정신을 고양시키는, 이상적인 대체상으로 평가된다.

이 장에서 나는 이런 자성적인 향수를 검토하면서 일본의 아시아 소비는 단순히 오리엔탈리즘 시선을 재생산하고 있을 뿐만 아니라 양면성을 띠고 있음을 밝혀 왔다. 그러나 이 장을 마치면서 일본 홍콩 문화의 근대성을 평한 것에는 길들여진 문화 타자를 재생산하는 위험과 항상 마주하고 있다는 것을 다시 강조하고 싶다. 무라이(村井, 1990)는 1980년대 후반 일본에서 일어난 '아시아 붐' 중에서 일본이 아시아를 소비할 때 지니는 시선은 여전히 이국성에만 머무르고, 일본과 다른 아시아 나라들과의 불공평한 관계를 무시하며 은폐하고 있다고 지적했다. 이 점은 1990년대 상황에 비추어 봐도 어느 정도 타당성이 있다.

켈스키(Kelsky, 1996)는 '노란 택시'Yellow cab라고 불리는 외국인(주로 미국인)을 선호하는 일본 여성에 대한 사례 연구에서 그녀들의 문화 국경을 넘으려는 행위나 충동은 일본 여성들이 순종적이라는 선입견을 깬 한편, 일본과 타자 사이에 배타적인 경계선을 다시 그었다고 논했다. 그녀들과 지식인 그리고 비평가들이 일본 내에서 일본 사회나 젠더에 관해 문제를 제기함에 따라 외국인 남성들은 기호의 하나가 되어 버린다. 같은 예가 일본의 홍콩 팬들에게 해당될 것이다. 홍콩에 대한 향수가 '우리'와 동시간을 사는 '그들'에 대한 타자성의 평가로 바뀌었다고 해도, 여전히 홍콩이 바람직한 '아시아 타자'인 것은 부정할 수 없다. 스튜어트(Stewart, 1993: 146-147)가 여행 선물이나 기념품을 수집하는 행위는 시간적(앤티크 antique), 공간적(엑소틱 exotic) 진정함에 대한 열망을 불러일으킨다고 지적했듯이, 홍콩의 타자성도 기념품처럼 시공간적으로 '친밀한 거리' 안에 적절하게 배치되면서 일본의 자기도취적인 참된 자아 찾기를 위해 '차용되고, 소비되고, 길들여져' 버린다.

일본의 홍콩 팬들이 표명한 홍콩 예찬론(동양과 서양이 교묘하게 병존하고 있다는)은 1980년대부터 「블레이드 러너」,『뉴로맨서』등 할리우드의 근미래 영화와 소설에 표현된, 정형화된 동아시아 도시의 세속적이고 혼돈스런 이미지를 답습하고 있다. 이 점은 일본의 미디어 텍스트 속에서도 선명하게 나타난다. 예를 들어 애니메이션 영화 「공각기동대」 제작에서 오시이 마모루 감독은 홍콩이 전통과 현대성이 섞이는 혼돈 속 미래의 고도 과학 기술 도시라는 이미지에 더 맞는다고 하여, 도쿄를 무대로 한 원작의 설정을 바꾸었다. 최근에는 「구룡풍수전」이라는 컴퓨터 게임이 발매되고, 홍콩은 근대적이면서도 잡다한 도시, 합리성과 비합리성, 선과 악, 현실과 환상이라는 경계가 모호한 공간으로 보인다(『아사히신문』1997년 5월 6일). 게임 제작자에 의하면 홍콩은 아시아도 서구도 아닌, 그러면서도 양자를 내포하고 있는 현대 일본의 원형이라고 한다. 일본에서는 사회 질서를 확립할 때 그 힘이 너무나 강했기 때문에 혼돈이 다스려졌는데, 홍콩은 여전히 다양한 양면적 혼돈에서 뭔가 새로운 것이 나타날 가능성이 있다고 한다(『아사히신문』1997년 2월 25일). 일본의 홍콩 대중문화 팬도 이런 이상화된 혼돈적 도시 공간이라는 홍콩의 이미지를 공유한다. 그 이미지에는 할리우드 영화가 혼돈스런 공존(서양과 동양, 고도의 과학 기술과 전근대적인 전통 및 비속 등)을 그리는 데에서 볼 수 있는 오리엔탈리즘의 상상력(Yoshimoto, 1989)이 강하게 작용하고 있음을 간과해서는 안 된다.

나아가 일본 여성 팬들이 홍콩 문화의 근대성에 대해 내린 평가는 홍콩과의 동시간성을 부정하는 견해를 뛰어넘는 가능성을 제시하는 한편, 새로운 '낙후된' 아시아를 재생산하고 있다. 이것은 1990년대 나타난 일본의 신아시아주의가 "이미 물질적 풍요와 경제적 번영을 부정하지 않고, 오히려 부나 번영을 다른 형태로 감수하고 싶다는 욕망을 나타내고 있는"(Morris-Suzuki, 1998a: 29) 것과도 맥을 같이한다. 즉 일본이 서구 문화의 영향을 다루는 방법은 비판을 하면서도 실은 서구 주도의 자본주의적 발전을 무비판적으로 긍정하기 때문에, 일본 여성 팬들이 미디어를 소비하면서 홍콩 근대성을 접하는 방식에는 (근대성이) 결여된 다른 아시아 지역 맞은편에 설정해 놓은 자본주의적 '세련됨'을 그저 받아들이는 경향이 보인다. 내가 한 인터뷰에서는 많은 사람이 '홍콩'과 '아시아'가 다르다고 의식하는 경향이 있었다. 그들은 일본 미디어가 홍콩 대중문화를 '아시아'라는 말로 하나로 묶어 버리는 데 대해 매우 회의적이었고, '홍콩'과 '아시아' 사이에 일정한 거리를 두었다. 이런 태도는 '아시아'라는 추상적인 지리 개념을 부정하고 구체적인 수준으로 접하려 한다는 점에서 긍정적인 가능성을 보여 준다. 그러나 대부분의 팬들에게 '홍콩'을 '아시아'와 단절시키는 것은 '아시아'가 가진 '낙후된' 이미지를 불식하기 위해 반드시 필요한 일처럼 보였다(足立, 1998). 예를 들어 홍콩이 중국으로 반환되는 것에 대해 일부 팬들은 중국이 홍콩의 매력을 손상할 것이라는 위기감을 가졌다.

중국으로 반환되면 홍콩이 중국처럼 변할까봐 불안하다. 중국의 정치 규제 때문에 자유로운 홍콩의 분위기를 잃고 시대에 매우 낙후된 전통적인 중국 문화에 오염되어 버리는 것이 싫다. 홍콩이 특별히 세련된 범세계적인 도시가 된 큰 이유는 영국의 존재일 것이다. 반환 이후 홍콩은 예전보다 더러워졌고, 예전과 같은 힘도 없어진 것처럼 느껴진다.

홍콩의 중국 반환 이후, 중국 공산당 정부의 정치 통제가 개방적이고 범세계적인 홍콩의 매력을 파괴할지 모른다는 걱정을 일본 지식인들도 자주 했다(枝川, 1997). 그러나 일본의 홍콩 대중문화 팬들의 발언에는 중국의 전근대성이야말로 홍콩에 큰 방해가 될 것이라는 인식이 들어 있다. 동시대를 사는 근대적이고 친밀감 있는 이웃 아시아를 인식하는 것은 '부유한 아시아'가 '낙후된 아시아'를 멸시하는 식의 오리엔탈 오리엔탈리즘을 재구축하는 것이다. 앞에서 말한『엘르 일본판』에서처럼 아시아 남자들이 아름답고 매력적이게 된 배경에는 고도 경제 성장이 있었고, 다른 아시아가 '우리의 현대' 영역에 들어오기 위해서는 어느 정도의 경제 발전이 최소한의 조건이 되고 있다. 일부 일본의 홍콩 문화 팬들에게 전근대적 아시아는 자본주의적 동시간성을 공유할 수 없는, 결코 소비 욕구가 생기지 않는 시공간으로 파악된다.

아시아라는 꿈의 세계

이 책에서는 초국가적인 대중문화 소비의 여러 모습(언설, 미디어 표상, 시장 전략, 시청자 수용)을 통해 일본의 '닮았으면서 우수한', '속하나 뛰어넘는' 아시아 인식이 재등장하고, 다시 흔들리는 모습을 살펴보았다. 1990년대 일본에서 아시아로 돌아가자는 대중문화의 흐름을 검토하면서 깨닫는 것은 그것이 얼마나 다면적이고 모순적인가 하는 점이다. 그러나 그 복잡성은 일본의 세계관, 즉 초국가적 상상력을 여전히 억제하는 '아시아'와 '일본'(또는 '아시아'와 '서구')의 이분법적인 강한 구심력 때문에 가려진다. 아시아 지역에서 일본이 가진 문화적 비중과 영향력에 관한 언설을 보면 그 다양성(긍정적인 것과 부정적인 것, 자기 예찬적인 것과 자기 비판적인 것, 명확한 것과 모호한 것)은 결국 '아시아'라는 한 개념에 흡수되어 버리고 새로운 이분법을 만드는 원동력으로 전환되기 쉽다.

물론 일본에서 사용되는 '아시아'라는 포괄적 개념은 다만 언설 안에서 만들어진 것이므로 아무런 실질성도 동반하지 않는다고 일축하여 '아시아'라는 것이 존재하지 않는다고 주장할 수 있다. 그러나 이렇게 주장할 때 문제를 잘못 짚을 수도 있다. 문제는 '아시아'라는 개념이 적절한지 그렇지 않은지를 넘어선다. '아시아'를 일반화·추상화한 형태로 말할 수 없고,

266

그렇게 말하는 것이 아무런 이익이 되지 않음을 인식한 다음, 1990년대 일본에서 '아시아'에 대한 관심이 어떤 맥락에서 높아졌는지를 생각해야 한다.

그에 대한 가장 쉬운 대답은 1990년대에 대두한 지역 통합론이나 문명 블록화론에서 찾을 수 있다. 일본에서 '아시아'에 대한 관심이 새롭게 높아진 것은 문화적으로나 인종적으로 공통성이 있다는 인식, 정치적·경제적·문화적으로 오랫동안 접촉하면서 아시아 이웃 나라들과 맺어온 깊은 관계를 따로 떼어놓고 생각할 수 없다. 그러나 20세기 말 일본의 아시아 회귀에는 '일본의 아시아'라는 문화 경계선을 형성하면서 상업화된 초국가적인 문화 왕래가 큰 역할을 했다는 특징이 있다. 보수 지식인들은 문화권의 최대 공약수로서 문명 블록을 본질적으로 규정하려고 바쁜 모양이지만, 지역적인 문화 시장 형성에서 문화적으로 가깝다거나 친밀하다는 느낌이 자본화하여 구체적으로 나타난 '일본의 아시아'의 실제 범위는 그런 문명적 구분과는 일치하지 않는다.

앞에서 살펴보았듯이 자본주의적인 소비 문화와 대중문화가 아시아 지역을 연결하는 주된 공통 요소가 되면서 일본의 초국가적인 문화적 공감대와 상상력을 자극하는 '아시아' 사이의 지리적 감각은 서서히 좁아지고 있다. 오카쿠라 덴신의 범아시아주의가 '비'서구라는 부정적 정의에 의해 아랍 지역이나 인도까지 포함하고 있었다면, 1990년대 초기의 아시아는 동아시아와 동남아시아의 신흥 경제 지역만을 의미하고, 20세기 끝무렵에는 더 좁은 지역 즉 홍콩, 대만, 한국이라는 동아시아의 근대 자본주의 지역에 집중하려 하고 있다. 이 동아시아 지역도 중국 문화의 영향을 받은 유교 문화권이라는 전통적 공통 요소로 묶을 수 있다. 중국은 현재 급속히 자본주의화하고 있지만 거대 시장이라는 매력 외에는 동아시아 대중문화 왕래에서 여전히 주요한 역할을 담당하고 있지는 않다. 이 점은 동아시아 지역 내 대중문화의 초국가적인 생산·유통·소비가 서구(특히 미국) 지배의 자본주의와 소비주의, 서구 문화 시스템이 규정하고 있다는 것을 보여 준다. 서구의 문화적 침투력을 고려해 본다면 '서구'를 타자화하여 아시아의 전체 모습을 그리는 것은 타당하지 않다. 오히려 '서구'는 이제 자본주의적 근/현대성의 보급으로 인해 세계 곳곳에 산재한다.

새로 나타난 동아시아의 자본주의 공간 가운데 일본에서는 자본, 문화 상품, 상상력이 오가는 초국가적인 흐름(Appadurai, 1996)에 맞추어 다른 아시아 나라들과 문화적 공통성이 있다는 것을 다시 주장했다. 이런 의미에서 다양성과 모순을 떠안은 '아시아'라는 문화 지리는 '꿈의 세계'Dream World로서 일본의 초국가적 상상 지도에 되돌아온 것이다. '꿈의 세계'라는 말을 처음 사용한 인물은 발터 벤야민이다. 그는 1930년대 파리에 자본주의 욕망을 불러일으키는 백화점이나 아케이드가 생겼을 때 자본주의적이고 근대적인 신기함에 대한 충동에 따라 늘 새 진열품들이 전시되던 모습을 언급한다. 그 풍경은 다양한 연상을 떠오르게 하면서 우리가 잃어버릴 듯한 '환영'phantasmagoria을 불러일으킨다. 그는 그 환영이 '정치적 각성을 동반하는 이미지의 원천'이 될 가능성을 찾아내려 했다(Featherstone, 1991: 23). 1990년대에 '아시아'는 일본으로 하여금 환영적이고 자본주의적인 꿈의 세계를 상상하게 했다. 이 꿈의 세계는 활발하게 진행되는 초국가적인 문화 왕래를 국가의 틀 속에 묶어 버리는 한계와 모순을 일시적으로나마 잊게 해주는 상상적 공간이었다.

아시아 지역의 놀랄 만한 자본주의적 발전이나 끊임없이 변화하는 도시 풍경은 일본이 '아시아'와 연결되는 것 그리고 '아시아'를 연결시키는 것에 대한 욕망을 다양한 방식으로 펼치게 했다. 근대 자본주의가 침투한 아시아는 보수 지식인이 일본 문화의 영향력을 아시아에 널리 퍼뜨려 아시아의 맹주가 되려는 국가주의 프로젝트를 실현하기에 아주 좋은 기회였다. 일본 대중문화 수출은 단순히 국수주의적 자부심을 자극할 뿐만 아니라 일본이 아시아를 침략한 역사를 치유하는 외교적 역할도 한다. '아시아'는 일본 미디어 산업이 일본 대중문화 체계의 노하우를 가지고 국경을 넘어 어느 정도까지 그것을 활용하는지 시험해 볼 비즈니스 기회를 제공한 곳이었다. 그것은 일본 주도로 범아시아, 나아가서는 전지구적 팝스타를 키운다는 미처 이루지 못한 환상을 떠오르게 했다. 그리고 다른 아시아 지역의 대중문화에 매료된 일본 비평가들이나 미디어 소비자들은 과거 일본이 거친 고도 성장과 경제 발전의 전성기에 대한 강한 향수를 느꼈다. 고도 성장기 일본에서 보이던 전지구적으로 꿈틀거리는 자본주의의 역학이 다른 아시아 지역으로 옮아가면서 '아시아'는 일본인에게 잃어버린 일본의 사회적 활력과 미래에 대한 희망을 떠오르게 한 것이다.

이는 전지구화가 진행되고 일본의 문화적 방향성과 다양한 정치·경제·사회적 문제 설정을 국민 국가의 경계선 안에 두는 것이 어려워진 상황에서 일본이 원하는, 아시아라는 꿈의 세계Asian Dream World가 새로이 유기적으로 결합되었다는 것을 의미한다. 이런 의미에서 일본의 아시아로 돌아가자는 프로젝트는 초국가적인 문화 왕래가 나라나 문화의 경계선을 모호하게 만들면서도 이를 재규정하고 있음을 보여 준다. 커뮤니케이션 기술이 진보하고 문화 시장이 전지구적으로 통합되면서 대중문화의 모든 경계를 넘으려는 경향은 더욱 두드러지게 되었다. 아이디어와 이미지 그리고 상품들이 순식간에 전지구적으로 확산되고 또 지역에서 상상도 못할 정도로 혼종화되면서, 그러한 상품들의 문화적 기원을 더듬어 가는 것은 서서히 어려워지고 또 무의미해진다. 그러나 이런 문화 혼종화에 내포된 국경을 넘으려는 충동은 국가주의 역학의 제약에서 결코 자유롭지 않다. 이 책에서 보았듯이 일본의 문화 수출에 대한 높은 관심은 대중문화 시스템 속에서 일본의 고유성을 찾아내면서 아시아 지역에서 일본의 문화적 우위성을 확고하게 세우려는 충동을 근거로 하고 있다. 보편성을 주장하는 것은 지배적 의지와 언제나 결탁되어 있으므로 일본이 말하는 아시아라는 꿈의 세계에 투사된 욕망도 그 예외는 아니다.

그런데 이런 초국가적 시도는 단순히 이데올로기나 언설의 문제에 그치지 않는다. 그것은 탈중심화한 전지구화 과정 속에서 일본의 초국가적인 문화 권력이 높아졌다는 구조적 요인을 근거로 한다. 톰린슨(Tomlinson, 1997)은 문화 제국주의 언설을 전지구화 관점에서 다시 파악해야 한다며 세 가지 이유를 든다. ① 서구 문화 상품이 전세계에서 호의적으로 받아들여지고 산재되어 있는지에 대한 의심, ② 끊임없이 진행되는 문화 혼종이 보여주는 글로벌-로컬의 변증법적 연결, ③ 서구 문화적 패권의 탈중심화. 그러나 역설적이게도 이 점들은 모두 일본 미디어 산업의 대두와 함께 증명되는 것 같다. 일본 미디어 상품이 아시아 시장에 유입되면서 서구 미디어 상품의 절대성이 뒤집혔다. 또 지역화 전략은 글로벌-로컬 문화 접촉의 역학을 인식하고 그것을 교묘하게 이용하려 했다. 그리고 전지구적으로 활약하는 미디어 기업들의 복합적인 활동에서 일본 애니메이션 산업이나 미디어 산업이 적극적인 역할을 하는 것은 서구 문화 패권의 탈중심화를 나타낸다. 즉 일본 미디어 산업은 전지구적인 탈중심화 과정에서 세계global, 구역regional, 지역local 모든 차원에서 그 비중이 늘고 있다. 그러나 일본뿐 아니라 세계에서 전지구적으로 활동하는 미디어 산업들은 국민 국가의 틀을 쉽게 넘으면서도 그 본거지는 여전히 소수 선진국에 집중되어 있다. 그리고 기업 활동에서 생기는 이윤의 혜택도, 주로 그 나라의 경계 안에서 돌아간다는 것을 다시 강조해야 한다(Hirst & Thompson, 1996). 불균형한 전지구적인 문화 왕래의 분석에서도 국민 국가의 틀은 언설에 의해 규정된 것일 뿐만 아니라 권력을 창출하고 이익이 환원되는 공간을 관리하는 통합체로 여전히 중요하다(Sreberny-Mohammadi, 1991; Ang & Stratton, 1996).

한편, 이 책은 자본주의 '환영'을 국가적인 사고에 가둘 수 없고, 그 '환영'은 더욱 진보적이고 초국가적인 상상력을 자극하는 잠재력도 내포한다는 것을 밝혔다. 꿈의 세계 '아시아'는 어지럽게 변해 가는 아시아 근대와 구체적(실제적 그리고 미디어로 매개된)으로 만나는 기회를 일본 안에서 예전보다 더 많이 만들고 있다. 이는 다양한 형태로 교차되는 '초국가적인 관계'(Hannerz, 1996) 속에서 일본인들의 생활공간과 다른 아시아 나라들의 문화 상황이 더욱 가까워지고, 서로 깊은 관련을 맺으며, 직접 연결되어 있음을 일본인들이 인식하는 계기가 된다. 우리는 이제까지 아시아는 다양하며, 일본과 '아시아'의 관계는 단순히 한꺼번에 묶을 수 없다는 것을 적어도 이론적으로는 알고 있었다. 일본이 말하는 아시아라는 꿈의 세계는 그 다양성이 실제로 어떻게 작용하고, 일본의 국가주의적 시도가 초국가적 문화와 만나면서 부분적이나마 어떻게 붕괴되고 있는지를 드러내는 것이다.

일본 미디어 산업들이 아시아 시장에 진출한 것에 대한 실증적 분석은 '아시아'를 한 집합체로 보는 것이 불가능하다는 것을 보여 주었다. 다양한 아시아 문화 시장에서 일본의 미디어 프로듀서는 현지 프로듀서나 시청자와 만나는 과정에서 일본이 범아시아 문화권의 창설을 향해 아시아를 지휘한다는 발상이 환상임을 다시금 깨달았다. 아시아 시장의 실제 상황은 일본이 그린 도식과는 너무나 다른 것이었고, 일본 미디어 산업은 일본의 문화적 영향력이 역사적·정치적·경제적인 맥락이나 문화 상황에 따라 또 지역마다 크게 달라짐을 알게 되었다. 그리고 이를 통해 일본 미디어 산업은 다른 아시아 나라나 지역이 능동적인 주체성을 가지고 일본과는 다른 방식으로 전지구적 문화 왕래와 교섭하고 있음을 알게 되었다.

일본은 국내에서 다른 아시아 지역 대중문화를 개별적으로 만나면서(예를 들어 왕자웨이의 「중경삼림」이나 장궈룽 등 아시아 영화나 음악이라는 일반화된 범주와는 구별되는 것), 일본이 아시아보다 우위에 있다는 생각이 이미 현실과 맞지 않는다는 자기 비판적 인식을 갖게 되었다. 일본에서 아시아 다른 지역의 대중문화를 소비하는 이들은 일본의 지배적 언설에 나타나는 '아시아'라는 포괄적 개념을 부정하고, 특정한 아시아 미디어 텍스트 속에 문화적 고유성과 일본과 다른 형태의 문화적 근대성을 찾아내고 평가했다. 자본주의 아시아라는 꿈의 세계는 그때까지 일반적으로 알려져 있던 '아시아'와 일본의 관계를 단순히 재확인하는 것에 그치지 않고 초국가적인 지역적 상상력을 불러일으킨다. '아시아'가 문화적으로 열등하다는 생각은 현실에서 의문시되고 다른 아시아 지역의 근대성을 동시간적으로 인식할 필요가 있다. 그에 따라 '아시아'와 일본 사이에 서로 대화가 통하는 관계가 설정될 수 있다.

아파듀라이(Appadurai, 1996)는 커뮤니케이션 기술의 발달과 국경을 넘는 이동이 비약적으로 늘면서 초국가적인 문화 왕래가 가속화되었고, 그런 가운데 일상생활에서 사회적 상상력의 역할이 크게 변화된 것을 지적했다(García Canclini, 1995). 즉 전세계 사람들이 일상적인 미디어 소비를 통해 다양한 삶의 가능성을 알게 되면서 전지구적으로 유통되는 환상이나 상상은 사회적 실천이나 정체성 구축 과정에서 깊이 새겨지게 되었다는 것이다. 여기서 아파듀라이(Appadurai, 1996: 55)는 "상상력과 사회생활의 연결은 더욱 전지구적, 탈지역화되고 있다"고 논했는데, 이 책에서 밝힌 것은 그러한 초국가적 상상력 역시 특정한 지리 공간에서 유기적으로 결합되고 있다는 것이다. 그러한 의미에서 대만에서 일본 TV드라마가 수용되는 것, 일본에서 아시아 대중문화가 소비되는 것에 대한 고찰은, 아시아 지역에서 문화적 근대성이 상호 소비되는 것을 분석하기 위해 서구 미디어의 절대적 존재를 전제로 하는 기존 근대화 이론이나 전지구화 이론으로는 불충분하며 새로운 분석 방법이 있어야 한다는 것을 보여 준다.

비서구 국가들은 이상화된 '서구'와 시간의 지체에 의해 자신의 '근대'의 위치나 거리를 판단할 것을 오랫동안 강요당했다. 서구의 치배적 시선에서 다른 문화를 만날 때 비서구의 문화적 지체는 발전 축에 있는 시간적 거리로 보면 본질적이고 열등하다고 인식되고 만다. 그러나 몇몇 비서구 국가들은 서구 중심의 근대와 불리하게 교섭하며 독자적인 근/현대성을 만들어 왔다. 그리고 이를 통해 다른 비서구 지역과 활발하게 만나고 있다. '근대화'된 동아시아 나라에서는 서구라는 모델을 넘어 다른 아시아의 근대성에 대해 차이를 인정하면서도 어느 정도 공감하는 사람들이 적지 않다. 이 공감은 '아시아적 가치론'에서 주장하듯 '서구/비서구' 이분법에서 '아시아'를 본질적으로 배타적으로 것으로 보는 것과는 달리 근대화·전지구화라는 동적인 과정 속에서 동시간적 경험과 감각의 인식을 근거로 한다. 그로 인해 사람들은 문화적으로 가까운 나라들도 서구 영향을 강하게 받은 자본주의적인 근/현대성을 토착화하고, 지역화하고 있다는 것을 발견하는 것이다. 또 여기서 드러나는 차이를 확인하며 자신의 생활과 사회를 변화시킬 계기를 마련하려는 의지와 욕망을 갖게 된다. 이런 의미에서 초국가적인 미디어 소비는 일본에서 "사람들이 적극적이고 자성적으로 자신의 문화와 타자의 문화를 다시 파악해 가는 새로운 사회적 커뮤니케이션 공간" (Gillespie, 1995: 206)을 탄생시키고 있다고 말할 수 있다. 그 공간에서는 사람들 속에 있던 '우리'와 '그들'의 근대 체험관이라는 이분법 도식을 깨뜨리는 변화가 일어난다. 문화적 경계선은 쉽게 소멸하지는 않지만, 분할이나 배척을 위해서가 아니라 서로 교차하고 접촉하면서 초국가적인 연계를 만들기 위해 존재하는 것으로 재인식되고 있다(Buell, 1994: 341).

그럼에도 현 시점에서는 초국가적인 대중문화의 소비가 건설적인 대화 가능성을 실제 어느 정도 열 수 있을지 조금은 비관적이다. 아시아 지역에서 다른 근대성과 만날 때는 여러 '빈곤한 아시아'가 제외되어 있고 일본에서 대만으로, 홍콩에서 일본으로 향하는 두 흐름만 보아도 미디어 문화 왕래의 양과 그 소비에서 환기되는 초국가적 상상력의 경험이 얼마나 불균형하고, 불공평한지 알 수 있다. 현재 일본과 아시아 나라들의 관계에 여전히 살아 있는 일본 제국주의와 식민주의 역사에 대한 비판적인 연구 없이, 아시아 지역에서 문화 공감대를 자본화하는 일이 추진되고 일본에 유리한 (관계) 불균형이 새롭게 만들어지고 있다. 전지구화가 구조적 불평등을 조장하는 한, 동시적 미디어와 정보의 초국가적 왕래가 이루어지면 일본과 다른 아시아 나라들의 관계가 더 상호적인 평등 관계로 나가리라는 보장은 없다. 그럼에도 불구하고 미디어에서 아시아 타자를 만나는 일은 앞으로도 늘어날 것이고 다양한 초국가적 상상력을 불러일으킬 것이다. 벤야민은 자본주의 꿈의 세계에 정치적 각성을 가져오는 변증법적 이미지를 찾아내려 했는데 (Buck-Morss, 1983: 215), 우리 또한 대중문화 소비가 예측을 뛰어넘는 엄청난 초국가적 상상력과 사회적 실천을 만들어낼 가능성을 포기할 이유는 없을 것이다. 아파듀라이(Appadurai, 1996: 7)가 말했듯이 미디어 상품에서 보이는 환상, 이 환상이 불러일으키는 상상력은 사적으로 소유될 뿐만 아니라 뭔가 새로운 표현 방법의 징후를 나타내는 투영 감각을 지닌 집단 상상력도 될 수 있을 것이다. 그런 의미에서 '오늘날 상상력은 단순한 도피가 아닌 행동의 계기'가 되어 있다. 국가주의적인 사회적 상상력을 초국가적인 대화로 변화시키고, 사적 환상을 비판적 역사 인식과 결합해 자기 변혁과 사회 변화라는 현실적 프로젝트로 이어가려는 낙관적 개입 의지를 계속 갖기 위해서라도 언제나 초국가적인 상호 연결과 상호 관통이 만들어 내는 불균형을 지나치지 말고 그것에 비판적으로 맞서는 것이 필요하다.

* * *

1990년대는 다양한 의미에서 '아시아'의 10년이었다. 놀라울 정도의 경제

274

성장으로 막을 열었고, 홍콩의 중국 반환이라는 역사적 사건으로 세계의
관심을 끌었고, 갑자기 일어난 통화 위기와 경제 불안이 아시아 여러 나라들
을 괴롭혔다. 일본의 오래된 경기 후퇴와 아시아 경제 위기는 아시아에
대한 일본의 관심을 냉각시켰지만 그래도 일본의 '아시아'는 그 내용이나
방법을 달리하면서 계속 활성화되고 있다. 보수 지식인들은 아시아 경제
위기 이후에도 미국의 전지구적 지배를 막는 수단으로 아시아 내 결속의
필요성과 일본의 역할이 크다는 것을 호소하고, 일본과 다른 아시아 나라들
의 문화적 동질성과 일본의 지도자적 입장을 다시 강조한다(石原&一橋総
合研究所, 1998; 小倉, 1999).

아시아 지역을 향한 일본 대중문화 수출도 계속 늘고 있다. 경제 위기
속에서 인도네시아 등은 일본 미디어 상품을 수입하기가 어려워진 반면,
대만·홍콩·한국 등 동아시아 지역에서 일본 문화의 인기는 계속 높아지고
있다(『뉴스위크 일본판』 1999년 11월 17일호, 『타임 아시아』 1999년 5월 3일호).
홍콩에서는 1998년 이후 일본 드라마, 일본어 학습열 등 일본 붐이 일어났다
(『홍콩 포스트』 1998년 9월 18일, 『아사히신문』 1998년 9월 18일, 1999년 10월 30일
석간, 『마이니치신문』 1998년 10월 27일 석간). 대만에서도 일본 TV드라마의
인기는 계속되고 그 연출법을 본떠 일본어를 사용한 TV광고도 등장했다
(NHK 「NEWS 11」 1999년 4월 23일). 1999년에는 역시 대만에서 일본 대중
스타 우타다 히카루의 싱글 CD가 일본과 거의 같은 시기에 큰 히트를
기록하는 등 대중문화의 동시간화는 더욱 진행되고 있다. 열렬한 일본
대중문화 소비는 싱가포르에서도 목격된다. 일본의 패션·대중음악·TV드
라마가 높은 인기를 끌고 있고, 한 조사에 의하면 8%에 달하는 중국계
싱가포르 젊은이들이 자신이 일본 사람이었으면 좋겠다고 응답했다고 한다
(『스트레이트 타임스』 1999년 12월 19일).

1998년도부터 단계적으로 일본 대중문화를 개방하기 시작한 한국에서는

2002년까지는 그 전면 개방이 예상되고 있는데* 여태껏 불법으로 유통되던 일본 문화 상품이 갑자기 사회의 표면에 나타나기 시작했다(NHK 「이웃 나라는 파트너」, 1999년 8월 13일). 차게&아스카는 2000년 8월 서울에서 콘서트를 했고, 일본 프로덕션인 아뮤즈는 서울에 사무소를 설립하여 일본 대중문화의 전면 개방에 초점을 맞추고 있다. 어느 한국 영화감독은 일본 대중문화의 매력을 "서구에서는 볼 수 없는 김치 냄새를 풍긴다"고 표현했는데 여기에서도 문화적 근접성이 강조되고 있다(『뉴스위크 일본판』 1999년 11월 17일호, 52-53쪽). 한편, 대중문화를 통해 한국과 화해가 이루어지지 않을까 하는 기대가 일본에서 높아지고 있고, 일본 대중문화는 더욱 국가주의적인 정치 담론 속에 녹아 들어가고 있다(『아사히신문』 2000년 8월 28일, 12월 17일).

미디어 산업계에서도 일본을 포함한 동아시아 나라들의 문화 융합이 한층 활발하게 진행되고 있다. 하쿠호도는 홍콩 스타 장궈룽과 일본의 도키와 다카코가 출연한 영화 「성월동화」를 아시아 7개국 합작으로 제작했다. 또 후지TV는 대만과 홍콩에서 인기를 끌고 있는 진청우를 기용한 드라마 「신이시여, 다시 한번만」(1998)과 「2000년의 사랑」(2000)을 대만 등 동아시아 지역에서 거의 동시에 방송하는 등 동아시아 시장을 목표로 여러 시도가 이루어지고 있다. 요시모토흥업은 상하이 퍼포먼스돌을 데뷔시킨 이래 중국판 모닝무스메를 결성시키려 하고 있고, 예전에는 아시아

---

* 1998년 10월 한일 공동 제작 영화와 세계 4대 영화제 수상작을 1차로 개방했고, 1999년 2월에는 일본 대중가요 공연을 부분 허용하고, '모든 연령층 관람가' 영화에 대한 수입 제한을 철폐했으며, 2000년 6월에는 일부 음반과 스포츠 다큐멘터리 보도 프로그램, 모든 일본 대중가요의 공연을 허용했다. 2004년 1월부터는 일본의 극영화와 가요 음반, 게임이 개방된다. 한국의 방송위원회는 2004년 1월 1일부터 케이블TV와 위성 방송 등 유료 채널에서 일본 드라마(12살 이상 시청가)와 영화(국제 영화제 수상작, 영상물 등급위원회 인정 전체가·12살 관람가·15살 관람가), 교양 프로그램을 볼 수 있도록 한 일본 방송 2차 개방안을 2003년 11월 11일 발표했다.

시장 진출에 별 관심을 기울이지 않았던 탤런트 프로덕션인 쟈니즈 사무소도 타이페이에 사무소를 열어 이제 적극적으로 아이돌 그룹을 동아시아 시장에 알리고 있다. 일본어, 영어, 한국어를 구사하는 3명의 한국 여성 팝 그룹 S.E.S.는 일본을 포함한 아시아 시장을 염두에 두고 결성되었고, 일본, 한국, 중국의 '하이브리드' 여성 팝 그룹 서클은 일본과 한국에서 동시 데뷔했다. 왕자웨이의 신작 「2046」에는 일본 최고의 스타 기무라 다쿠야가 주연으로 출연하고, 왕페이의 싱글은 일본 게임 소프트웨어 「파이널 판타지 VIII」의 주제곡으로 사용되어 일본 내에서도 TOP 10에 포함되었다(『닛케이 엔터테인먼트』 1999년 5월호).

이렇듯 아시아 경제 위기 이후에도 동아시아에 나타난 문화 왕래 양상은 새로운 형태로 계속 재생산되었다. 물론 대중문화의 특징은 일회적이기도 하고 변화가 가속화되고 있는 현재, 이 책에서 논한 현상과 분석이 오랫동안 유효하다고 보는 데는 무리가 따를 것이다. 급속히 자본주의화하는 중국이 과연 가까운 장래에 아시아 지역 대중문화의 생산 거점이 될 수 있을지도 예측할 수 없다. 그러나 서구의 지배를 받은 자본주의 문화 체계와 그것이 나타내는 근대성은 21세기에도 '아시아'의 의미를 다양한 맥락 속에서 계속 유기적으로 결합시켜 갈 것이다. 이 책은 어디까지나 전지구화를 아시아 지역의 초국가적인 문화 왕래를 통해 분석하고자 하는 연구의 첫걸음이다. 비관적으로든 낙관적으로든 또 아무리 이론적으로 정밀하다 해도, 탁상공론으로는 모순 넘치고 예측 불가능한 초국가적 문화 왕래를 충분히 이해할 수 없을 것이다. 아시아 지역의 문화 왕래, 문화 공감대가 탐욕스럽게 자본화되면서 어떠한 불공평성이 다층적으로 생산 또는 재생산되어 가는지, 그중에서도 아시아라는 꿈의 세계 '환영'이 일본의 초국가적 상상력에 어떤 매력을 불어넣을 것인지를 비판적으로 검증하기 위해서는 앞으로 현실 세계에서 무엇이 일어나는지 세밀하게 파악해 내는 것이 중요하다.

주

서론 · 1990년대

1) 호주에서도 아시아 지역 경제 성장의 영향으로 1990년대에 아시아화가 자주 논의되었다. Ang & Stratton(1996)를 참조.

2) 일본뿐 아니라 어떠한 제국주의적 '-제이션'도 국민 국가 영역 내에서 타자 동화와 대외 지배라는 두 가지 측면을 모두 지닌다. 예를 들어 Ewen & Ewen(1982)이 논했듯이 미국화는 원래 소비 문화를 통해 USA라는 인종의 용광로로 다른 민족을 동화시키는 것을 의미했지만, 1920년 이후 미국의 국제적 영향력이 커지면서 소비 문화와 미디어 문화 수출에 의한 문화 패권 확립을 의미하게 되었다.

3) 이 책에서 자세히 다루지는 않지만, 이민이나 디아스포라 같은 이른바 '초국가주의'transnationalism로 불리는 인간의 이동이 가져오는 국가의 틀을 넘은 정체성 구축이나 미디어의 새로운 흐름과 수용에 관해서는 Smith & Guarnizo(1998), Nacify(1999) 등을 참조.

1 · '일본화'를 다시 생각한다

1) 챔버스의 다소 유토피아적인 워크맨론은 현실의 문화 상품 생산과 소비의 장에 나타나는 불균형한 역학 관계를 무시하고 있다는 비판이 일고 있다(du Gay et al., 1997).

2) 5장에서 자세히 논하지만 Straubhaar(1991)도 '문화 할인율'설과 맥을 같이하는 '문화적 근접성'설을 제창한다. 이는 시청자들은 문화적으로 가장 가까운 TV프로그램을 선호한다는 설인데, '문화 할인율'설도 '문화적 근접성'설도 문화를 본질적인 것으로 파악해 버리는 데 문제가 있다.

3) 문화의 색채(문화적 향기)라는 개념은 영어권에서는 거의 볼 수 없지만 일본에서 자주 사용하고 있다(3장에서 논하는 白幡, 1996). 서구의 '냄새'가 얼마나 역사적·사회적으로 계급, 인종, 젠더 등의 이미지를 만드는 데 관여해 왔는지에 관해서는 Classen et al.(1994) 참조.

4) 4장에서 자세히 논하지만 패전 이후 일본에서는 정치적·군사적 또는 문화·이데올로기적 분야의 해외 진출이 장려되지 않았다.

5) 아시아 지역에서 보이는 일본 대중문화 인기에 관한 최근 잡지 기사로는 『닛케이 비즈니스』(2001년 1월 15일호), 『타임 아시아』(1999년 5월 3일호), 『뉴스위크 일본판』(1999년 11월 17일호), 『아에라』(1998년 10월 18일호, 1997년 1월 20일호), 『바트』(1997년 3월 10일호) 등 참조.

2 · 혼종주의

1) 너무나 쉽게 혼종 개념을 찬미하는 경향은 여전히 존재하는 명백한 차별, 불공평을 은폐할 가능성이 있다는 비판이 있다. 또 그 개념은 혼합되는 두 가지 문화 기원을 본질화하고 있고, 생물학적 '잡종'의 의미가 강하고, 일반화되어 더는 특정 맥락에서 논할 수 없다는 비판이 있다(Parry, 1994; Thomas, 1994; Young, 1994).

2) '혼합화'creolization 개념은 일본에서 자주 언급하는데, 영어권에서는 그것이 남미나 카리브해 연안 국가들의 경험이라는 의미가 강하기 때문인지 '혼종화'를 더 많이 사용한다. '토착화'는 다른 문화를 소화 또는 흡수하는 측면을 강조하지만 그 과정이 '혼종화', '혼합화'와 관련이 깊다. 이 책에서는 이런 개념이 지니는 미묘한 이론적 차이에 구속받지 않고 같이 사용하기로 한다(Ashcroft et al., 1998; Hannerz, 1996; Lull, 1995; García Canclini, 1995; Featherstone, 1995; Friedman, 1994).

3) 남미 국가들에서 자주 볼 수 있는 인종적 혼종을 공식적으로 국가 정체성에 흡수하여 사회에 엄연히 존재하는 인종 위계를 교묘하게 덮어 버리려는 전략도 이 점에서 맥을 같이 한다(Shohat & Stam, 1994: 43).

4) 이와 같은 위험은 혼종 개념을 식민주의자와 피지배자라는 일본이 지닌 이중성의 관점에서 다시 파악하려는 논의에서도 볼 수 있다. 예를 들어 사카모토(Sakamoto, 1996)는 서구 중심의 발전사관에 따라 19세기 후반부터 '아시아'를 부정적으로 파악해온 일본이 국가 정체성을 구축해온 것을 언급하면서, 바바의 혼종 개념에서는 이런

일본의 이중적 식민성을 충분히 다룰 수 없다고 주장한다. 사카모토는 후쿠자와 유키치를 언급하며, 후쿠자와 사상에서는 일본의 국가 정체성이 기원에 상관없이 순수하지 못한 것으로 생각되었고, 순수함에 대한 향수에 구속받지 않으므로 본질주의적 국가 정체성 언설과는 아주 상반되는 혼종적 정체성으로 인식되었다고 한다. 사카모토(Sakamoto, 1996; 114)는 후쿠자와의 한계가 '아시아'를 서구화에 대한 의지도 능력도 없는 낙후된 타자로 고정하고 또 하나의 이분법을 만들어 버린 데 있다고 지적하면서도 이런 일본의 이중성을 바바의 혼종주의의 결점과 연결한다. 즉 "바바는 혼종을 이분법적 대립과 같은 본질주의에 대항하는 새로운 공간으로 파악하지만 이 전제는 낙관주의적이다. 본질주의적이지 않은 혼종적 정체성은 결코 새로운 것도 아니고, 반드시 해방적이지도 않다… 바바는 기존의 서구와 비서구 외의 이분법적 대립이 만들어지는 과정에 눈을 돌리지 않고 있으나, 일본의 서구와 아시아에 대한 국가 정체성의 이중성은 혼종화 이론의 결함을 보여 준다." 후쿠자와의 사상은 서구에 뒤지지 않는 문명화된 강국을 건설하는 데 있었기 때문에, 그가 순수하고 전통적인 일본 이미지를 깨면서 서구화된 문명국 일본을 본질론에 근거하여 규정한 것은 당연한 결과라고 볼 수 있다. 그러나 사카모토는 이 점을 인식하지 못하고 있다. 혼종 주체를 국민 국가 '일본'이라고 미리 상정하고 있다는 점에서 '천진난만'한 것은 바바 이론이 아니라 오히려 사카모토의 전제인 것 같다. 사카모토도 일본이 동질한 문화체인 것을 은연중 전제로 하고 있다. 혼종 개념이 일본 문맥에서 유효한 대항 개념으로 기능하기 위해서는 국민 국가를 주체로 하는 전제야말로 우선적으로 의문시해야 하는 것이다. 그것을 위해서는 일본 식민주의가 만들어낸 조선인, 대만인, 오키나와인, 아이누 등 많은 혼종적 주체의 복합성을 중시함으로써 일본과 서구, 일본과 아시아라는 공모적으로 이분화된 대립에서 벗어나야 할 것이다. 상징적 수준에서 파악되는 혼종에서 인종과 민족 개념의 혼종으로 패러다임을 전환할 필요가 있다(Yoshimoto, 1994; Iwabuchi, 2000; Chambers, 1994; Hall, 1996a).

5) 이는 마루야마 마사오(1961; 1984)의 논의에서도 볼 수 있다. 마루야마도 일본이 다른 문화를 수용해온 역사를 본질주의에 빠지지 않으면서도 비판적으로 이론화하려고 시도하지만, '일본적'인 것의 비역사적 존재를 전제로 한다는 점에서 마루야마의 논의 또한 일본을 시간을 뛰어넘은 인종 국가적 공동체로 만들어 버릴 위험을 지닌다.

6) 페더스톤(Featherstone, 1995: 153-154)은 비서구 근대의 대두가 서구 중심의 근대사관을 흔든다고 지적하면서 사카이의 일원적 역사관과 세계적 역사관 차이에 관한 논의를 언급한다. 세계적 역사관에서는 시간적·연대적인 축보다는 공간적·관계적 축을 중요시한다는 사카이(Sakai, 1988: 488)의 지적을 긍정적으로 인용하면서,

페더스톤은 서구 중심의 일원적 역사관에서는 세계에서 보이는 문화 차이, 즉 이종성異種性을 적절히 다룰 수 없다고 한다. 그러나 이 논의에서는 사카이가 세계적 역사관에 대해 언급한 넓은 맥락이 결여되어 있다. 사카이는 1930년대 일본 지식인이 일원적 역사관의 종언과 세계적 역사관의 탄생이 필요하다고 열심히 논의했을 때, 기존의 서구 중심 사관에서 부정했던 세계 속 일본의 중심적 위치를 성립시키기 위해 세계사관의 사상을 일본 지식인이 이용한 것을 비판했다. 당시 대표적 지식인 다카야마 이와오는 타자성, 이질성이라는 개념을 늘 국가 또는 문화라는 통합체의 관점에서 범역사적으로 파악했다. 사카이는 이 내부가 동질적이고 마치 이질성은 존재하지 않는 것처럼 취급했으므로 서구 중심 사관을 비판하는 세계사관 논의는 일본 제국주의의 대두를 시사하는 새로운 일원적 역사관의 재생산을 의미했다고 비판한다. 즉 사카이가 논한 것은 일원적인 역사관에서 다원적인 세계사관으로 개념이 전환된 데 대한 논의가 실은 역사의 주체를 국가와 무비판적으로 동일시해 버리므로 양자의 역사관이 동전의 앞뒤가 되어 버릴 수 있다는 위험성이다. 그리고 사카이의 이 비판은 1930년대처럼 일본의 혼종주의가 제국주의적 확장과 함께 지정학적인 관계 속에서 논의될 때 가치가 높다.

7) 고도(厚東, 1998) 역시 서구 근대의 보편적인 이전 가능성이 비서구 근대의 기초가 되어 있고 서구 근대를 토착화한 점에서 후자를 '혼종적(하이브리드) 모던'이라고 부르고, 서구 내에서 근대 문화 변용을 나타내는 '포스트모던'과 구별하려 했다.

8) 아오키의 이런 비판도 여전히 이문화 동화의 주체를 일본이라는 유기 문화체로 규정하기 때문에 일본과 다른 아시아 지역 문화의 경계선을 더욱 본질적으로 고정화하고 있다.

3 · 연성 국가주의

1) 국제일본문화연구센터는 1986년 '일본 문화'를 연구하고 세계에 알릴 목적으로 나카소네 수상이 설립하였다. 이노우에에 따르면 이 센터에는 해외에서 일본 문화가 변형되고 소비되는 패턴을 분석하는 연구회가 있다고 한다.

2) NHK는 1995년부터 1996년에 걸쳐 「전자입국 일본의 자서전」의 속편을 방영했다. 속편의 주제는 컴퓨터 소프트웨어이고, 4부에서는 일본 게임 소프트웨어의 세계 시장 진출을 다루고 있다.

3) 2000년 11월에 실시된 『아사히신문』 조사에서도 여전히 한국 회답자의 43%가 일본 대중문화 개방에 대해 부정적인 입장을 밝혔다(『아사히신문』 2000년 12월 5일).

4) 실제 즈노야마의 논의는 혼다의 논문을 참고로 한 것이다.

4 · 글로컬라이제이션

1) 예를 들어 소니뮤직은 스타TV 음악 프로그램인 「빅 긱 재팬」과 아시아 4개국에서 방송되는 라디오 프로그램 「동경에서 온 엽서」를 1990년 경 새로 편성했다.

2) 그 이후 MTV도 베이징어와 힌두어 지역 프로그램을 편성하여 대항했다.

3) 예를 들어 후지TV의 해외 프로그램 판매 담당자는 1996년 나와 한 인터뷰에서 후지TV의 드라마가 아시아 지역에서 최고의 인기를 끌고 있지만 이 상태는 2000년까지 계속되지는 않으리라고 예측했다.

4) 2000년 9월 「아시아 버거스!」는 종료했다. 말기의 프로그램 녹화는 인도네시아의 RCIT에서 행해졌고, 사회자도 영어, 중국어, 일본어를 구사하는 3명의 젊은 여성들로 바뀌었다.

5) 1994년 소니뮤직과의 인터뷰에 의하면 듀엣용 가라오케 기기의 CM으로 사용하기 위해 마리베스의 신곡은 듀엣으로 할 예정이라고 했다.

6) 예를 들어 인도네시아 방송국은 대만의 가입으로 베이징어가 방송되는 것을 꺼려 프로그램 제작에서 손을 떼고, 대만 방송국은 동남아시아 색이 너무나 강하다는 이유로 프로그램이 인기를 얻지 못해 1997년 철수했다.

7) 모든 미디어 프로듀서가 이 인식을 공유한다고 일반화할 수는 없다. 내가 인터뷰한 프로듀서 중에도 일본의 선진성과 우위성에 대해 회의를 품고 있던 사람은 적지 않았다.

8) 8년 반이나 프로그램이 계속된 「아시아 버거스!」는 이 점에서 예외라고 할 수 있다.

9) 중국에 관해 모(莫, 1999)가 지적했듯이 압도적 시장 점유율을 가진 일본의 가전 제품도 점차 중국 브랜드로 대치되었다.

10) 「아시아 버거스!」 프로듀서도 홍콩을 프로그램에 포함하지 않은 것은 홍콩 음악 시장은 너무나 성숙하기 때문에 새로 침입할 여지가 별로 없다고 판단했기 때문이었다고 한다(金光, 1993).

5 · 문화적 근접성·동시성의 유기적 결합

1) 그러나 대만에서 일본 대중문화가 확산된 현상을 다루는 일본 잡지에는 「대만은 일본을 사랑한다!」(『뷰즈』 1996년 2월호)나, 「이지메를 당하면서도 일본을 짝사랑하는 대만」(『마르코폴로』 1991년 4월호)처럼 역사적 감수성이 결여된 제목이 적지 않다.

2) 일본 대중문화에 대한 한국 젊은이들의 호의적 소비 태도가 일본이라는 나라에 대한 불신감이나 반감과 혼재하고 있는 상황에 대해서는 칸노(2000)를 참조.

3) 「토상」의 상세한 텍스트 분석에 관해서는 Liao, C.(1997), 마루야마 데츠시(丸山哲史, 2000)를 참조.

4) 1998년 9월 일본 TV 산업은 홍콩 세관 당국의 협력을 얻어 처음으로 이 건물의 해적 상품 단속을 실시했다(『사우스 차이나 모닝 포스트』 1998년 9월 8일, 11일).

5) 이 칼럼의 내용은 1997년 『시라토리 백서』라는 한 권의 책으로 출간되었다.

6) 이 논문을 제공해 주신 대만 국립정치대학교의 수웨이 교수에게 사의를 표한다.

7) 이런 감정 이입의 강화나 집중화는 시리즈를 매일 연속으로 방영하는 케이블TV나 해적판 비디오, VCD를 통해 단기간 집중적으로 드라마를 시청하게끔 한다.

8) Kevin의 홈페이지는 http://home.ust.hk/~kwtse.

9) 앞에서 말했듯이 대만에서 실시한 조사에서 나는 대만 시청자들이 일본 드라마의 매력을 문화적 근접성과 연결하리라고 별로 기대하지 않았다. 그러나 초반에 인터뷰에 응한 사람들이 문화적 근접성을 일본 드라마에 대한 동일시와 연관지었기 때문에 이후에는 일본과 미국, 대만 드라마를 비교하는 식으로 질문하기로 했다.

10) 참고로 「비버리힐즈의 아이들」의 영어 제목은 Beverly Hills, 90210이다. 그 숫자는 동경하는 주택가의 우편 번호를 의미한다. 일본에서도 1980년대 후반부터 1990년대 초에 걸쳐 트렌디 드라마라고 불린 것의 대부분은 거품 경제 속 허위 허식의 번영과 화려한 생활양식을 그렸는데, 이후 많은 일본 드라마는 젊은이들의 시점에 맞게 '있는 그대로'를 강조하는 경향을 보인다.

11) 동아시아의 맥도날드 소비와 지역화에 관해서는 Watson(1997) 참조.

6 · 일본에서 소비되는 아시아 대중문화

1) 앞에서 말한 『팝 아시아』에서도 몇 명이 딕 리의 음악에 대해 지적했고, 잡지 특집호가 월드 뮤직 팝의 인기 속에서 리의 음악적 성공에 자극을 받았다는 것은 명확하다.

2) 시노자키 히로시의 「나는 매드 차이나맨」은 리 음악의 의의를 싱가포르의 정치적·사회 문화적 문맥에서 고찰했는데 그 논조는 지극히 긍정적이다.

3) 오카쿠라의 논의는 원래 영어로 출간되었고(Okakura, 1904, 일본 제목은 「동양의 이상」) 서양 독자를 대상으로 삼았다는 점에 주목해야 한다. 일본어 책에서 오카쿠라의 논조는 다른 측면이 있다(예를 들어 일본과 중국과의 객관적 차이점 등을 논하고 있다)(Ching, 1998; 木下, 1973).

4) 오카쿠라의 민속 음악 연구에 대한, 그러한 발상 전개에 관해서는 호소카와(Hosokawa,1988)를 참조.

5) 예를 들어 가와카미 히데오(川上, 1990; 1995)는 파리가 월드 뮤직의 거점이 된 것처럼 일본이 1990년대 아시아 대중음악 융합의 중심이 될 것을 기대한다. 그 외에도 『아크로스』(1993년 4월호), 『스파!』(1993년 2월 24일호) 참조.

6) 이치카와는 「21세기의 비틀즈는 아시아에서」 리포터로 출연했다.

7) 역설적이게도 고바야시가 배낭 여행자들을 낭만화하려고 한 것은 1996년 TV 버라이어티 쇼 「전파 소년」에서 밝혀진다. 무명의 개그맨 사루간세키가 사와키가 갔던 길을 홍콩부터 출발하여 더듬어 가는 고행을 매주 방송한 이 프로그램은 매우 큰 인기를 끌었다. 이 프로그램은 전원을 끄면 언제든지 현실로 돌아올 수 있는 시청자들이 사루간세키를 통해 롤플레잉 게임을 즐기고 있다는 것을 밝힌 것이다.

8) 이 점은 『아시안 재패니즈 2』(1996)에서 고바야시가 파리와 베트남을 비교하는 것으로 여실히 드러난다. 모리스-스즈키(Morris-Suzuki, 1998a)가 지적했듯이 고바야시는 베트남에 도착하자마자 파리에서 느꼈던 인종적, 문화적 차이에서 오는 열등감에서 해방되고 아시아 속에 융합된다고 느끼고 안심한다. "나는 무수한 사람들 속에 있었다. 그 대다수는 아시아계 사람들이었다… 나는 그 속에 있으면서 좀 묘한 기분이 들었다. 즉 편안함이었다. 왠지 편안하고 안심할 수 있었다. 내 몸이 녹아드는 착각마저 느꼈다. 그 속에서, 파리에서 보낸 시간을 생각했다. 파리에서 나는 녹아드는 느낌을 갖지 못했다. 항상 이질적인 것 속에서 부유하는 듯했다. 부유하는 것, 녹는 것. 이것이 내가 느낀 서양과 동양의 차이점일까?"(小林紀晴, 1996: 312).

9) 베트남에서 촬영한 프로그램 출연자와 제작자의 같은 발언들은 『우노!』(1997년 1월호)를 참조.

10) 이와 같이 『아시아 로드』(小林紀晴, 1997)에서 19살 베트남 여성과 나누는 대화에서 고바야시 자신이 간직한 아시아에 대한 자본주의적 향수를 밝힌다. 일본에 가고 싶어 하는 그녀는 하노이가 10년 후 도쿄처럼 발전했으면 좋겠다고 희망을 말했는데 이에 대해 고바야시는 부러움을 강하게 느낀다. 그에게 내일이 오늘보다 나은 날이라는 섬세한 희망은 매우 얻기 어려운 것이다.

11) 교와핫코의 소주 '아시안'의 광고 문구가 된 "처음인데도 그립다"는 말도 그러한 분위기를 나타낸다.

12) 대만에서 이루어지는 일본 대중문화 소비도 여성이 주도하고 있지만, 일본에서는 이 경향이 더욱 강해지고 있다. 이 책의 관심을 넘어서는 문제지만 홍콩 대중문화 소비의 주체가 여성인 것을 젠더 시점에서 어떻게 분석할지는 앞으로의 과제로 염두에 두어야 한다.

13) 1990년 초반부터 동남아시아의 순수한 비치보이에 매료되는 일본 여성 여행객들이 미디어의 관심을 끌었다. 그녀들은 남성 기자들에 의해 멸시적인 의미의 '남자 사냥', '여성판 섹스 여행'과 같은 야유 대상이 되었는데 실제 많은 일본인 여성들이 현지 생활에 매료되어 현지인과 결혼하여 발리 등에 정착했다(山下, 1996, 『아에라』 1996년 6월 17일호, 『아사히신문』 1994년 8월 19일).

참고문헌

相田洋 (1991) 『電子立国 日本の自叙伝』(全 4 巻) 日本放送出版協会.

アクロス編集室(編) (1995) 『世界商品の作り方 ―「日本メディア」が世界を制した日』PARCO出版.

青木保 (1998) 『文化の否定性』中央公論社.

_____ (1990) 『日本文化論の変容』中央公論社.

_____ (1993) 「アジアジレンマ」『アステイオン』27号.

浅井正義 (1997) 「アジア衛星放送市場に出遅れた日本」『新聞研究』551号.

足立美樹 (1998) 『「香港」の記号消費 ― 現代日本の「アジア」消費の一考察』東京大学文学部社会学科卒業論文.

アンサール, オリヴィエ他 (1994) 「自分を理解させることが不得手な日本」『外交フォーラム』11月号.

五百旗頭真 (1994) 「新世界無秩序論を超えて」『アステイオン』31号.

五十嵐暁郎(編) (1998) 『変容するアジアと日本 ― アジア社会に浸透する日本のポピュラーカルチャー』世織書房.

石井健一, 渡辺聡 (1996) 「台湾における日本番組視聴者 ― アメリカ番組視聴者との比較」『情報通信学会年報 8』.

石田雄 (1995) 『社会科学再考 ― 敗戦から半世紀の同時代史』東京大学出版会.

石原慎太郎, 一橋総合研究所 (1998) 『宣戦布告'No'と言える日本経済』光文社.

市川隆 (1994) 『アジアは街に訊け！』東洋経済社.

_____ (1996) 「隠喩としてのチャイニーズポップス」『中国ビジネス大競争時代』『中央公論』10月特別号.

稲増龍夫 (1993) 『アイドル工学』筑摩文庫.

井上章一 (1996) 『グロテスク・ジャパン』洋泉社.

今田高俊 (1994) 『混沌の力』講談社.

今村洋一 (1995) 「日本発ソフトのハードル」『放送批評』307号.

岩井俊二 (1997) 「日本人が失ったパワーを喚起する架空都市「円都」」『新調査情報』3号.

上田信 (1994) 「脱近代, 脱欧脱亜, 脱日本 1―アジア？ アジアとはなにか」『現代思想』1月号.

_____ (1996)「脱・アジアサット圏」『記号学研究』16号.

_____ (1997)「アジアという差別」栗原琳(編)『講座 差別の社会学 3 現代世界の差別構造』弘文堂.

上野千鶴子 (1999)「「女の時代」とイメージの資本主義 ― ひとつのケース・スタディー」花田達郎他(編)『カルチュラルスタディーズとの対話』新曜社.

上野俊哉 (1996a)「ラグタイム―ディアスポラと「路地」」『現代思想』3月号.

_____ (1996b)「ジャパノイド・オートマン」『ユリイカ』8月号.

上山春平 (1990)『日本文明史の構想1 受容と創造の軌跡』角川書店.

内本順一 (1995)「魅惑のエイジャン・ガール・ポップ」『Bart』10月9日号.

梅棹忠夫 (1957)「文明の生態史観序説」『中央公論』2月号.

梅棹忠夫, 川勝平太 (1998)「日本よ, 縦に飛べ!」『文芸春秋』8月号.

枝川公一 (1997)「香港文化は東京の頭を飛び越えた」『潮』8月号.

ＮＨＫインターナショナル(編) (1991)『世界は「おしん」をどう観たか』ＮＨＫインターナショナル.

えのきどいちろう (1994)「国辱映画のめくるめく世界」『マルコポーロ』5・6月号.

大江健三郎 (1995)『あいまいな日本の私』岩波新書.

大沢真幸 (1992)「オタク論―カルト・他者・アイデンティティー」アクロス編集室(編)『ポップ・コミュニケーション全書』PARCO出版.

大塚英志 (1993)「コミック世界制覇」『Sapio』7月8日号.

大友克洋 (1996)「アニメ」『Aera』4月8日号.

大畑晃一 (1996)「アニメリカへの招待」『ユリイカ』8月号.

岡田斗司夫 (1995)「アニメ文化は超カッコイイ!!」『Aera』10月2日号.

_____ (1996)『オタク学入門』太田出版.

_____ (1997)『東大オタク学講座』講談社.

_____ (2000)「日本のクリエーターが消滅する前に」『中央公論』9月号.

岡田宏文 (1994)「007から「日昇」へ―Ｓ.コネリーの笑える日本イメージ」『鳩よ』4月号.

岡村黎明 (1996)「メディア王・マードックの「デジタルな企て」」『潮』9月号.

小川博 (1988)『音楽する社会』筑摩書房.

小熊英二 (1995)『単一民族神話の起源』新曜社.

小倉和夫 (1993)「「アジアの復権」のために」『中央公論』7月号.

_____ (1999)「新しいアジアの創造」『Voice』3月号.

押井守, 伊藤和典, 上野俊哉 (1996)「映画とは実はアニメーションだった」『ユリイカ』8月号.

小田桐誠 (1996)「日本製ソフト進出の実態」『放送批評』5月号.

小野耕世 (1992)「世界で消費される日本のＴＶアニメ」『調査情報』404号.

_____ (1998)「日本マンガの浸透が生みだす世界」小川功(編)『日本漫画が世界ですごい!』

たちばな出版.

加藤周一 (1979)『加藤周一著作集 7 近代日本の文明的位置』平凡社.

門田修 (1998)「解説：鶴見さんへの手紙」鶴見良行『アジアの歩き方』筑摩文庫所収.

金光修 (1993)「多国籍番組「アジアバグース！」から見たアジアテレビ事情」『AURA』100号.

賀茂美則 (2000)「ポケモンが輸出した「クール」な日本と日本人」『朝日新聞』1月20日夕刊.

柄谷行人 (1994)「美術館としての日本」『批評空間』第Ⅱ期第1号.

川勝平太 (1991)『日本文明と近代西洋』NHK出版.

_____ (1994)『新しいアジアのドラマ』筑摩書房.

_____ (1995)『富国有徳論』紀伊国屋書店.

川勝平太, 浜下武志, 角山栄, 青木保, 福原義春 (1998)『アジア経済の将来と日本文化』読売
    ぶっくれっと.

川上英雄 (1990)「極東アジアと日本の大衆音楽交流」『WAVE＃27 ポップ・エイジア』.

_____ (1995)『激動するアジア音楽市場』シネマハウス.

川崎賢一 (1993)「日本の発信するポピュラー文化とは」『世界』12月号.

川竹和夫 (1994)「日本を中心とするテレビ情報フローの現状と問題点」『情報通信学会誌』
    12(1).

_____ (1995)「アジア共通の文化構築に向けて」『広告』5・6月号.

川竹和夫, 原由美子 (1994)「日本を中心とするテレビ番組の流通状況」『放送研究と調査』11月
    号.

河村望 (1982)『日本文化論の周辺』人間の科学社.

川村湊 (1993)「大衆オリエンタリズムとアジア認識」大江志乃夫他(編)『岩波講座 近代日本と植
    民地 7 文化の中の植民地』岩波書店.

姜尚中 (1996)『オリエンタリズムの彼方へ』岩波書店.

菅野朋子 (2000)『好きになってはいけない国―韓国Ｊ－ＰＯＰ世代が見た日本』文芸春秋.

木下長宏 (1973)『岡倉天心』紀伊国屋書店.

久保田麻琴 (1990)「チャンプルー・ミュージックは世界をめざす」『WAVE＃27 ポップ・エイジア』.

隈本信一 (1993a)「スターウォーズからソフトウォーズへ」『AURA』100号.

_____ (1993b)「日本の「メディア力」をどう拡げるか」『世界』12月号.

倉沢愛子 (1996)「「ドラえもん」vs 中産階級 ― インドネシアにおけるジャパニメーション」『ユリイカ』
    8月号.

_____ (1998)「アジアは「和魂」を受容できるか？」青木保, 佐伯啓思(編)『「アジア的価値」とは
    何か？』TBSブリタニカ.

黒木靖夫 (1995)「日本のモノ作りは世界に影響を与えているか」アクロス編集室(編)『世界商品の
    作り方』PARCO出版.

児井英生 (1989)『伝・日本映画の黄金時代』文芸春秋.

鴻上尚史, 筑紫哲也 (1992)「対談 アジアとどうつきあうか」凱風社編『サザンウィンド—アジア映画の熱い風』凱風社.

厚東洋輔 (1998)「ポストモダンとハイブリッドモダン」『社会学評論』192号.

小坂井敏晶 (1996)『異文化受容のパラドックス』朝日新聞社.

小林昭美 (1994)「テレビ番組の国際移動」『国際交流』64号.

小林紀晴 (1995)『アジアン・ジャパニーズ』情報センター出版局.

_____ (1996)『アジアン・ジャパニーズ2』情報センター出版局.

_____ (1997)『Asia Road』講談社.

駒込武 (1996)『植民地帝国主義日本の文化統合』岩波書店.

斎藤明人 (1990a)「アジアのポップ」『WAVE＃27 ポップ・エイジア』.

_____ (1990b)「ディック・リー」『WAVE＃27 ポップ・エイジア』.

斎藤英介 (1997)「小室哲哉の音楽世界戦略は成功するか？」『世界』6月号.

斎藤英介, スリチャイ・ワンゲロ, 鄭大均, 五十嵐暁郎 (1995)「ボーダレス化するアジアの大衆文化」『潮』10月号.

斎藤恵子 (1993)「「ライジング・サン」はステレオタイプだと怒る前に」『中央公論』12月号.

斎藤美奈子 (1997)「会社を辞めて若者たちが西をめざして行く理由」『鳩よ！』3月号.

佐伯啓思 (1998)「「アジア的価値」は存在するか」青木保, 佐伯啓思(編)『「アジア的価値」とは何か？』TBSブリタニカ.

酒井直樹 (1996a)『死産する日本語, 日本人』岩波書店.

_____ (1996b)「序論 ナショナリティーと(母)国語の政治」酒井直樹(編)『ナショナリティーの脱構築』柏書房.

佐藤毅 (1999)「日本におけるカルチュラルスタディーズ」花田達郎他(編)『カルチュラルスタディーズとの対話』新曜社.

佐藤光 (1998)「「文明の没落」のなかのアジアの価値」青木保, 佐伯啓思(編)『「アジア的価値」とは何か？』TBSブリタニカ.

沢木耕太郎 (1986a)『深夜特急1』新潮社.

_____ (1986b)『深夜特急2』新潮社.

_____ (1992)『深夜特急3』新潮社.

篠崎弘 (1988)『カセットショップへ行けば、アジアが見えてくる』朝日新聞社.

_____ (1990a)「アジアを覆う「昴」「北国の春」文化圏」『WAVE＃27ポップ・エイジア』.

_____ (1990b)『僕はマッド・チャイナマン』岩波ブックレット.

島桂次 (1994)「もはやアジアは手遅れだ」『放送批評』7月号.

白幡洋三郎 (1996)『カラオケ・アニメが世界をめぐる』PHP研究所.

関川夏央 (1984)『ソウルの練習問題』情報センター出版局.

園田茂人 (1997)「話題の本を読む「アジアン・ジャパニーズ1&2」」『世界』10月号.

高橋和男 (1991)「一人歩きする世界の「おしん」」NHKインターナショナル(編)『世界は「おしん」をどう観たか』NHKインターナショナル.

_____ (1994)「世界の「おしん」現象」『国際交流』64号.

竹内好 [1961](1993)『日本とアジア』筑摩文庫.

武橋徹 (1995)『メイドインジャパンヒストリー ─ 世界を席捲した日本製品の半世紀』徳間文庫.

竹中平蔵 (1995)「日本はアジア太平洋時代の「グリュー」となれ」『アステイオン』33号.

武邑光裕 (1996)『デジタルジャパネスク』NTT出版.

張競 (1998)「文化が情報になったとき」『世界』4月号.

津田浩司 (1996)「国境を越える日本映像ビジネスの現状」『創』2月号.

角山栄 (1995)『アジアルネッサンス』PHP研究所.

角山栄, 川勝平太 (1995)「東西文明システムと物産複合」川勝平太『富国有徳論』紀伊国屋書店.

鶴見和子 (1972)『好奇心と日本人』講談社.

鶴見良行 (1980)『アジア人と日本人』晶文社.

_____ (1982)『バナナと日本人』岩波新書.

電通, 電通総研 (1994)『映像ソフト輸出振興研究会報告書』未出版.

東京FM出版(編) (1995)『アジアポップス辞典』東京FM出版.

中沢新一 (1990)「いとしのマッド・チャイナマン」『ユリイカ』5月号.

中空麻奈 (1994)「「放送番組ソフト」の国際流通状況」『情報通信学会誌』8月号.

ナーワーウィチット, プサディー (1994)「著作権法の強化が日本文化ブームに与える影響」『外交フォーラム』11月号.

西正 (1997)『放送ビッグバン』日刊工業新聞社.

西野輝彦 (1996)「本来の意味の「アイドル」がどんどん遠のいていく」『AURA』115号.

野田正彰 (1990)「もう一つの日本文化が世界を変える」『Voice』7月号.

野村進 (1996)『アジア定住 ─ 11カ国18人の日本人』めこん.

橋爪大三郎 (1994)『崔健 ─ 激動中国のスーパースター』岩波ブックレット.

服部宏, 原由美子 (1997)「多チャンネル化のなかのテレビと視聴者:台湾ケーブルテレビの場合」『放送研究と調査』2月号.

花岡貴子 (1997)「独占！街のウワサ25 国際的追っかけも出現, 大人の女性がはまる「香港明星」の魅力とは」『週刊文春』7月3日号.

浜野保樹 (1999)「日本アニメーション興国論」『中央公論』4月号.

_____ (2000)「質・量のみの日本製アニメ」『中央公論』9月号.

原智子 (1996)『香港中毒』ジャパンタイムス社.

哈日杏子 (2001)『哈日杏子のニッポン中毒 — 日本にハマった台湾人トーキョー熱烈滞在記』小学館.

樋口尚文 (1997)「日本のメディアのなかの香港」『キネマ旬報』7月号.

平野健一郎 (1994)「文明の衝突か, 文化の摩擦か？ — ハンチントン論文批判」『比較文明』10月号.

古木杜恵, 樋口正博 (1996)「「衛星黒船」の襲来で眠っていられなくなったテレビ局」『放送文化』7月号.

ベフ・ハルミ (1987)『増補 イデオロギーとしての日本文化論』思想の科学社.

ボッシュ, マーク (1997)「日本による密かな「植民地化」」(嶋崎正樹訳)『世界』2月号.

本多史朗 (1994)「東アジアに広がる日本のポピュラー文化」『外交フォーラム』9月号.

前川健一, 大野信一 (1997)「一般書としてのアジア本が出て欲しい—日本での出版事情」『温々』7号.

マハティール・モハマド, 石原慎太郎 (1994)『No！と言えるアジア』光文社.

丸目蔵人 (1994)「アジアのスーパーアイドル63人」『DENiM』4月号.

丸山哲史 (2000)『台湾, ポストコロニアルの身体』青土社.

丸山真男 (1961)『日本の思想』岩波新書.

_____ (1984)「原形, 古層, 執拗低音」武田清子(編)『日本文化のかくれた形』岩波書店.

水越伸 (1998)「アジアのメディア, メディアのアジア」島田厚, 柏木博, 吉見俊哉(編)『情報社会の文化3 デザイン・テクノロジー・市場』東京大学出版会.

_____ (1999)『デジタルメディア社会』岩波書店.

水越伸, ペク・ソンス (1993)「アジア・メディア文化論覚書 — 逆照射される日本」『AURA』100号.

南博 (1994)『日本人論 — 明治から今日まで』岩波書店.

村井吉敬 (1988)『エビと日本人』岩波新書.

_____ (1990)「日本のなかのアジア、アジアのなかの日本」『窓』夏号.

_____ (1993)「おしん、ドラえもんは架け橋となれるか」『Views』3月10日号.

村井吉敬, 城戸一夫, 越田稜 (1983)『アジアと私たち』三一書房.

村田純子 (1996)「アジアNアイドル事情」『AURA』115号.

_____ (1997)「新明星伝説No.20」『月刊カドカワ』8月号.

群ようこ (1994)『亜細亜ふむふむ紀行』新潮文庫.

莫邦富 (1999)「日本家電メーカー神話の崩壊」『中央公論』4月号.

毛利嘉孝 (1996)「ジャパニメーションとジャパナイゼーション」『ユリイカ』8月号.

森枝卓士 (1988)『虫瞰図で見たアジア』徳間書店.

盛田昭夫/下村満子, E . ラインゴールド (1987)『Made in Japan — わが体験的国際戦略』(下村満子訳) 朝日新聞社.

盛田昭夫, 石原慎太郎 (1989)『No！と言える日本』光文社.

門間貴志 (1998) 「外国映画の日本オタク的アプローチ」小川功(編)『日本漫画が世界ですごい！』たちばな出版.

山形浩生 (1993) 「欧米未邦訳本に見る この楽しく歪んだ日本人像！」『週刊朝日』12月24日号.

山口文憲 (1979)『香港旅の雑学ノート』ダイヤモンド社.

山崎正和 (1995) 「「脱亜入洋」のすすめ」『論座』7月号.

山下晋司 (1996) 「「南」へ—バリ観光の中の日本人」青木保他(編)『岩波講座 文化人類学 7 移動の民族誌』岩波書店.

山室信一 (1998) 「「多にして一」の秩序原理と日本の選択」青木保, 佐伯啓思(編)『「アジア的価値」とは何か？』TBSブリタニカ.

湯浅赳男 (1994) 「21世紀における諸文明の関係」『比較文明』10月号.

郵政省 (1997)『平成9年度版通信白書』郵政省.

郵政省・放送ソフトの振興に関する調査研究会 (1997)『放送ソフトの振興に関する調査研究会報告書』郵政省.

吉岡忍 (1992) 「手の届きそうな日本」『Voice』9月号.

_____ [1989](1993)『日本人ごっこ』文春文庫.

葭原麻衣 (1994)『シンガポール路地裏百科』トラベルジャーナル社.

吉見俊哉 (1997) 「アメリカナイゼーションと文化の政治学」井上俊他(編)『岩波講座 現代社会学 1 現代社会の社会学』岩波書店.

_____ (1998) 「「メイド・イン・ジャパン」— 戦後日本における「電子立国」神話の起源」島田厚, 柏木博, 吉見俊哉(編)『情報社会の文化 3 デザイン・テクノロジー・市場』東京大学出版会.

龍桃介 (1996) 「放送界「岐路」に立つ」『放送批評』9月号.

鷲田清一 (1996) 「同時性という感覚—上海/都市の様態」『国際交流』70号.

Aksoy, Asu. and Robins, Kevin (1992) 'Hollywood for the 21st century: Global competition for critical mass in image markets,' *Cambridge Journal of Economics* 16.

Anderson, Benedict (1983) *Imagined Communities*, London: Verso.

Ang, Ien (1985) *Watching Dallas: Soap opera and the melodramatic imagination*, London: Methuen.

_____ (1996) *Living Room Wars: Rethinking media audiences for a post-modern world*, London: Routledge.

Ang, Ien. and Stratton, Jon (1996) 'Asianizing Australia: Notes toward a critical transnationalism incultural studies,' *Cultural Studies* 10(1).

Appadurai, Arjun (1990) 'Disjuncture and difference in the global cultural economy,' *Public Culture* 2(2).

_____ (1996) *Modernity at Large: Cultural dimensions of globalization*, Minneapolis: University of Minnesota Press.

Ashcroft, Bill., Griffiths, Gareth. and Tiffin, Helen (1998) *Key Concepts in Post-Colonial Studies*, London: Routledge.

Atkins, Will (1995) '"Friendly and useful": Rupert Murdoch and the politics of television in Southeast Asia, 1993-1995,' *Media International Australia* 77.

Barber, Benjamin R (1996) *Jihad vs. McWorld*, New York: Ballantine Books.

Barker, Chris (1997) *Global Television: An introduction*, Malden: Blackwell Publishers.

Barnet, Rochard. and Cavanagh, John (1994) *Global Dreams: Imperial corporations and the new world order*, New York: Simon & Schuster.

Barrett, Jamas (1996) 'World music, nation and postcolonialism,' *Cultural Studies* 10(2).

Bartu, Friedmann (1992) *The Ugly Japanese: Nippon's economic empire in Asia*, Singapore: Longman.

Baudrillard, Jean (1981) *For a Critique of the Political Economy of the Sign*, St Louis: Telos Press.

_____ (1983) *Simulations*, New York: Semiotext(e).

_____ (1988) *America*, London: Verso.

Beilharz, Peter (1991) 'Louis Althusser,' in P. Beilharz(ed.) *Social Theory: A guide to central thinkers*, Sydney: Allen & Unwin.

Bell, Philip. and Bell, Roger (1995) 'The "Americanization" of Australia,' *The Journal of International Communication* 2(1).

Benjamin, Walter (1973) *Illuminations*, London: Fontana.

Berland, Jody (1992) 'Angels dancing: Cultural technologies and the production of space,' in L. Grossberg et al (eds.) *Cultural Studies*, New York: Routledge.

Berry, Chris (1994) *A Bit on the Side: East-West topographies of desire*, Sydney: Empress.

Bhabha, Homi (1985) 'Of Mimicry and Man: The ambivalence of colonial discourse,' *October* 28.

_____ (1990) 'The Third Space,' in J. Rutherford (ed.) *Identity: Community, Culture Difference*, London: Lawrence & Wishart.

_____ (1994) *The Location of Culture*, London: Routledge.

Bourdieu, Pierre (1984) *Distinction: Social critique of the judgement of taste*, trans. by R. Nice, Cambridge: Harvard University Press.

Boyd, Douglas A., Straubhaar, Joseph D. and Lent, John A (1989) *Videocassette Recorders in the Third World*, New York: Longman.

Brannen, Mary Yoko (1992) '"Bwana Mickey": Constructing cultural consumption at Tokyo Disneyland', in J. Tobin (ed.) *Re-made in Japan: Everyday life and consumer taste in a changing society*, New Haven: Yale University Press.

Bratton, John (1992) *Japanization at Work: Managerial studies for the 1990s*, London: Macmillan Press.

Buck, Elizabeth B (1992) 'Asia and the global film industry,' *East-West Film Journal* 6(2).

Buck-Morss, Susan (1983) 'Benjamin's Passanger-werk: Redeeming mass culture for the revolution,' *New German Critique* 29: 211-240.

Buell, Frederick (1994) *National Culture and the New Global System*, Baltimore and London: The John Hopkins University Press.

Caughie, John (1990) 'Playing at being American: Games and tactics,' in P. Mellencamp (ed.) *Logics of Television*, London: British Film Institute.

Chakrabarty, Dipesh (1992) 'Postcoloniality and the artifice of history: Who speaks for "Indian" past?,' *Representation* 37: 1-26.

Chambers, Iain (1990) 'A miniature history of the Walkman,' *New Formations* 11.

_____ (1994) *Migrancy, Culture, Identity*, London: Routledge.

Chan, Joseph Man (1996) 'Television in Greater China: Structure, exports, and market formation,' in J. Sinclair et al (eds.) *New Patterns in Global Television: Peripheral vision*, New York: Oxford University Press.

Chatterjee, Partha (1986) *Nationalist Thought and the Colonial World: A derivative dis-course?*, London: Zed Books.

Chen, Kuan-Hsing (1996) 'Not yet the postcolonial era: The (super) nation-state and transnationalism of cultural studies: response to Ang and Stratton,' *Cultural Studies* 10(1).

Ching, Leo (1994) 'Imagining in the empire of the sun: Japanese mass culture in Asia,' *boundary* 2 21(1).

_____ (1998) 'Yellow skin, white masks: Race, class, and identification in Japanese colonial discourse,' in K-H Chen (ed.) *Trajectories: Inter-Asian cultural studies*,

London: Routledge.

_____ (2000) 'Globalizing the regional, regionalizing the global: Mass culture and Asianism in the age of late capital,' *Public Culture* 12(1).

Choi, Il-nam (1994) 'Japan: America of Asia,' *Korea Focus* 2(2).

Chow Rey (1993) 'Listening otherwise, music miniaturized: A different type of question about revolution,' in S. During (ed.) *The Cultural Studies Reader*, London: Routledge: 382.

Chua, Beng-Huat (1998) 'Globalization: Finding the appropriate words and levels,' *Communal/Plural* 6(1).

Classen, Constance., Howes, David. and Synnott, Anthony (1994) *Aroma: The Cultural History of Smell*, London: Routledge.

Creighton, Millie (1992) 'The Depāto: Merchandising the West while selling Japaneseness,' in J. Tobin (ed.) *Re-made in Japan: Everyday life and consumer taste in a changing society*, New Haven: Yale University Press.

_____ (1997) 'Consuming rural Japan: The marketing of tradition and nostalgia in the Japanese travel industry,' *Ethnology* 36(3).

Dale, Peter (1986) *The Myth of Japanese Uniqueness*, London: Croom Helm.

Davis, Fred (1979) *Yearning for Yesterday: A sociology of nostalgia*, New York: The Free Press.

Dirlik, Arlif (1991) 'Culturalism as a sign of the modern,' in A. R. Jan Mohamed and D. Lloyd (eds.) *The Nature and Context of Minority Discourse*, New York: Oxford University Press.

_____ (1994) *After the Revolution: Waking to global capitalism*, Hanover: Wesleyan University Press.

Dohse, Knuth., Jurgens, Ulrich. and Malsch, Thomas (1985) 'From "Fordism" to "Toyotism"? The social organisation of the labour process in the Japanese automobile industry,' *Politics and Society* 14(2).

Dore, Ronald P (1973) *British Factory-Japanese Factory: The origins of diversity in industrial relations*, Berkeley: University of California Press.

Dower, John W (1986) *War Without Mercy: Race and power in the Pacific War*, New York: Panthenon Books.

du Gay, Paul., Hall, Stuart., Janes, Linda., Mackay, Hugh. and Negus, Keith (1997) *Doing Cultural Studies: The story of the Sony Walkman*, London: Sage.

Duus, Peter (1995) *The Abacus and the Sword: The Japanese penetration of Korea*

1895-1910, Berkeley: University of California Press.

Dyer, Richard (1992) *Only Entertainment*, London: Routledge.

Elger, Tony. and Smith, Chris (1994) *Global Japanization: The transnational transformation of the labour process*, London: Routledge.

Emmott, Bill (1992) *Japan's Global Reach*, London: Random House.

Ewen, Stuart. and Ewen, Elizabeth (1982) *Channels of Desire: Mass images and the shaping of American consciousness*, New York: McGraw Hill Book.

Fabian, Johannes (1983) *Time and the Other: How anthropology makes its object*, New York: Columbia University Press.

Fallows, James (1989) 'Containing Japan,' *The Atlantic Monthly* May.

Featherstone, Mike (1991) *Consumer Culture and Postmodernism*, London: Sage.

——— (1995) *Undoing Culture: Globalization, postmodernism and identity*, London: Sage.

Featherstone, Mike., Lash, Scot. and Robertson, Roland (eds.)(1995) *Global Modernities*, London: Sage.

Ferguson, Majorine (1992) 'The mythology about globalization,' *European Journal of Communication* 7: 69-93.

Fiske, John (1992) 'The cultural economy of fandom,' in L. A. Lewis (ed.) *The Adoring Audience: Fanculture and popular media*, London: Routledge.

Friedman, Jonathan (1994) *Cultural Identity and Global Process*, London: Sage.

Frith, Simon (1982) *Sound Effect: Youth: Leisure and the politics of rock'n'roll*, New York: Panthenon Books.

Frow, John (1991) 'Tourism and the semiotics of nostalgia,' *October* 57.

Funabashi, Yoichi (1993) 'The Asianization of Asia,' *Foreign Affairs* 72(5).

——— (1995) *Asia Pacific Fusion: Japan's role in APEC*, Washington: Institute of International Economics.

Ganley, Gladys D. and Ganley, Oswald H (1987) *Global Political Fallout: The VCR's first decade*, Cambridge: Program on Information Resources Policy, Harvard University, Center for Information Policy Research.

García Canclini, Néstor (1995) *Hybrid Cultures: Strategies for entering and leaving modernity*, trans. by C. L. Chiappari and S. L. López, Minneapolis: University of Minnesota Press.

Garnham, Nicholas (1990) *Capitalism and Communication: Global culture and the economics of information*, London: Sage.

296

Gillespie, Marie (1995) *Television, Ethnicity and Cultural Change*, London: Routledge.

Gluck, Carol (1983) 'The past in the present,' in A. Gordon (ed.) *Postwar Japan as History*, Berkeley: University of California Press.

_____ (1997) 'The end of the postwar: Japan at the turn of the Millennium,' *Public Culture* 10(1).

Gomery, Douglas (1988) 'Hollywood's hold on the new television technologies,' *Screen* 29(2): 82-88.

Graburn, Nelson H. H (1983) *To Pray, Pay and Play: The cultural structure of Japanese domestic tourism*, Aix-en-Provence: Centres des Hautes Etudes Touristiques.

_____ (1995) 'Tourism, modernity and nostalgia,' in A. S. Ahmed and C. N. Shore(eds.) *The Future of Anthropology: Its relevance to the contemporary world*, London: Athlone.

Gupta, Akhil. and Ferguson, James (1992) 'Beyond "culture": Space, identity, and the politics of difference,' *Cultural Anthropology* 7(1).

Hamilton, Annette (1997) 'Looking for Love (In All the Wrong Places): The production of Thailand in recent Australian cinema,' in M. Dever (ed.) *Australia and Asia: Cultural transactions*, London: Curzon Press.

Hall, Stuart (1991) 'The local and the global: Globalization and ethnicity,' in A. King (ed.) *Culture, Globalization, and the World-System*, London: Macmillan.

_____ (1992) 'The question of cultural identity,' in S. Hall, D. Held and T. McGrew (eds.) *Modernity and Its Futures*, Cambridge: Polity Press.

_____ (1995) 'New cultures for old,' in D. Massey and P. Jess (eds.) *A Place in the World? Places, Cultures and Globalization*, Milton Keynes, The Open University and Oxford: Oxford University Press.

_____ (1996a) 'When was "the post-colonial"? Thinking at the limit,' in I. Chambers and L. Curti(eds.) *The Post-colonial Question: Common skies*, divided horizons, London: Routledge.

_____ (1996b) 'On postmodernism and articulation: An interview with Stuart Hall,' in D. Morley and K-H. Chen(eds.) *Stuart Hall: Critical dialogues in cultural studies*, London: Routledge.

Hamelink, Cees (1983) *Cultural Autonomy in Global Communications*, New York: Longman.

Hannerz. Ulf (1989) 'Notes on the Global Ecumene,' *Public Culture* 1(2).

_____ (1991) 'Scenarios for peripheral cultures,' in A. King(ed.) *Culture, Globalization, and the World-System*, London: Macmillan.

_____ (1992) *Cultural Complexity*, New York: Columbia University Press.

_____ (1996) *Transnational Connections: Culture, People, Places*, London: Routledge.

Harootunian, Harry D (1993) 'America's Japan/ Japan's Japan,' in M. Miyoshi and H. D. Harootunian(eds.) *Japan in the World, Durham*, N.C. : Duke University Press.

Harvey, David (1989) *The Condition of Postmodernity*, Oxford: Basil Blackwell.

Harvey, Paul A. S (1995) 'Interpreting Oshin: War, history and women in modern Japan,' in L. Skov and B. Moeran(eds.) *Women, Media and Consumption in Japan*, London: Curzon Press.

Hawkins, Richard (1997) 'Prospects for a global communication infrastructure in the 21st century: Institutional restructuring and network development,' in A. Sreberny-Mohammadi et al (eds.) *Media in Global Context: A reader*, London: Arnold.

Hein, Laura. and Hammond, H. Ellen (1995) 'Homing in on Asia: Identity in contemporary Japan,' *Bulletin of Concerned Asian Scholars* 27(3).

Hendry, Joy (1993) *Wrapping Culture: Politeness, Presentation and Power in Japan and other societies*, Oxford: Clarendon Press.

Herman, Edward. and McChesney, Robert (1998) *The Global Media: The new missionaries of global capitalism*, London: Cassell.

Hirst, Paul, and Thompson, Grahame (1996) *Globalization in Question: The international economy and the possibilities of governance*, Cambridge: Polity Press.

Hobsbawm, Eric J. and Ranger, Terence (eds.)(1983) *The Invention of Tradition*, Cambridge: Cambridge University Press.

Hoskins, Colin. and Mirus, Rolf (1988) 'Reasons for the U.S. dominance of the international trade in television programmes,' *Media, Culture and Society* 10.

Hosokawa, Shuhei (1998) 'In search of the sound of Empire: Tanabe Hisao and the foundation of Japanese ethnomusicology,' *Japanese Studies* 18(1).

Howes, David (1996) 'Introduction: Commodities and cultural borders,' in D. Howes(ed.) *Cross-Cultural Consumption: Global markets, local realities*, London: Routledge.

Huntington, Samuel P (1993) 'The clash of civilizations,' *Foreign Affairs* 72(3).

Ivy, Marilyn (1993) 'Formations of Mass Culture,' in A. Gordon(ed.) *Postwar Japan as History*, Berkeley: University of California Press.

_____ (1995) *Discourses of the Vanishing: Modernity, phantasm, Japan*, Chicago: The

University of Chicago Press.

Iwabuchi, Koichi (1994) 'Complicit exoticism: Japan and its Other,' *Continuum* 8(2).

_____ (2000) 'Political Correctness, Postcolonialism, and the Self-representation of "Koreanness" in Japan,' in S. Ryan(ed.) *Koreans in Japan: Critical Voices from the Margin*, London: Routledge.

Iyer, Pico (1988) *Video Night in Kathmandu*, New York: Knopf.

Jameson, Frederic (1983) *Postmodernism, or, the Cultural Logic of Late Capitalism*, Durham: Duke University Press.

Jenkins, Henry (1992) *Textual Poachers: Television fans and participatory culture*, London: Routledge.

Kelly, William W (1993) 'Finding a place in metropolitan Japan: Ideologies, institutions, and everyday life,' in A. Gordon(ed.) *Postwar Japan as History*, Berkeley: University of California Press.

Kelsky, Karen (1996) 'Flirting with the foreign: Interracial sex in Japan's "international" age,' in R. Wilson and W. Dissanayake(eds.) *Global/Local: Cultural production and the transnational imaginary*, Durham: Duke University Press.

Kinder, Marsha (1991) *Playing with Power in Movies, Television and Video Games*, Berkeley: University of California Press.

Kogawa, Tetsuo (1984) 'Beyond electronic individualism,' *Canadian Journal of Political and Social Theory* 8(3).

_____ (1988) 'New trends in Japanese popular culture,' in G. McCormack and Y. Sugimoto(eds.) *Modernization and Beyond: The Japenese trajectory*, Cambridge: Cambridge University Press.

Kondo, Dorinne (1997) *About Face: Performing race in fashion and theater*, New York: Routledge.

Kong, Lily (1996) 'Popular music in Singapore: Exploring local cultures, global resources, and regional identities,' *Environment and Planning D: Society and Space* 14.

Koschmann, Victor J (1997) 'Asianism's ambivalent legacy,' in P. J. Katzenstein and T. Shiraishi(eds.) *Network Power: Japand and Asia*, Ithaca: Cornell University Press.

Kuisel, Richard (1993) *Seducing French: The dilemma of Americanization*, Berkeley: University of California Press.

Lardner, James (1987) *Fast Forward: Hollywood, the Japanese, and the onslaught of the VCR*, New York: W.W. Norton & Company.

Lash, Scott. and Urry, John (1994) *Economies of Signs and Space*, London: Sage.

Lee, Paul S-N (1991) 'The absorption and indigenization of foreign media cultures: A study on a cultural meeting points of East and West: Hong Kong,' *Asian Journal of Communication* 1(2).

Lee, Paul S-N. and Wang, Georgette (1995) 'Satellite TV in Asia: Forming a new ecology,' *Telecommunications Policy* 19(2).

Levi, Antonia (1996) *Samurai from Outer Space: Understanding Japanese animation*, Chicago: Open Court.

Levitt, Theodore (1983) *The Marketing Imagination*, New York: The Free Press.

Lewis, Glen., Slade, Christina., Schaap, Rob. and Wei, Jing-Huey (1994) 'Television Globalization in Taiwan and Australia,' *Media Asia* 21(4).

Li, Zhen-Yi., Peng, Zhen-Ling., Deng, Li-Qing. and Zhang, Jia-Qi (1995) *Tokyo Love Story: A study on the reason of the popularity and audience motivations in Taiwan*, unpublished undergraduate research paper of National University of Politics, Taiwan.

Liao, Chaoyang (1997) 'Borrowed modernity: history and the subject in "A Borrowed Life,"' *boundary* 2 24(3).

Liao, Ping-hui (1996) 'Chinese nationalism or Taiwanese localism?,' *Culture and Policy* 7(2).

Liechty, Mark (1995) 'Media, markets and modernization: Youth identities and the experience of modernity in Kathmandu, Nepal,' in V. Amit-Talai and H. Wulff(eds.) *Youth Culture: A Cross-cultural Perspective*, London: Routledge.

Liebes, Tamar. and Katz, Elihu(eds.) (1993) *The Export of Meaning: Cross-cultural readings of Dallas*, Oxford: Oxford University Press.

Lii, Ding-Tzann (1998) 'A Colonised Empire: Reflections on the expansion of Hong Kong films in Asian countries,' in K-H Chen(ed.) *Trajectories: Inter-Asian cultural studeis*, London: Routledge.

Lull, James (1991) *China Turned On: Television, reform and resistance*, London: Routledge.

_____ (1995) *Media, Communication, Culture: A global approach*, Cambridge: Polity Press.

Mahathir, Mohamad. and Ishihara, Shintarō (1995) *The Voice of Asia*, Tokyo: Kōdansya International.

Massey, Doreen (1991) 'A global sense of place,' *Marxism Today* June.

Mattelert, Armand., Delcourt, Xavier. and Mattelert, Michelle (1984) *International*

Image Markets: Insearch of an alternative perspective, trans. by D. Buxton, London: Comedia.

Maxwell, Richard (1997) 'International communication: The control of difference and the global market,' in A. Mohammadi(ed.) *International Communication and Globalization: A critical introduction*, London: Sage.

McKinley, Graham E (1997) *Beverley Hills, 90210: Television, gender, and identitiy*, Philadelphia: University of Pennsylvania Press.

McNeely, Connie. and Soysal, Yasemin N (1989) 'International flows of television programming: A revisionist research orientation,' *Public Culture* 2(1).

Meyrowitz, Joshua (1985) *No Sense of Place: The impact of electronic media on social behaviour*, Oxford: Oxford University Press.

Miller, Daniel (1992) 'The Young and Restless in Trinidad: A case of the local and global in mass consumption,' in R. Silverstone and E. Hirsch(eds.) *Consuming Technologies: Media and information in domestic spaces*, London: Routledge.

_____ (ed.) (1995) *Worlds Apart: Modernity through the prism of the local*, London: Routledge.

Mitsui, Toru. and Hosokawa, Shuhei (eds.) (1998) *Karaoke around the World: Global technology, local singing*, London: Routledge.

Miyoshi, Masao (1991) *Off Center: Power and Culture Relations Between Japan and the United States*, London: Harvard University Press.

Mooij, Marieke K. de (1998) *Global Marketing and Advertising: Understanding cultural paradoxes*, London: Sage.

Morley, David (1992) *Television, Audiences and Cultural Studies*, London: Routledge.

_____ (1996) 'EurAm, Modernity, reason and alterity: or, postmodernism, the highest stage of cultural imperialism?,' in D. Morley and K-H Chen(eds.) *Stuart Hall: Critical dialogues in cultural studies*, London: Routledge.

Morley, David. and Robins, Kevin (1995) *Spaces of Identities: Global media, electronic landscapes and cultural boundaries*, London: Routledge.

Morris-Suzuki, Tessa (1993) 'Rewriting history: civilization theory in contemporary Japan,' *positions* 1(2).

_____ (1995) 'The invention and reinvention of "Japanese culture,"' *The Journal of Asian Studies* 54(3).

_____ (1998a) 'Invisible countries: Japan and the Asian dream,' *Asian Studies Review* 22(1).

301

_____ (1998b) *Re-inventing Japan: Time, space, nation*, New York: M. E. Sharpe.

Mouer, Ross. and Sugimoto, Yoshio (1986) *Images of Japanese Society: A study in the structure of social reality*, London: Routledge and Kegan Paul.

Nacify, Hamid(ed.) (1999) *Home, Exile, Homeland: Film, media, and the politics of place*, New York: Routledge.

Negus, Keith (1997) 'The production of culture,' in P. du Gay(ed.) *Production of Culture/ Cultures of Production*, London: Sage.

Newitz, Annalee (1995) 'Magical girls and atomic bomb sperm: Japanese animation in America,' *Film Quarterly* 49(1).

Nye, Joseph S. Jr (1990) *Bound to Lead: The changing nature of American power*, New York: Basic Books.

Okakura, Tenshin (1904) *The Ideal of the East with Special Reference to the Art of Japan*, 2nd edition, New York: E.P. Dutton & Co.

Oliver, Nick. and Wilkinson, Barry (1992) *The Japanization of British Industry: New developments in the 1990s*, Oxford: Blackwell.

Ong, Aihwa (1996) 'Anthropology, China and modernities: The geopolitics of cultural knowledge,' in H.L. Moore(ed.) *The Future of Anthropological knowledge*, London: Routledge.

Ōno, Shinichi (1996) 'Asia in print,' *Pacific Friend* 23(12).

O'Regan, Tom (1991) 'From piracy to sovereignty: International video cassette recorders trends,' *Continuum* 4(2).

_____ (1992) 'Too popular by far: On Hollywood's international popularity,' *Continuum* 5(2).

Oxford Dictionary of New Words, compiled by S. Tulloch (1991) Oxford: Oxford University Press.

Papastergiadis, Nikos (1995) 'Rentless hybrids,' *Third Text* 32.

Parry, Anita (1987) 'Problems in current theories of colonial discourse,' *Oxford Literary Review* 9(1-2): 27-58.

_____ (1994) 'Signs of our times: A discussion of Homi Bhabha's The Location of Culture,' *Third Text* 28/29.

Peattie, Mark (1984) 'Japanese attitudes toward colonialism,' in R. Myers and M. Peattie(eds.) *The Japanese Colonial Empire*, Princeton: Princeton University Press.

Pieterse, Jan Nederveen (1995) 'Globalization as hybridization,' in M. Featherstone et al (eds.) *Global Modernities*, London: Sage.

302

Pieterse, Jan Nederveen. and Parekh, Bhikhu (1995) 'Shifting imaginaries: Decolonization, internal decolonization, postcoloniality,' in J. N. Pieterse and B. Parekh(eds.) *The Decolonization of the Imagination: Culture knowledge and power*, London: Zed Books.

Pollack, David (1986) *The Fracture of Meaning*, Princeton: Princeton University Press.

Pratt, Mary Luise (1992) *Imperial Eyes: Travel writing and transculturation*, London: Routledge.

Ritzer, George (1993) *The McDonaldization of Society*, London: Sage.

Robertson, Jennifer (1998a) *Takarazuka: Sexual politics and popular culture in modern Japan*, Berkeley: University of California Press.

_____ (1998b) 'It takes a village: Internationalization and nostalgia in postwar Japan,' in S. Vlastos(ed.) *Mirror of Modernity: Invented traditions of modern Japan*, Berkeley: University of California Press.

Robertson, Roland (1990) 'After nostalgia? Wilful nostalgia and the phases of globalization,' in B.S. Turner(ed.) *Theories of Modernity and Postmodernity*, London: Sage.

_____ (1991) 'Japan and the USA: the Interpenetration of national identities and the debate about Orientalism,' in N. Abercrombie et al (eds.) *Dominant Ideologies*, London: Unwin Hyman.

_____ (1992) *Globalization: Social theory and global culture*, London: Sage.

_____ (1995) 'Glocalization: Time-space and homogeneity-heterogeneity,' in M. Featherstone et al (eds.) *Global Modernities*, London: Sage.

Robins, Kevin (1997) 'What in the world's going on?,' in P. du Gay(ed.) *Production of Culture/ Cultures of Production*, London: Sage.

Robinson, Richard. and Goodman, David S.G(eds.) (1996) *The New Rich in Asia: Mobile phones, McDonald's and middle-class revolution*, London: Routledge.

Rosaldo, Renato (1989) 'Imperialist nostalgia,' *Representation* 26.

Said, Edward (1978) *Orientalism*, New York: Vintage.

_____ (1994) *Culture and Imperialism*, New York: Vingtage.

Sakai, Naoki (1988) 'Modernity and its critique,' *South Atlantic Quarterly* 87(3): 475-504.

Sakamoto, Rumi (1996) 'Japan, hybridity and the creation of colonialist discourse,' *Theory, Culture & Society* 13(3).

Schiller, Herbert (1969) *Mass Communication and American Empire*, New York: Beacon Press.

_____ (1976) *Communication and Cultural Domination*, New York: M. E. Sharpe.

_____ (1991) 'Not yet the post-imperialist era,' *Critical Studies in Mass Communication* 8.

Schodt, Fredelik. L. (1983) *Manga! Manga!: The world of Japanese comics*, Tokyo: Kōdansha International.

_____ (1996) *Dreamland Japan: Writings on modern manga*, Berkeley: Stone Bridge Press.

Scott, Alan (1997) 'Introduction-Globalization: Social process or political rhetoric?,' in A. Scott(ed.) *The Limits of Globalization: Cases and arguments*, London: Routledge.

Shiraishi, Saya (1997) 'Japan's soft power: Doraemon goes overseas,' in P. J. Katzenstein and T. Shiraishi(eds.) *Network Power: Japan and Asia*, Ithaca: Cornell University Press.

Shohat, Ella. and Stam, Robert (1994) *Unthinking Eurocentrism: Multiculturalism and the media*, London: Routledge.

Siji, Alessandro (1988) *East of Dallas: The European challenge to American television*, London: British Film Institute.

Sinclair, John (1991) 'Television in the postcolonial world,' *Arena* 96.

_____ (1997) 'The business of international broadcasting: Cultural bridges and barriers,' *Asian Journal of Communication* 7(1).

Sinclair, John., Jacka, Elizabeth. and Cunningham, Stuart (eds.) (1996a) 'Peripheral vision,' in J. Sinclair et al (eds.) *New Patterns is Global Television: Peripheral vision*, Oxford: Oxford University Press.

Sinclair, John., Jacka, Elizabeth. and Cunningham, Stuart (eds.)(1996b) *New Patterns in Global Television: Peripheral vision*, Oxford: Oxford University Press.

Singhal, Arvind. and Udornpim, Kant (1997) 'Cultural shareability, archetypes and television soups: "Oshindorome" in Thailand,' *Gazette* 59(3).

Sklair, Leslie (1995) *Sociology of the Global System*, 2nd edition, London: Prentice Hall/ Harvester Wheatsheaf.

Smart, Barry (1993) 'Europe / America: Baudrillard's fatal comparison,' in C. Rojek and B.S. Turner(eds.) *Forget Baudrillard?*, London: Routledge.

Smith, D. Anthony (1990) 'Towards a global culture?,' in M. Featherstone(ed.) *Global Culture: Nationalism, globalization and modernity*, London: Sage.

Smith, Michael P. and Guarnizo, Luis E (eds.)(1998) *Transnationalism from Below*,

New Brunswick, N. J. : Transaction Publishers.

Spark, Alasdair (1996) 'Wrestling with America: Media, national images, and the global village,' *Journal of Popular Culture* 29(4).

Sreberny-Mohammadi, Annabelle (1991) 'The global and the local in international communications,' in J. Curran and M. Gurevitch(eds.) *Mass Media and Society*, London: Edward Arnold.

Stewart, Susan. [1984](1993) *On Longing: Narratives of the miniature, the gigantic, the souvenir, the collection, reprint*, Durham: Duke University Press.

Straubhaar, Joseph (1991) 'Beyond media imperialism: Asymmetrical interdependence and cultural proximity,' *Critical Studies in Mass Communication* 8(1).

Stronach, Bruce (1989) 'Japanese Television,' in R. Powers and H. Kato(eds.) *Handbook of Japanese Popular Culture*, Westport: Greenwood Press.

Tanaka, Stefan (1993) *Japan's Orient: Rendering pasts into history*, Berkeley: University of California Press.

Taussig, Michael (1993) *Mimesis and Alterity: A particular history of the senses*, London: Routledge.

Thomas, Nicholas (1994) *Colonialism's Culture: Anthropology, travel and government*, NJ: Princeton University Press.

Thorne, Katarina. and McAuley, Ian A (1992) *Crusaders of the Rising Sun: A study of Japanese management in Asia*, Singapore: Longman.

Thompson, John B (1995) *The Media and Modernity: A social theory of the media*, London: Polity Press.

Tobin, Joseph J (1992a) 'Introduction: Domesticating the West,' in J. Tobin(ed.) *Re-made in Japan: Everyday life and consumer taste in a changing society*, New Haven: Yale University Press.

_____ (ed.) (1992b) *Re-made in Japan: Everyday life and consumer taste in a changing society*, New Haven: Yale University Press.

Todrov, Tzvetan (1984) *The Conquest of America: The question of the other*, New York: Harper & Row.

Tomlinson, John (1991) *Cultural Imperialism: A critical introduction*, London: Pinter Publishers.

_____ (1997) 'Cultural globalization and cultural imperialism,' in A. Mohammadi(ed.) *International Communication and Globalization: A critical introduction*, London: Sage.

Torgovnick, Marianna (1990) *Going Primitive: Savage Intellects, Modern Lives*, Chicago: Chicago University Press.

Tunstall, Jeremy (1977) *The Media are American: Anglo-American media in the world*, London: Constable.

_____ (1995) 'Are the media still American?,' *Media Studies Journal* Fall.

Turner, Graeme (1994) *Making It National: Nationalism and Australian popular culture*, Sydney: Allen & Unwin.

Urry, John (1990) *The Tourist Gaze: Leisure and travel in contemporary societies*, London: Sage.

Vogel, Ezra (1979) *Japan as Number One*, Cambridge: Harvard University Press.

Wallerstein, Immanuel (1991) *Geopolitics and Geoculture*, Cambridge: Cambridge University Press.

Wang, Georgette (1996) *Beyond media globalization: A look at cultural integrity from a policy perspective, paper presented to the seminar of (Tele)communications Policies in Western Europe*, Bruges, Belgium, August 29-September 1.

Wark, Mackenzie (1991) 'From Fordism to Sonyism: Perverse reading of the new world order,' *New Formations* 15.

_____ (1994) 'The video game as an emergent media form,' *Media Information Australia* 71.

Waters, Malcolm (1995) *Globalization*, London: Routledge.

Watson, James L (ed.) (1997) *Golden Arches East: McDonald's in East Asia*, Stanford: Stanford University Press.

Wee, C. J. WAN-Ling (1996) 'Staging the new Asia: Singapore's Dick Lee, pop music, and a counter-modernity,' *Public Culture* 8(3).

_____ (1997) 'Buying Japan: Singapore, Japan, and an "East Asian" modernity,' *The Journal of Pacific Asia* 4.

Weiner, Michael (1994) *Race and Migration in Imperial Japan*, London: Routledge.

Westney, Elenor D (1987) *Imitation and Innovation: The transfer of Western organizational patterns to Meiji Japan*, Cambridge: Harvard University Press.

Wilk, Richard (1995) 'Learning to be local in Belize: Global systems of common difference' in D. Miller(ed.) *Worlds Apart: Modernity through the prism of the local*, London: Routledge.

Williams, Raymond (1990) *Television: Technology and cultural form*, London: Routledge.

Wolferen, Karel van (1989) *The Enigma of Japanese Power*, New York: Knopf.

Yamazaki, Masakazu (1996) 'Asia, a civilization in the making,' *Foreign Affairs* 75(4).

Yao, Souchou (1994) *Mahathir's rage: Mass media and the West as transcendental evil*, Working Paper no.45, Asian Research Centre, Murdoch University, Perth.

Yoshimoto, Mitsuhiro (1989) 'The postmodern and mass images in Japan,' *Public Culture* 1(2).

_____ (1994) 'Images of empire: Tokyo Disneyland and Japanese cultural imperialism,' in E. Smoodin(ed.) *Disney Discourse: Producing the magic kingdom*, New York: Routledge.

Yoshino, Kosaku (1992) *Cultural Nationalism in Contemporary Japan*, London: Routledge.

Young, Robert (1994) *Colonial Desire: Hybridity in theory, culture and race*, London: Routledge.

Zakaira, Fareed (1994) 'Culture is destiny: A conversation with Lee Kuan Yew,' *Foreign Affairs* 73(2).

찾아보기

아시아를 잇는 대중문화
— 일본, 그 초국가적 욕망

초판 1쇄 발행 | 2004년 1월 5일

지은이 | 이와부치 고이치

옮긴이 | 히라타 유키에 · 전오경

펴낸이 | 유승희

펴낸곳 | 도서출판 또 하나의 문화

121-818 · 서울 마포구 동교동 184-6 대재빌라 302호

전화 | (02)324-7486   팩스 | (02)323-2934

홈페이지 | www.tomoon.com

전자우편 | tomoon@ tomoon.com

출판등록 | 제9-129호 1987년 12월 29일

ISBN 89-85635-59-X 03330